千帆竞发奋楫者进

新时代大学生入校体验

唐永超◎主编

九州出版社
JIUZHOUPRESS

图书在版编目（CIP）数据

千帆竞发奋楫者进：新时代大学生入校体验 / 唐永
超主编. — 北京：九州出版社，2022.6
ISBN 978-7-5225-0978-5

Ⅰ.①千… Ⅱ.①唐… Ⅲ.①大学生－入学教育
Ⅳ.①G645.5

中国版本图书馆CIP数据核字（2022）第097411号

千帆竞发奋楫者进：新时代大学生入校体验

作　　者	唐永超　主编	
责任编辑	安　安	
出版发行	九州出版社	
地　　址	北京市西城区阜外大街甲35号（100037）	
发行电话	（010）68992190/3/5/6	
网　　址	www.jiuzhoupress.com	
印　　刷	天津中印联印务有限公司	
开　　本	710毫米×1000毫米　16开	
印　　张	16.5	
字　　数	240千字	
版　　次	2022年6月第1版	
印　　次	2022年6月第1次印刷	
书　　号	ISBN 978-7-5225-0978-5	
定　　价	68.00元	

编委会名单

主　编：唐永超

副主编：杨　晨　赵新菲　李雅琦　殷海航　李膳彤　任海新
　　　　　赵晓贝

编　委：（排名不分先后）

马如海　马逸萍　王　轶　王　莹　王　骏　王　硕　王心如
王安琪　王丽婷　王若含　王佳昕　王佳荟　王碧莲　方　敏
邓稀文　代维晴　匡宇茜　刘　畅　刘亚玲　刘雨析　刘依扬
刘梦醒　刘瑞宁　江生梦　许　悦　孙小雅　孙耘赫　李子涵
李宇璐　李青杨　李昀龙　李佳薇　李星辉　李晓雪　李雪燕
杨永霞　杨志伟　吴　睿　吴淄淑　应函希　辛　夏　宋文婧
宋亚丽　张文轩　张曲笛　张洁羊　张晓彤　张曦心　陈　洁
陈相妤　陈夏洋　邵　晶　苟雅慧　郗雨欣　房丽颜　赵　晴
赵紫涵　段雅菲　姜雅婷　骆莃垚　贾元帅　顾千一　柴盈盈
钱城宇　姬嗣龙　黄　楠　梅　威　龚艳艳　熊羽萱　黄西子湖
古丽赛乃提·加萨来提　　麦热姆妮萨·麦麦提
阿丽米热·图尔荪　　　　阿卜萨拉木·麦麦提

序　言

2018年5月2日，习近平总书记在北京大学师生座谈会上强调："当代青年是同新时代共同前进的一代。我们面临的新时代，既是近代以来中华民族发展的最好时代，也是实现中华民族伟大复兴的最关键时代。广大青年既拥有广阔发展空间，也承载着伟大时代使命。"大学生是当代青年的杰出代表，引导培养优秀大学生是实现伟大富强中国梦的基础。大学，是青年一代的拔节孕穗期；大学一年级，则是本阶段的起跑线，更是从懵懂的高中生转变为新时代大学生的必经之路。如何踏出大学生活的第一步，迈出大学学习的每一步，无疑是大学四年经历的指南针，因此掌舵新起点的第一学期成了决定未来航线的重中之重。

《千帆竞发奋楫者进——新时代大学生入校体验》是一本关于本科生入学一学期以来所学、所感、所获的真实记录。它以学生为第一视角真实再现了学生从高中踏入大学后一学期学习、生活和心理的变化。新生辅导员唐永超作为刚刚踏入辅导员工作岗位的新人，他不仅详细描述了第一次接手新生工作的心路历程，而且以亦师亦友的角度对新生踏入大学后的所感所想进行了评价和指导，引发了师生间关于人生和成长等方面的情感共鸣与深入思考。

本书分为五个部分，结构严密，逻辑清晰：第一部分——"腹有诗书气自华"，讲述了18位学生迈入大学生活后在学习方面或从一而终地真心热爱或日久长情地逐渐接纳，既有不断碰壁难解的问题又有披荆斩棘突破的最终解；第二部分——"功不唐捐终入海"，如题所述，描绘了同学们自大学伊始至今生活上的步步独立，心理上的渐渐强大，最终实现破茧成蝶一样的成长；第三部分——"万转云山路更赊"，叙述了18位离家万里孤身走入山东师范大学大门的省外同学最真实的感悟，思乡情切中又无不为齐鲁大地的别样之美所震撼；第四部分——"泥犁拔舌自担当"，落脚于学生干部的角度，展示了如

1

国之期待般以"城头铁鼓声犹震"的斗志，以"绝知此事要躬行"的自觉，以"一身转战三千里"的豪情，在实干中磨砺本领才干，在奉献中绽放青春之花。第五部分——"民族荟萃定辉煌"，着眼少数民族学生，畅谈文化差异，分享独特民俗，为深入且详细地了解少数民族风情展开了多彩画卷。

全书从学生角度出发，以真情实感，书年轻理想，绘青年担当。其文笔或稚嫩单纯，或内敛沉稳，又或自在洒脱，殊途同归，皆谱写出新大学生的心路历程。于新的人生阶段里，在辅导员老师的陪伴下，学生们不断探索与高中截然不同的学习方法，钻研自己此前从未触及的专业高度；接触拥有或相似或陌生成长经历的一群又一群同龄人，来到曾经向往现已融入的一片全新天地，栉风沐雨，终成栋梁之材。

该书是老师和学生们齐心合作的硕果，书中包含了师生不同视角下对于新人生经历的所想所感，对于自我提高的思考，对于共同进步的付出与记录。青年是国家的主干力量，青年兴则国兴，青年强则国强，青年担当着时代重任。实现中华民族伟大复兴是中华民族近代以来最伟大的梦想，这个梦想的实现离不开年少有为之士的培育，青年一代的努力奋斗。新时代新征程，于此书中，我们共同见证作为新时代中国青年的他们，心怀理想，立鸿鹄志；于此书中，新青年们在字里行间展露着——在奋斗中充实自己的青春，在努力中实现伟大的中国梦。乐观、向上、坚持、自信，这是书中新生们给我们留下的直观印象，更是这个伟大的时代赋予他们的精神力量。

习近平总书记曾说："未来属于青年，希望寄予青年。在奋斗中释放青春激情、追逐青春理想，以青春之我、奋斗之我，为民族复兴铺路架桥，为祖国建设添砖加瓦，广大青年生逢其时，重任在肩。"如今，面对第二个百年奋斗目标，新时代新青年当接续奋斗伟大事业，扬起实干风帆，燃起拼搏之志，勇担历史使命，做起而行之的追梦人，凝聚青春力量，愿山师成为他们跃入更宽广世界的第一扇门，使之在新的人生路上勇攀高峰，在新征程中建功立业。

王成新

2022年4月

目　录

第四辑　泥犁拔舌自担当　　　　　　175

代序

一位"九零后"和一群"零零后"的故事

——新生辅导员的"新"里话

给自己泡了一杯清茶，端坐在电脑前开始写下踏入工作岗位半年多来的所感所想，也以此铭记今天这个特殊的日子——因为疫情，我和学生们被迫于校隔离的第五天。

谈及辅导员工作，我似乎有千言万语，又不知道该从何说起。

从事辅导员工作，是我踏入大学后的梦想，学生时代我也有幸从各个方面去接触学生工作。直到研究生毕业的前一年担任了本科生兼职辅导员，我才正式开始从事这个工作，也发现自己真心热爱并适合这个工作。

2021年6月研究生毕业后，我正式入职山东师范大学从事大学生思想政治辅导员工作，何其幸运，回归了我的母院——地理与环境学院的怀抱，跟谆谆教诲我七年的老师们并肩作战。也正是因为他们的帮助，我第一年的工作才并非想象般艰难。

谈起274个可爱的孩子，我的感触颇多。虽然他们不是我第一届的学生，但因兼职期间引领的并非新生，而我也更没有完整地带过一轮，所以在与他们相遇后，我誓将倾注所有心血。

刚拿到他们的电子档案时，我着实吓了一跳，274名学生分别来自14个民族，遍布于全国26个省（市和自治区），这个数据对于我这个刚刚接手大一新生的辅导员"小白"来说，头顶都要冒烟了！当然，忧心过后，更多的是期待——期待着我与这群刚刚摆脱题海、壮志满怀的年轻人们相见。

2021年9月5日，一个妥妥90后的小白老师和一群00后的大一新生一同向前的快乐时光就开始了。

"辅导员的工作像太阳，照到哪里哪里亮；辅导员的工作像月亮，初一十五不一样。"这是我的大学辅导员对他工作的经典总结，之前我们常拿来开玩笑，但当自己真正地从事这项工作后，才发现确如其所说。

如果说生活是万花筒，那么辅导员的工作就是"五味瓶"：酸甜苦辣咸。

辅导员的工作很烦琐，但以小见大，仔细回想这半年来的经历，酸甜苦辣咸皆有之，伴随着学生一同成长的同时，也慢慢地实现了心态上由学生到老师的蜕变。

做好学生成长道路上的引导者，用自己的真情付出赢得学生的尊重，才能真正融入他们的生活。

这是一项用心灵陪伴心灵的事业。上半年，我坚持与学生们聊天谈心，我们虽是师生，但更像兄弟姐妹。借助山东省开展"六个一"项目的机会，我跟274名本科生进行了一对一谈话，并常常与其畅谈到深夜。通过谈话，我发现时代的发展也影响着学生的心灵，十八九岁的他们，崇尚理想又难克服惰性；追求潮流却不能明辨优劣，反感传统的说教但渴望知音的交流。于是乎，我借助互联网，时不时与他们分享自己的大学生活，希望自己能够成为他们诉说心声的大哥哥。渐渐地我发现，越来越多的学生愿意敲开我办公室的门，把那些不愿意同别人诉说的秘密分享给我，遇到困难也总是在第一时间想起我。

这是一项用青春点燃青春的事业。每个人的青春都是宝贵的，开学第一课，我给学生分享了一篇微信推文——《大学四年，是什么造就了人与人之间的差距》，借此来启发学生如何度过大学四年人生中最美好的时光。一天、一个月、一个学期过去后，我发现有些学生曾经的壮志豪情缓缓消逝在漫无目的的时光里。于是，在他们完成了大学的第一次期末考试后，我让他们写下了大学第一学期的心得感悟。我难以让每一个孩子的青春不迷茫，但我会付之努力让孩子们见证青春更绚烂的光芒。

这是一项用梦想照亮梦想的事业。我深知榜样的力量，借助职业生涯课的机会，我给学生们分享过很多本专业学生成长成才的优秀案例，引导他们树立梦想，对自己的未来进行规划。班上有位女生是调剂到本专业的，对专业的抵触情绪极大，为了帮她重拾信心，我多次与她谈心交流，久而久之，我发现她开始摒弃之前的错误认知，期末考试也取得了班级前几名的好成绩，而后她还兴冲冲地跑到我办公室跟我说未来要读博士，真正深入钻研，才可发现学科之美。

人生旅途的前段，越感到麻烦，越懒得努力，后面的路上越会错过让你为之心动的人和事，错过本该属于你的风景。请相信，所有的付出都不会白费，所有的汗水都不会白流。那些你原来看不起的小事，可能在将来成为阻拦你前进的大事。

是为序。

2022年4月4日

第一辑
腹有诗书气自华

大学生学习篇

弗兰西斯·培根曾说:"读书不是为了雄辩和驳斥,也不是为了轻信和盲从,而是为了思考和权衡。"

读书学习,让我即使没有富庶的生活,仍拥有富庶的生命,让我平凡至今又善良至今,渺小至今也强大至今。而我的一次次搬家,无须繁重的包裹,此生的智慧和善念就是我的行囊,我也许未入过繁华之境,未听过喧嚣声音,未见过太多生灵,未有过滚烫心情,但书本给了我所有智慧和情感,于我眼中胜过一切。

与阳光清风为伴，期未来前途似锦

王若含

我总觉得2021年是我自出生以来人生转变最大的一年，而这要从高考结束开始说起。

2021年的上半年我还在学习的百米冲刺之中，为即将到来的人生中最为重要的一场考试而做准备。一转眼，高考已悄然而至。离开考场的那一刻，标志着我要与青涩的自己告别，我要与之前那些无数个挥洒汗水的日子说再见，迎来一直心心念念的大学生活。

高三时总认为高考完自己一定会超级开心，因为不但一直压在心里的事终于落幕，而且可以摆脱五点起床的早晨、永远写不完作业的晚自习……可当这天真正来临时，我却并没有想象中的那么快乐。复杂的情绪占据了我的内心，而我也要跟某些东西说再见了，今后的我再也不能以"高中生"这个身份说些、做些什么了。而与此同时我也发现，曾经看似煎熬的那些日子，是我青春与努力的见证，是值得我一辈子回味的日子。

查询高考成绩那天，我至今记忆犹新，毫不夸张地说，那是我这辈子最紧张的一天了。下午五点，我准时坐在电脑前打开了查询界面，没有戏剧性的一幕发生，我很顺利地看到了成绩，但令我喜出望外的是，我居然超常发挥了！高考成绩比平时的成绩高出了四五十分！名次也是我高中三年从没有达到过的高度！我激动地跳了起来！感觉一下子到达了幸福的顶端，并开心地接受大家的祝福，沉浸在喜悦中久久不能自拔。

报志愿真是一件很折磨人的事情。在我以前的认知中，总以为考完那几套试卷，我的高考就结束了，完全没有意识到高中班主任曾强调的填报志愿的重要性，甚至认为"三分考，七分报"的说法过于夸张。可亲身经历后，我才知道这其中的复杂性，既担心滑挡，又担心不易而来的分数会被浪费的我可谓是战战兢兢，不过幸运的是，通过老师以及父母的帮助，最终我如愿被山东师范大学地理科学专业录取了，而且是压线录取，一分也没有浪费。拿到录取通知书的那一刻，我才对"大学生"这个新身份产生了实感！

如期而至的大学生活充满了新鲜感，但起初也有所不适应，比如上课时间不固定，且上课地点分散等一系列问题，让我对六七门专业课常常有一种陌生感，上了一周的课后，专业课和授课老师不但不能正确连线，甚至还会产生"我居然还有这门课"的奇怪想法，不过好在通过两周时间的熟悉，对课程有了一定的清晰认知，但学习方式还没有转换过来，所以一时难以掌握所学知识。当然，意识到自己这种问题后，我努力调整，以期找到适合自己的学习方式。在这个摸索的过程中，我也有所感悟：首先我们要保持高度集中的注意力。阅读、思考和观察等一些学习活动都是可以受个人的意志控制的。因此，在准备工作做好的基础上，要听好课，首先集中注意力。当然，在课堂上听讲时，听觉通道的畅通是十分重要的，但如果把学习心理活动的主要着眼点放在"听"的方面，那充其量只能听懂，但听懂不一定代表掌握了，从听懂到掌握之间存在一个思维过程，因此我们在课堂上不仅要带耳朵，而且要学会用心想，思维活动要跟上。要学会积极地回答问题和提出问题，而且提问题会让老师加深对我们的印象，增加互动机会，以致激发我们的学习兴趣。

兼顾学习的同时，我也没有放弃兴趣的培养，同时报了三个社团，摄影社、学生会宣传部的海报小组以及PS学习社团，其间也取得了一些小成绩，给自己增加了不少信心。总之，我的大学生活目前过得还算有声有色。

接下来的日子，我相信我会不忘初心，继续努力，朝着自己的目标前进！

辅导员评语

大学的学习跟高中不同，高中注重应用而大学就是要让你学会探究、挖掘知识的来龙去脉。就如数学而言，中学时期只要会做题就万事大吉了，但大学的高等数学需要将具体定理的产生、证明、应用弄清楚，这其中自然免不了一些枯燥。既然所处时段不同，那就要从主观原因下手，学着改变自己去适应大学的学习。老师很赞同你的一句话："听懂不一定是掌握。"在课堂上跟着老师思维走，增加与老师的互动，坚持下去相信你会有更大的收获。请你一定相信，努力过就会有收获，继续往前冲吧，朝着自己的目标前进！

彼方尚有荣光在，少年不惧年岁长

王 莹

怀着懵懂而又欣喜的心情步入了大学，从高中生活向大学生活的转换起初有些难以适应，但慢慢我也适应了大学生活，并且觉得大学生活要比高中充实得多。在这个阶段，我的学习方式、情绪心态、性格等方面都发生了显著变化。

幸得识卿桃花面，从此阡陌多暖春。在我看来，任何的遇见都是命运的安排，遇见的世间百态都是生命的馈赠。因此，我们要友待身边的每一个人，他们终将会成为帮助我们走向成功道路的垫脚石。我的性格十分内向，不喜欢与人交流，与生人交流经常紧张到不知如何表达，感觉和任何人都聊不到一起，甚至有的同学私下说我是一个很难相处的人，因而大学以前的我是一个相对孤僻的人，仅有的一两个好朋友也不在一个班级。但这一切自我进入大学后就发生了转变。大学舍友都很热情友好，我们会在课余一起拍照、一起吃饭，会在上课时互相占座，会在宿舍里打打闹闹，一起交流感情，我从高中那个在宿舍一言不发的人变成了大学宿舍中最能"叨叨"的人。而我也因为遇见她们使生活充满了色彩，不再内向，我也因此爱上了上学。开心是世间最好的良药，可以淡化曾经灰暗的生活的记忆，点燃希望之火。

山重水复疑无路，柳暗花明又一村。高中的学习生活，时刻有老师督促，当遇到问题时，班主任以及各科老师会尽可能地帮助我，因而在学习上我不会有任何的担忧，并且高中时间非常紧迫，我的任务就只是学习。进入大学之后，我步入了一个新的天地，所有的事情与原来的都不尽相同。首先，与班级同学相处、互动的机会、平台变少，我们没有一个固定的教室上课，还有的课几个班一起上，除了班干部大家可能连自己班里的同学都认不全，熟悉的只有自己宿舍里的小伙伴。其次，课外时间大大增加，并且课程量很少，有的时候一天就一节课，上完课后就不知道自己该干些什么，加之课后没有专业课老师的监督，感觉每天浑浑噩噩的，像迷失在浩瀚海洋中的一只小虾米，看不到回家的路。而且大学一节课的时长一般是一个半小时，甚至有的是两个半小时，专业课老师讲得非常快，就像自然地理学和普通地质学老师一节课讲几十页，整堂课下来，我完全不知道重点在哪，而且长时间听课，我注意力会非常不集中，还会犯困，总结下来就是，一节课下来，感觉自己什么也没学会。当然，面对这样的困难，我并没有退缩，而是在同学以及老师的帮助下积极探索适合自己的学习模式，渐渐地，在大家的帮助下，我对学习越来越自信，并体会到了学习的快乐。

问渠那得清如许，为有源头活水来。如今大一上学期已经结束了，我也从起初的茫然无知到如今渐渐对大学生活熟悉起来。而通过这半年，我也意识到，大学是一个更需要努力的阶段，我已经是成年人了，我需要对自己的行为负责，我只有通过努力才能改变现状，才能改变命运。大一第二学期快开始了，我即将面临新一轮的挑战，而我也给自己定了一个规划以及要达到的目标，第二学期我要严格要求自己，不再迷恋于刷短视频，要多去图书馆看看书，学习一些常见的技能，提升自我能力，所谓活到老，学到老，人生就是不断学习的过程，要想紧跟时代潮流，必须不断地汲取知识，提升个人价值观。

大学就是一个接受挑战从而提升自我的过程，所谓宝剑锋从磨砺出，梅花香自苦寒来，经过种种挫折与挑战，迎接我们的将是一片坦途。

辅导员评语

进入新的学习环境，要尽快找到适合自己的学习方法。学会适应老师的上课节奏，也可以咨询一些本专业的师兄师姐，向他们汲取宝贵的学习经验。虽然大学课程学习没有高中学习那样紧张，但自控力必不可少，大学生活的闲暇时间完全可以用来提高自己，弥补短板。既然已经意识到自己所存在的问题，也已经做出了规划，那就及时行动，不要让懒惰成为你成功的绊脚石。不甘于现状是值得赞扬的，更值得期待的是你接下来怎么去做、怎么去改正。彼方尚有荣光在，未来属于现在奋斗的自己，加油！

无题且跑题

殷海航

大学无非分成了两个部分——学习和生活。开始写这篇文章前，我先去化了个淡妆，以保证我写这篇文章像完整地弹奏一首钢琴曲，一气呵成；而为避免过度惬意，以及新电脑提前下岗，不提倡像在加州日落的阳台上写日记一样带精致杯具上桌，但我还是给自己下单买了一杯奶茶。简言之，化妆属于生活，所谓的打字，算在学习里，虽然我感觉在千字过后，当写这篇感悟的目的性慢慢消散的时候，这也变成了一种生活。

基调且定，这注定不是一篇糊弄文学。

谈大学生活，我才将将从高考战场卸甲归来，但偷懒又不是投篮，这天赋与生俱来。而我们无穷尽又陷入自我怀疑与矛盾焦虑中，不过是生怕自己本非美玉，故而不敢加以刻苦琢磨，却又半信自己是块美玉，故又不肯庸庸碌碌，与瓦砾为伍。抛却辞藻，即为"自强"而不自律，故自我怀疑。

似乎人总要对焦于某种超越生活的存在，才能告别习以为常的平庸和肤浅。便如诗和远方及眼前的苟且，但你可以一直在行向远方的路途上，却万不可只见远方，此便需要自律轻敲你，欲望得更远，先决条件是你需要站得更高。

曾听罗翔老师这样讲："人最大的痛苦，就是无法跨越'知道'和'做到'的鸿沟。"而王小波又曾在书里说："人的一切痛苦，本质上都是对自己无能的愤怒。"柴静也在采访时有过如是的思考："我对自己感到愤怒，愤怒是对自己无能的痛苦。"

发觉所求高过所及，虽深信浪漫可以至死不渝，而去哪儿邂逅浪漫成了理所当然的难题，化为对于自己无能的愤怒。而自我提升是一个漫长的过程，绝非如我一般空想主义者在梦中成就自己又或一蹴而就的。《人类群星闪耀时》中这样描述："只有一件事使人疲劳，摇摆不定和优柔寡断。而每做一件事，都会使人身心解放，即使把事情办坏了，也比什么都不做强。"

劝自己在闲暇多读读书吧，一本书读完可能很快就忘干净了，好比竹篮打水一场空，但竹篮经过一次次水的洗礼，会一次比一次干净；一个人每天看书可能记不住什么，但是潜意识里会明白，什么是对，什么是错。"腹有诗书气自华"在此之后——

做觉得对的事情，然后接受它的事与愿违。"对未来真正的慷慨，是把一切都献给现在。"

而作为一个地理专业的学生，我的征途，是星辰大海。

谈及大学里的专业学习，无论是站在热爱的立场上从事的研究还是仅仅为未来的毕业论文，我们穷其一生在专业方向上的新突破，不过如宇宙中蜉蝣，而何其有幸，我热爱地理，无法预料未来，但我实实在在地享受当下。

我有千言万语，似汹涌奔腾的维多利亚瀑布，来倾倒我对于地理学的无限热爱，只等一句"愿闻其详"以名正言顺地畅所欲言；所以，虽是对学习的阐述，但这注定是一篇主观色彩浓厚的后半段落。

"先有兴趣而后广博，广博而深邃，深邃而后学有所成、学有所用。"有幸之至，地理自小便是我所热爱的。又是多么巧合，我的母亲曾在出版社工作，《中国国家地理》杂志便成为我不同于众多幼儿图画书中最特别的一本，它不似图画书有着拳头般大的文字，仿佛在对我说："你必须慢慢熟悉我、认识我！"而它的文字常在大篇大篇的彩图一角，紧紧缩在一起，生怕抢了壮丽世界如诗如画的辽阔与意境。也恰巧因此，我第一次认识了地理，看到了世界——澳大利亚似公主裙摆的粉色希利尔湖，冰岛如通天之路的绚烂极光，菲律宾的"吃货天堂"巧克力山群，我国大连"四月的奇迹"蓝色星河坠落人间勾勒出的荧光海岸……小学时，会因为一个女孩名为"经纬"而向她投去欣赏羡慕的目光；初中读完了《白夜行》，我没有困于书中人物复杂的感情纠葛，而更在意真正的白夜究竟为何，但即便知晓实际的白夜并非书中所述，仍觉这一场文字狂欢是一种别样的理科浪漫；高中的学习更是精彩纷呈，除去真正系统地开始学习地理，感悟黄河响彻天地的咆哮、丛林风雪掩不住的勃勃生机外，我还在物理中寻觅采撷地理的浪漫："当丁达尔效应出现的时候，光便有了形状"——峨眉佛光普照、张家界口光芒洞穿险阻……

地理，无愧于宇宙级别的浪漫。大到宇宙星河无数光年——"宇宙""星空"这一提及无须修饰便满溢浪漫的词语；小到此刻脚下一捧黄土——从这细碎的沙砾里读出那流逝的亿万年岁月。难以计数且无一不与地理相联系。

我们的祖先前辈形容一个人知识面广，常用一句话概括："上知天文，下知地理。"而在今天的义务教育中，天文学已不专设一个科目，而地理却在文科考试中仍占一席之地。地理和历史又常被一同拿出来比较，但平心而论，人们多数认为历史的确比地理要有意思得多，一科主要描述人做的事儿、一科主要描述自然做的事儿，而对于大众来说，人毕竟要具体、亲切些；电视上，历史剧多得使人应接不暇，老百姓看得也不厌其烦，而地理大片多在科教和记录频道才有，受众也少之又少。并非特立独行，只为自己发声：我热爱地理远胜于历史，大概仅仅因为人会骗人，历史亦会骗人，但海洋和大陆不会，即使有一天所有的感情都消亡，我们还能看见几十亿年前某颗恒星发出的光。

而我向梦想迈进的最大一步即是在大学选择了地理科学这一专业，幽默风趣的各专业课老师如平寂夜海上的灯塔，引渡我驶向远方的星港。地理专业老师的博学广识是纯粹又直接的，他们不像文学院教授那般需有深度的交流才可得知所谓内涵之美，也不像数理化高级人才那样提及专业知识才能侃侃而谈。他们所说的话就似前往世界各地的头等舱机票，他们的眼睛则是可拍摄近到街角楼台、远至恒星轨迹的超清相机，他们向我们伸出手，仅于一间小教室，便可带我们周游世界、遨游宇宙、和企鹅观南极极夜、和月亮赏璀璨星河。即使他们没去过某地，却好像比到此一游的人们更了解那里；即使他们此生无缘外太空，却好像早已环游宇宙多次，见怪不怪了。这，是地理人的魅力。庸俗些讲，地理学子吹牛难砸自己脚，浪漫些说，地理学子的神秘使人艳羡。

当你学过的知识足以用来解释这个世界，当你察觉这个世界的美好远远不止眼前所看到的：你追逐着它，试图用脚丈量、用手触摸，想要更透彻地理解，这种吸引力带来了下意识的求知欲，更不失为地理学的浪漫。

人文地理学之父段义孚在《浪漫地理学》一书中提道："我所探讨的浪漫主义，是一种超越寻常、超越自然性和必需性的需求。"换言之，浪漫主义是对生活常规的反抗，它"倾向于表达感受、想象、思考的极端性"。因此，他认为，浪漫主义反映在事物的两个极端上，比如，黑暗与光明、混沌与秩序、低矮与高耸、身体与头脑等。而"求索"乃是"浪漫的核心所在"："探险家在没有任何世俗补偿的情况下，为探知尼罗河源头、到达地球两极，抑或登抵最高山峰的愿望所指引。天文学家彻夜坐在高山上或沙漠中的望远镜前，直直地盯着那些看似闪耀但在百万年前就灭绝了的繁星。若有人问，为何如此？我想答案大概是，有些人在广袤与无垠前感到无比满足；他们虽追逐精确的事实，却是真正的浪漫主义者。"

而对于地理学的专业学习何尝不是我们和地理的一场"双向奔赴"？

于你于我，现还无须探险求索，只是周游、旅行，山川河流、人文情怀本身就足够浪漫，其神秘主义气息吸引着你我去身临其境，正像乔治·马洛里所说："因为山就在那里。"

引用我最欣赏的词人苏轼的一句诗来道一句未完待续吧："小舟从此逝，江海寄余生。"

辅导员评语

你和地理学的双向奔赴何尝不是浪漫？热爱是什么？热爱就是全身心地投入，让你在探究中享受，正因为有了热爱生活才会变得多彩，就像你对地理的求索。大学伊始，热爱的专业、崇敬的老师，美好的一切才刚刚开始，属于你的剧本刚刚上演。珍惜短暂的大学时光，在地理世界里翱翔，做好人生规划，朝着属于你的星辰大海迈进吧！

平淡的日子里泛着精彩的光

代维晴

越长大感觉时间溜走得越快，大学四年时光已经过去了八分之一，想想这半年的日子，渺小重复，有悲有喜，有失有得。可是，你知道，重复的日子看上去并不精彩，但它的喜悦，总是来自你的回首，以及由此带来的对过去的欣慰和对未来的笃定。回想这八分之一的时光，总有些情感溢于言表。

"一切都是最好的安排"

查完高考成绩后，我没有惊喜，也没有失望，因为在我预料之中，至少在我这里，付出与回报是成正比的，这也算是为我三年的努力交了一份满意的答卷。报志愿时，我一心想报医学类专业，所以第一志愿选择了杭州师范大学的口腔医学，而且没服从调剂，最终导致退档。当时，我并没有时间伤心或是遗憾，只能抓紧准备征集志愿和二本志愿。还记得报完征集志愿那天，一整天精神都高度紧张，直到下午六点录取结果出来，我悬着的心才落了下去。最终的结果是，我被我之前从来没有考虑过的学校——山东师范大学，以及没有接触过的专业——地理录取了。总之，报考的过程很艰难，但是结果还算满意。所谓："塞翁失马，焉知非福。"从此，我与山师结下了缘，我也成了一名地理人。这一切都是最好的安排，我想说：山师你好！地理与环境学院你好！

"或许一开始我不是最好的，但我相信我会越来越好"

身为理科生的我，对于地理的掌握还停留在高一的浅学阶段。一开始，我能明显感觉到理解和听懂地理专业知识的费力，尽管很多人说大学地理属于理科。讲真的，这半学期的专业课自我感觉是一个接触、了解地理科学的过程，了解它的研究对象、核心要素等。地球概论、地导、地质、自然地理学，虽然各个专业课偏重的知识点不同，但是总的地理思想是相通的。

一个学期，听了大大小小的讲座、专业交流会、线上高端云课堂，以及师哥师姐的经验分享，从中收获了很多专业知识、选课时的注意事项、大学四年应该如何规划以及未来的就业方向等。多听，一定受益匪浅。

备考期末时，根据老师的串讲以及上课时的笔记，我合理地安排复习计划，认真考试，最后考试结果还是尽如人意的。

我知道，我基本上算是零基础学习地理，但是"既来之，则安之"，我一定会认真学习每一门专业课，主动和老师、同学、师哥师姐们交流沟通（这是我的弱项，也是我需要做出改变的地方），有意识地阅读相关书籍，培养地理学思想，在正式步入社会之前，打好专业知识的基础。

在性格方面，我是一个不自信的人，甚至有些自卑，不敢在公开场合演讲，不敢举手发言，不敢发表自己的想法。我知道，高中需要的是默默无闻地埋头苦干，但是大学不一样，大学校园里永远都是自信的人在闪闪发光。但是我一直相信，不管做什么，只要多去尝试就会越来越好，越害怕什么，就越要去做什么，只有这样才能渐渐克服自己的恐惧，并且还能多积累一些经验。我自己从小到大都没有担任过重要的职位，也从来没有勇气和信心去争取。如果以后有机会，我想成为一个勇敢的人，我想试一试，克服恐惧，挑战自我。我告诉自己，凡事都要多多尝试，一开始或许干得不好，但每次尝试都一定会有所收获，现在经历的挑战和学到的技能一定能够在未来的某一天派上用场。

"我频繁记录着，因为生活值得"

翻开日记本，每天的记录都少不了篮球训练，内容大抵是训练中的进步与不足，赛后的反思与总结。初来山师，我有幸加入了"地环女篮"这个温暖的大家庭，感受到了教练们的负责、师姐们的热情。虽然也曾抱怨过冬天六点半的早训，也曾厌烦过被教练惩罚的十七折返跑，但是我从不后悔加入学院女篮，反而非常感谢教练的严厉训练，感谢师姐赛后的耐心讲解，感谢从酷夏到凛冬一直坚持去训练的自己。在这个过程中，我不仅增强了身体素质，还结识了很多并肩作战的队友，更是收获了一份专属于"地环女篮"特殊的情感，让我更加坚定了对篮球的热爱，磨炼了不怕苦不怕累的意志，是篮球改变了平庸的我。

每当自己需要鞭策的时候，我就会观看师姐们之前的比赛视频，视频中，她们分秒必争、每球必抢的拼搏精神深深感染着我，而我也会不由得为我的时而不认真训练而感到愧疚，但更多的是激励着我，想为女篮洒更多汗。"热爱从不发言，但却回答了所有问题。"

"谁的青春不迷茫，迷茫背后是光亮"

大一上学期，是我们从高中生活向大学生活过度的阶段，完成了高考的任务，转向了自由的大学后，有些人反而漫无目的了。一时迷茫，不知道自己想要什么。只是跟着课表走，有课就上课，没课就在宿舍待着，周末大多时候也在宿舍睡觉。而我一开始也是这样的状态，但自打接触到考研党后，一切都发生了转变。第一次近距离接触考研党是在文渊楼的楼道，一人一桌一椅，还有一摞没过头顶的书，分布在各个楼层，从好奇到信服再到敬佩。由彼及身，或许，两年之后，我也会选择考研这条道路，我希望能有一个考研人的勇气与坚强，既然选择了，就不能轻言放弃，一定要坚持到底。又或许，三年之后，我会选择直接工作，成为一名人民教师，教书育人。不管做了什么选择，我都想送给自己一段话："我希望你能活出精彩的自己，我希望你能见识到令你惊奇的事物，我希望你能体验未曾体验过的情感，我希望你能为自己的人生感到骄傲。如果你发现自己还没有做到，我希望你有勇气：从头再来。"

"这一路，步步都作数"

过去的半年，我自知有很多不足之处，同时我又告诉自己：不要相信速成，积累才是硬道理，慢慢沉淀自己。

新的一年，当然是想成为更好的自己。

新的一年，有很多事情等待自己去做，定好目标，做好短期和长期的计划，读书、记录、运动、学好英语、打好篮球、早睡早起、按时就餐，形成自己独立的思想，尝试以大人的眼光和高度去处理事情，凡事三思而后行。

这八分之一的大学生活，我不断接触、尝试、熟悉，见到的人，遇到的事，都让我的想法和做法有了一些转变和改善，而这终将成为我人生路上的奠基石。剩下八分之七的日子，我希望自己的生活充满条理，为人热情诚实，拥有良好的处事原则。希望自己可以保持内心的宁静，不骄不躁，不弃不馁，做一个事事认真的人，踏实走好脚下的路，按照计划走，即使不能事事完成，但至少不是漫无目的。

"吾生有涯，而知无涯"

这一程山高路远，看世界也找自己。我希望我能够永远以一个学生的身份去求知，去经历。毕竟学习是一生的必修课，每个人都应该上好这一课！

辅导员评语

"相遇即是缘分"，既来之则安之，经过一学期的学习，成绩尽如人意，想必你已经大致掌握了一些专业课的学习方法，但肯定也有不足的地方，多探索、多请教，在以后的学习中就不仅仅是"努力做到期末考试科科合格"这么简单了，而是向着更高更远的目标努力。在日常闲暇中，说服自己走出宿舍，利用大好的时光提升自己，就像你说的"保持内心的宁静，不骄不躁，不弃不馁"。继续加油吧！在未来与更好的自己见面！

浅忆大一新生活

李佳薇

恍然间，大学第一个学期已经结束，回望这半年，来也匆匆，去也匆匆。在这半年间，我掌握了新的知识，学会了新的技能，也取得了新的成绩。怀着无限的感慨，我对我的第一学期生活进行以下概括。

军训是每位大一新生报到后的第一次历练，的确，几天的军训是短暂的，但它给我们留下的美好回忆却是永恒的。望着艳阳高照的窗外，忽然觉得，军训，就如梦一样，匆匆地来，又在我没有细细品味那份感觉的时候悄然而逝，就好像徐志摩所说："悄悄的我走了，正如我悄悄的来；我挥一挥衣袖，不带走一片云彩。"

而人际关系的处理，成为我入学的另一道考题。

来到一个新的环境，我们得学会去适应，才能更好地融入集体。"一个没有交际能力的人，犹如陆地上的船，是永远不会漂泊到壮阔的大海中去的。"来自五湖四海的同学，在朝夕相处中从陌生到熟识，而这本身就是一个人际交往的过程。一个简短的问候，又或者一个浅浅的笑容，都可以在一瞬间击中你的心灵。威廉詹姆士曾有言："人类本性最深的需求是获得他人的赞赏。"诚然各种各样的人际关系会让人产生不同的感受，心情舒畅或不愉快，但唯有主动地与人相处，才可以更好地发展关系。

人的一生，除去家庭生活外，只有集体宿舍能为我们制造这种朝夕相处的机会了。在这朝气蓬勃的年纪，一生中最美丽的时刻，一群和自己从一日三餐到沉睡时的鼾声都共同分享的人，从中间生发出来的情谊是实实在在能经得起时间检验的。你能领悟到他一本正经的外表下冷不丁冒出的冷幽默，他也能看见你衣着的光鲜程度与床铺的整洁程度间的巨大反差；你能识别出他夸夸其谈后的七分真三分虚，他能把握住你在对待金钱问题上的斤斤计较。脱掉了虚假的外衣之后所显露的真性情，有着柔软真实的质感，更能触动人心。而只有真情，是构建深厚友谊最坚实的基础，这是大学人际关系最真实的体现。

作为学生，我们的本职便是学习，而大学快节奏的学习生活，也是我们要去适应的。

一个学期下来，我最大的感受就是大学的学习生活与中学有着天壤之别。回想高中生活，上课时老师会不断地重复重难点，力求每一位同学都能吃透知识点，学生每天都有堆积如山的作业，晚自习总有一双眼睛在你察觉不到的地方悄悄注视着你，生怕你摸鱼。相比之下，大学里就没有那么多监督者了，老师的上课节奏也快了许多，只有自律的人才会顺利在整个大学学习中胜出。开学后的一两个月我一直在努力适应大学生活，在此基础上我也不断地涉猎课外知识，开阔我的视野。大学课堂学习固然很重要，课外知识也是不能忽视的，如果我们只拘泥于书本上的知识，学校的图书馆也就失去了存在的意义。

关于学习，我觉得兴趣是最好的老师，做着自己感兴趣的事并且持之以恒坚持下去是一件很有意义的事情。我对数学和地球概论很感兴趣，喜欢钻研有趣的数学题，喜欢探索广袤的宇宙空间，所以平常就会多花一些时间在上面。在此，我想简单总结一下：及时预习，这样在课堂上就能紧跟老师的教学节奏，听讲效率就会更佳；学会有侧重点地听讲，同时注意记好笔记，随堂记录笔记就可以集中注意力听讲，在期末备考的时候也会游刃有余；平时复习也要注重效率，并把握好复习的时间间隔；要多与同学沟通交流，思想的碰撞能带给你意想不到的收获，更有助于拓宽思路。

大学的考试周期很长，长达十多天，这更加考验我们的耐力，从一而终秉持着认真负责的态度才能完美地拿下这场考试。除此之外，考前的准备时间很重要，所以要切忌"临时抱佛脚"。

做好学业规划是大学学习中至关重要的一环，学生不管做任何事情都需要先有个规划，大到自己的学业生涯规划，小到自己每一天要做些什么。复习规划最好是写在纸上，我总是会把自己的规划写在一本专门的规划本中，每达成一次目标，我都会在本子的小方格内划一个小勾，一旦上课发现有不明白的地方，我都会将其记在规划本中，以免自己遗忘，考试前的几天，我会根据考试的科目和时间列出一个详细周密的计划，然后根据计划按部就班地复习，清楚自己要做什么，花多长时间去做，这样去学习目标感会更强，从而能够获得更好的复习效果。

大学生涯虽不是想象中的那样轰轰烈烈，但对我来说，却多了一些真实的体验和生活见闻。在我看来，学校生活也慢慢改变了我的人生观与价值观。周国平先生曾说过："灵魂只能独行。"但是在大学校园里，灵魂的交流和碰撞亦是很珍贵的，这种交流和碰撞中所迸发出的智慧火花装点着整个大学校园的上空，使整个大学校园更加五彩缤纷，绚烂的色彩也倒映在我的眼里，浸染着我的心灵。在这短暂的时光里，从陌生到熟知，从不知所措到驾轻就熟，我在潜移默化中爱上了如此丰富多彩的学校生活，爱上了这样朝气蓬勃、妙趣横生的学校生活。虽然大一上学期的校园生活早已成为过去，但它所留给我的精神体验将伴随着我一生。

辅导员评语

学生的本职工作是学习，经过一学期充实的学习生活，显然你已经适应了大学的节奏，对于你学习方法的归纳，我很赞同。但是我想说的是，要是能持之以恒地将这种学习方法延续下去，那最后收货的不仅仅是一张漂亮的成绩单，还有自己勤动脑、爱钻研的学习习惯。除此，你也可以适当参加一些竞赛活动，提高自己的思维能力和创新能力，将自己的大学生活变得更加丰富多彩。

不以物喜，不以己悲

赵晓贝

从高三到大一，体验过无忧无虑的生活，但迷茫不自知，惰性战胜了勤奋，不知如何是好。一个学期的体会，也有话说，但我并不想讲述快乐。

当初踏进这扇大门，就像宣传片里一样，紧张又兴奋，渴望丰富多彩的大学生活。于是，什么热闹都往前凑，报名、申请、面试、排练……与周围人不断磨合，貌似在这个陌生的环境中建立了一点人际关系，也在努力后、活动后收获了不错的回忆。

于我而言，这里不同于所毕业的高中，仿佛摆脱了沉重的束缚，来到一片自由的天地，刚开始当然是十分喜悦，但所有的东西都会有个度，你不是真正热爱，或者渐渐有了自己的看法，那个当初视为珍宝的东西就该被重新审视。值得？不值得？这取决于自己的判断，不该在什么上花费时间，该在什么上下功夫，一学期下来，大概有了点头绪。

现在，对于我来说，进入大学的新鲜感已在短短一个学期中悄然消失了，剩下的只是找到方向继续走下去了。

某天夜里同好友聊天才发现，原来我一直在浑浑噩噩地混日子。朋友在别的大学学习汉语言文学，她说她没遇到益友，但却遇到了良师。她发来与老师讨论问题的录音，30分钟，我一分没落地听完了，然后，怔住了。我感叹，这种师生关系和学术氛围，对比我当下，不是混，那是什么？她是真的热爱这门专业，她说："如果我当初没有报考汉语言文学的话，我真的不知道现在该是怎样的一种状态。"重新审视我自己，地理，是我喜欢的也是我所擅长的，这已经够幸运的了，那为什么不好好对待呢？说迷茫，还不是因为日复一日地拖延、懒惰和不够明朗。

我感谢那晚朋友的话点醒了我，进入大学，全凭自己去创造环境，做好

"舍弃"的准备，也做好"一意孤行"的准备。舍弃不必要的社交与活动，舍弃影响你的一切烦扰，舍弃虚拟网络带来的快感，舍弃华而不实的行动与计划……有时候，在做某件事之前，真该先停下来好好想想，这值得你去做吗？这是你想要的结果吗？我们这个年纪少不了诱惑，也有精力去吃喝玩乐，但往往疯狂娱乐过后一无所获，人的成长也许就是一点点地与这些脱离，"不以物喜"，冷静又不失感性，少操闲心，少淘闲气，热闹是他们的，与我又有何干？把宝贵的时间留给对知识的探索吧！

曾经看到过一个人写道：你是不是在有一些瞬间觉得自己一无是处，总是浪费时间和精力，沉迷于能让你短暂性刺激的快乐？你为什么总是踌躇满志地做了大量的计划，立了一个又一个目标，但是永远都是三天打鱼两天晒网？让你开始怀疑自己，难道我真的就是一个无药可救的废人了吗？这样的念头每个月会出现几次，但大多数时候你根本不会让自己的大脑从给你不断刺激的短视频和游戏中停下来，因为你害怕一停下来，自己是个废物的念头就再次涌来，所以你又赶紧拿起手机，让这个念头消失。是不是觉得自己陷入了严重的精神内耗……

我坦白，这就是我最大的问题，那么"反内耗"，则是当下最切合实际的目标，要做到"不以己悲"尚需极大的勇气和毅力，那么下面的这些话，写给我，也写给渴望改变的你。

首先，降低期待值，做个不完美主义者。完美主义者总会成为你放弃尝试，拖延行动的理由。列夫·托尔斯泰说过一句话："你如果追求完美，将永远无法感到满足。"所以成为一个不完美主义者的第一步，就是降低行动标准。一旦你发现，只要你愿意，随时随地都可以开始计划。另外，从培养一个微习惯开始，及时反馈，告别拖延。这个习惯的目标一定要定得很小很小，每天看一页书，每天背一个单词，不要觉得这些很可笑，不然就有可能掉入了"完美主义"的陷阱，不要再明天怎样怎样了，现在马上从床上爬起来，放下手机，去开启你开挂般的人生吧！

道理大多数人都懂，秘诀也很简单，而真正能够执行下去的只有一小部分出类拔萃者。要承认自己只是个普通人，没有天赋迥异，没有家世背景，没有值得炫耀的资本，那就好好做个"普通人"，在默默无闻中靠坚持和努力去改变自己的处境，在拼尽全力之后不论结果好坏都会收获一个无悔的人生，不用总是在意他人的眼光，也无须同他人比较，你只需和以前的自己相比。

那好，从此刻起，该给自己找方向了。虽然没有追星、追剧、看小说、看漫画的爱好，貌似少了精神上的抚慰，但天底下又有多少人不是这样呢？这不是迷茫的理由，你应该庆幸，自己终于可以以一个旁观者的视角来看待这些娱乐性的东西了，或许此时，你的观点会更加理性和从容，不会过分地沉溺于"以物喜"的麻痹状态中，并且，大把的时间就可以被一心一意地倾注于自身的建设中去，做些回过头来值得被提起的事，做些真正能够内化于心的事，做些对自己的未来有帮助的事。

八分之一的大学生活过完了，而你真的明白什么是"大学"了吗？知乎上有人这样回答：它可能是人生最好的时期，也可能是最坏的时期；我们前途有着一切，我们前途什么也没有；我们也许正在直升天堂，我们也许也正在直堕地狱。其实，无论如何，大学都是你人生中最难以磨灭的经历与财富，大学就是给你更多的成长机会和更好的成长平台，了解更多的专业知识，并且深入思考以后要干什么，如何干，怎么干。考研，读博，出国留学，不过是为了以后在专业层面有更好的基础和更多的话语权。

我想，所有的反思都是为了更好地往前走，今天的思考也一样。开始很快，结束，也很快，四年时间又何尝不像已经经历过的高中生涯？不想留下遗憾的话就努力散发自己的光彩，种一棵树最好的时间是十年前，其次，就是现在。

辅导员评语

高考不意味着结束，反而是新起点。摆脱了高中的束缚，迎来的是关于自己支配青春的自由。上半学期过着名义上的"充实"，但实际和朋友一比"浑浑噩噩"，此时发现为时不晚，就像你说的：从一件很小、很简单的事情培养微习惯，改变自己，及时反馈，告别拖延。初入大学，大家都有试错的机会，要在不断试错中找到属于自己的方向，制定属于自己的学习生活的小计划、大计划，不给自己留下遗憾。

要努力就趁现在！

读大学，读人生

辛 夏

大学，是我们开始走向独立的地方，是梦开始的地方，为了不让这个梦在毕业之际落空，那么我们就得用一种以终为始的态度去规划自己的大学生活。大学也是我们人生中最能够扬长避短的时期，最能够纵情飞行的时期，所以大学不可平淡度日、默默无闻，因为青春是充满激情的，一旦失去便再也找不回来了，所以在大学朝着梦的方向飞翔吧！

大一是大学的开端，同时也是大学四年的基础，而大学最重要的还是体现在"学"上，学习永远是学生的第一位，没有一份拿得出手的成绩单，何谈让别人信服你的能力！所以在大学，我们要用知识丰满羽翼。

读大学其实就是在读自己未来的人生，大学是我们人生新的起点，是人生中一段重要的旅程。这条路只有四个台阶，踏一步很轻松，然而，每个人踏上的高度却截然不同，每个台阶上散布着许多碎石，踏得越高摔倒的风险越大，有些人不惧风险，在各个领域发展自己，而有些人畏手畏脚，甘于现状。四年之后有人四步踏上高台，有人四步如平地前行。大学怎样度过，由自己定夺。但是对于一个大一新生来说可能充满迷茫，当然，我也是这样的。

在进入大学前，我对自己独自在异乡求学感到恐惧，但同时也向往结交新朋友、认识新老师、见识新事物，在踏入学校大门前这种情感一直伴随着我，即使是今天，也还有余感。

从去年九月入学到现在已经一个学期了，我不禁感慨"时间过得太快了"。经过高三的艰辛奋斗，我踏入了山东师范大学，这是一种难以言说的喜悦，好比一只挣脱枷锁的小鸟，急切地飞向广阔的天空，第一次离开家乡，离开父母，这里面饱含我对未来的憧憬和对自由的渴望。大学里对一名新生来说有许多陌生却又充满吸引力的事物，而作为一名新生，来到一个陌生的环境，一切皆是未解之谜，此时，我们应该停下来，辨别自己前行的方向，有了方向，才不会迷失自己，有了方向，才能朝着自己梦的方向勇敢飞翔！于是经过一番思考，我加入了我们的地环青志协，迈出了这一步，我的大学生活也充实起来了。

大学是一个大熔炉，无数人在这里被烤炼，将来会炼化成什么，由你四年的努力决定，我想大多数人都不想变成炉底的炉渣，所以学自己所需，给自己增值吧！人们常说，大学的生活是自由的，但并不表示你可以随心所欲，随心所欲的自由只会让你的生活一团糟。其实在开始的时候我非常放松，上课也不专心，因为即使不听课也没有人会特意去管你，这样的日子持续了很长一段时间，而打破它的是我得知我高中同学期中考试挂科的消息，这个消息令我为之大震，我开始反思自己过去的行为，然后认真听课，而我认为这是我对挂科的恐惧。

后来，我开始思考只是一个追求不挂科的大学生活有意义吗？答案显然是没有意义。我们所追求的应该是获得一个优秀的成绩！

读大学不能为自由所困，与中学相比我们变得自由了，能够完全掌控着自己的生活，也正因如此，我们更容易迷茫，有时候都不明白自己到底追求的是什么，所以沉下心来，好好思考自己的人生目标到底是什么。人生目标是人生道路的航标，是人生前进的动力。

读大学要学会与人相处。人与人之间总要相处，在大学里，人际关系非常重要，我们遇到来自全国各地的同学，大家的生活方式、文化习俗各不相同，因此，我们要学会与人相处，学会处理各种矛盾，学会宽容，学会敞开心扉，用真心交谈，"爱人者人恒爱之，敬人者人恒敬之"，彼此理解相互关爱，便不难相处了。

读大学要懂得长大。迈入大学，你想说："我长大了。"但是很快你就会发现自己依然是个无知的孩子，学习与工作的矛盾令你困扰，无法区分的爱情与友情令你心烦，复杂的人际关系令你焦虑，现实就是这么残酷，但是人总是要学着慢慢长大。在这复杂的生活中磨炼自己，我们才能真正长大。

我们都是有梦想有追求的人，不要因为路途艰辛就放弃了前进的脚步。冬天到了，春天还会远吗？追寻梦想的过程是苦涩的，但经过磨砺而获得的成功是甘甜的。一件事坚持很难，放弃却很容易。因为年轻没有经验，我们很可能会经历很多失败，但也正是青春的激情让我们能不断去挑战。只要我们满怀激情踏踏实实地走好脚下的路，我们终究会取得胜利。冬天过后，春暖花开，我相信四年之后可以硕果累累。

大学是一个小社会，这里充满试炼；大学是一个大舞台，这里充满挑战。作为一个大学生，我们都渴望在这大舞台上展现自己，那就让我们努力学习，把握青春，在这里锻炼自己吧！在组织活动中留下你辛苦的身影，在社团活动中展现你美丽的风采，在志愿活动中奉献你的一分力量。在这里你不仅可以收获知识，还可以得到人生最宝贵的财富。大学校园里，只有想不到，没有做不到，尽情地去施展自己的才能吧！恰同学少年，风华正茂，书生意气，挥斥方遒，指点江山，激扬文字！

读大学其实也是在读人生。大学生活是人生路上的一个台阶，也是人生之书的一个篇章。这段路有的人走向高处，有的人平地前行，这个篇章可能丰富多彩，也可能是一片空白。虽然，我的大学生活刚刚开始，但是，我有信心通过自己的努力取得心仪的结果，加油地理人！

辅导员评语

读大学也是读人生，是啊，大学是社会的缩影，是奠定人生路的基础，只有每一步走扎实了，日积月累将会得到很大的收获。那这每一步则要从日常的学习开始，从上课专心听讲开始。所以，开始制定属于自己的计划，一步一个脚印迈向属于自己的理想吧！

挥别过去，迎来新起点

李晓雪

2021年步入大学校园的这半年，我有了许多感想与体会。

大学，一个经常出现在高中生想象中的词汇，有其独特的魅力。还记得高中时常常幻想着步入大学校园的生活：不用再早起晚睡，课不多，课余时间可以做自己想做的事，还能参加喜欢的社团，结交很多志同道合的朋友，好似没有任何烦恼、苦痛。

但现在发现事实却并不如此。初入大学，失去了老师、父母的监督敦促，又加之自己本身自律性较差，玩心大，就导致了自己晚上熬夜，课上打瞌睡，闲暇时间常常是刷视频或玩其他娱乐项目。而这让我觉得时间过得很快，但却没有任何意义，日子过得浑浑噩噩，不知是何滋味。

虽有过迷茫，但我也希望能在大学学到更多事物。我如今已经是山师的一员，将在此度过四年，我会尽己所能，不负自己作为山师学子的责任。

山师的人文氛围、学术气息亦是非常浓厚：作为一名地理人，我经常会在去往食堂或者教室的路上看到学长学姐们努力拼搏的身影，他们或是在备战考研，或是在测量勘察各种研究所需的数据，或是在进行各种比赛项目之前的万全准备。虽是辛苦，但却充满意义，足够以后回想时道一句"我的青春也曾挥洒过淋漓汗水，也曾绽放属于自己的光芒"，亦足够不留遗憾。与他们相比，我却有太多的不足。

首先是在学习上有些许力不从心。大学老师的讲课方式与高中老师千差万别，老师讲课速度较快，学习内容范围较广，导致我一时产生了惰性心理，疲于应付那些纷纷杂杂的学科知识，没有好好做笔记，上课走神睡觉，只是机械地勾画出老师要求记住的内容。对于课堂时间的分配，我也有许多不足，其中最明显的是：我会在其他课堂上学习高数，耽误其他课程的学习，动机也只是高数能够提神醒脑，不会让我陷入混沌状态。另外，对于网上课程的学习，我也重视不足，常常想着刷时长混分，从而失去了了解更多事物的机会。这些不足我会努力在接下来的时间里弥补改正，也希望自己能够做到自我监督。

其次是对闲暇时间的分配不恰当。大一上学期，课业压力不是很大，课余时间也挺多，而我没有好好地利用这些时间来充实自己，选择了躺在宿舍玩手机刷视频，白白消磨了这些可利用的时间。现在回想，再看看那些拼搏努力的学长学姐和同届同学，实在是让我觉得惭愧万分。大学就是让我们充实自己、提升自己的地方，而不是让我们贪图享乐的地方。所以我想了许多，我应该利用这些事件让自己变得更优秀、充实，这也是一个学习的过程。比如可以去图书馆看书，复习课上老师讲的内容；也可以参加一些社团活动，结交更多优秀的朋友，更好地提升自己。可以利用的时间有很多，利用的方式也众多，所以我不要再荒废自己的大学时光，我一定要好好地约束自己，争取成为自己曾幻想的那个少年。希望可以在未来对自己说一句"历尽千帆过后，归来仍是少年"。

最后是人际关系有些不尽如人意，不过我会努力去弥补，就不在此多费口舌了。

尽管有一些或生活或学习上的不足，但我还是有许多收获的。

其一是我对自己所学习的地理学科有了基础的认识，让我印象最深刻的是地理科学悠久却又坎坷的发展历史。先是萌芽时期的古代地理学：西方古希腊的《荷马史诗》、文艺复兴和地理大发现推动了地理学发展，并为近代地理学的诞生创造了条件；我国的"仰以观于天文，俯以察于地理"、张骞出使西域、玄奘西行、郑和下西洋以及北魏郦道元的《水经注》，都标示了我国未成体系却又生命力顽强的地理学。再是崛起兴盛时期的近代地理学：德国的洪堡、李特尔毕生考察世界各地，建立了植物地理、人地关系等理论，并创立了近代地理学；英国麦金德、法国白兰士、美国哈特向以及俄国道库恰耶夫等都是近代地理学的业界大拿；我国张相文、竺可桢等地理学先驱引领我国地理学后来居上，快速发展。最后是多元化时期的现代地理学：理论革命、计量革命、生态思潮及信息革命等强烈推动地理学的多元化发展。除此之外，我还认识到地理学对社会发展的有利影响：水利学帮助解决农业灌溉等问题，区域地理推动区域间的联系发展，地貌学可以对濒危地貌做出保护挽救……

其二是一些活动令我学会、了解了许多。学院举行合唱比赛时，我们班级同学怀着一荣俱荣的信念，在寒风凛冽中一遍遍地练习歌曲曲调、动作、表情神态，克服了重重阻碍，最终凭借着大家的努力赢得了奖项，为自己的班级赢得了荣誉。有许多人都说，到了大学，一个班级的同学一年都见不到几面，不用太过关注。可我想，哪怕真的见不了几面，我们也可以成为朋友，一起为班级做贡献，配合班级高度完成所有的集体活动。辩论赛时，我在教室中看正反双方唇枪舌剑、互不相让，看他们从各个切入点阐述维护己方的观点，看他们还略显生涩稚嫩的言辞反击，看他们埋头想着辩驳之词，看他们一人之辩重于九鼎之宝、三寸之舌强于百万之师……也让我体会到了语言的魅力。

在还未上大学时，总有人跟我们说大学生活是多么多姿多彩，也总有人说大学就是躺平享受的地方，可无论他们怎么说，只要自己没有经历过，就永远是镜花水月，触不到碰不得，不辨真假。现在我已经步入大学半年，说长也长，说短也短，但足够我确定大学真正的生活应该是什么样的：它应该是拼搏奋斗的样子；也足够我确定自己大学的奋斗目标：大学四年努力学习，争取考上研究生。虽然不能成为最优秀的人，但我可以努力使自己变得更好，不负自己十多年的寒窗苦读和父母老师的辛勤教诲。

最后，希望我的大学生活不负我所望，会有我自己虽小但存在的小确幸。

辅导员评语

步入大学，意味着新的开始。进入大学的你好比一张白纸，你想最后绘画出一幅什么样的画卷，那就看你大学四年怎样去描绘。大学更重要的是自立自强，经过一学期的学习生活，你自己也发现了力不从心，少了自我监督，错误不怕犯，就怕屡教不改。既然已经意识到自己白白消磨了这么多可利用的时间，那就从现在开始，走出舒适圈，多与同学及师哥师姐交流一些学习经验，让自己变得充实，不再是浑浑噩噩，相信你会找到属于你的小确幸。

常思己过，扬帆再出发

王心如

我是一个贪图安逸、喜欢待在舒适圈的人，大学里更是把这种风格体现得淋漓尽致。安于眼前自己所拥有的，不争不抢，认为一切都刚刚好。

可是现如今当我再次回首自己的半年生活，却有点"怒其不争"了，虽然我不是处在失魂落魄的环境，恰恰相反，我所在的新环境有无限发展的潜能，有无数未知的知识和新奇的活动供我选择，可我却故步自封，不思进取。"学如逆海行舟，不进则退。"上了大学，再没有了高中班主任那般的管教、级部主任的突袭检查和父母每天的唠叨，取而代之的是同学们的打闹和舍友的嬉笑。原先备考的压力早已不复存在，我告别了早上五点半起床的那三年、频繁进出老师办公室的那三年、被安排得满满的课表以及一堆堆写不完的卷子的那三年。步入大学生活的这一年，我甚是喜欢这种惬意的生活节奏。渐渐的，我开始放纵自己去玩乐，学习上的付出越来越少，变得不认真听课、课上玩手机、晚自习画画。当别人在为高数奋斗的时候，我却沉浸于自己的一方天地，做着无关紧要的事情。考试周时我才悔恨当初不知道努力的自己。直到如今我甚至连一本专业书都没借阅过。还记得最初踏入大学时意气风发，听完辅导员和院长欢迎新生的致辞后更是踌躇满志，当时还制定了诸多计划，想要每个月读两本专业书，因为我拥有了大把属于自己的时间。我还想要学习PS、英语四级，可计划赶不上变化。当自己真正进入一个自我管理的新环境，却只是助长了自己懒惰的性格。我的身旁也有爱学习的人，就比如我的舍长她自开学以来就以满腔热忱投入学习，而我却是"间歇性踌躇满志"，每次都几分钟热度，不能持之以恒。结果可想而知，没有约束和管理好自己的学习。我想要努力的心就这样渐渐被消磨，理想和意志也渐渐消沉。

高中是结束了，但大学是它另一种形式的开始。高中三年让我知道了努力的意义，大学里我应当学会如何努力地去学习。没有了外界的约束，要当自己的主人，去主动学习。高考虽然结束了我的压力，但我同时也失去了我的动力。那三年，同学们总有着一股劲，暗地较量着，谁也不肯服输。大家都在低头学习，怕被别人赶超，怕不努力考不上好大学。那时的我们都单纯地认为吃得了高中的苦，才能够去大学享受蜜糖般的生活。因为我们小乡镇上的孩子也没有别的出路，从小就被告知学习是唯一的出路。班上的老师劝我们好好学习的时候也会说等大家考上好大学，就不会这么累了。可当自己真正进入大学才知道，事情并不是想象的那么美好。一分耕耘一分收获，你想要获得多少成绩，就要付出多少努力。这种努力甚至比高中还要苦和累，因为所有这些都需要你自己去管理，也就是自律！没有任何人会提醒你学习，与你并肩作战，每个人都是孤勇者，你不能选择向生活丢弃掉盔甲，奋不顾身也要向前奔跑。

有句话说，弱者自困，强者自救。接下来的校园时光我要重新审视自己，不虚度每寸光阴。摆正自己的心态，就像高中班主任说的那样"对学习有一颗敬畏之心"。还记得自己当时是因为热爱才填报的地理学专业，然而自己却未曾珍惜这份与地理学的缘分。记得上学期老师问我们："什么是地理学？"我思考良久没有想出答案，老师说："四年后在座各位说不定仍有人搞不明白。"我这时才知道我知识的欠缺，专业课的不足之处。

这一路唯有书籍常伴，慰藉自己的心灵。生活这段旅程，有人喜欢前行，有人喜欢躺平，这都是我们自己的选择。当然，我亦选择做个勇士，新学期，勇于踏上新征程，不待扬鞭自奋蹄。对生活充满爱和眷恋，对自己充满信心和希冀。

董卿曾说："人生的意义永远在于拓展，而不再在于固守，别管我今天是谁，我想成为一个更好的自己。"浮舟沧海，立马昆仑。我要把对自己的教诲内化于心，外化于行。道阻且长，行则将至。勇敢迈出自律的第一步，发奋图强做栋梁，不负年少！

辅导员评语

高考，一座巨大的五指山，压住了你内心深处的"泼猴"，来到大学就像孙悟空卸去了紧箍咒一般，逐渐放纵自己去玩乐，学习上付出越来越少，致使自己每天都在恶性循环。好在你已经开始对自我反思，反思自己为什么会变成这样，当初意气风发的少年哪去了？既然心中有鸿鹄，那就常思己过，扬帆再出发。

相约山师，未来可期

王佳荟

昨日，我仿佛还端坐在小小的一方书桌前，为我的理想挥洒着汗水；今日，我已成功圆梦，带着亲人的嘱托、朋友的祝福，怀着对大学生活的美好憧憬，迈入了山师的大门。我将站在山东师范大学这一崭新的舞台上，开始一段新的旅程，以新的风貌、新的态度去适应新的生活，开始新的学习。

作为新生，刚刚进入大学这一陌生的环境，告别了自己熟悉的家乡，离开了父母的保护，我有一丝丝迷茫与彷徨，但心底更多的是期待与憧憬。来报道的那天下着微微细雨，下午四点多，天阴阴的，但我的心里却依然怀着一团火。透过窗外和雨丝，看着越来越近的文澜楼，我的心情越来越激动：我，成为一名大学生了。领了钥匙，在拉着行李箱去宿舍的路上，我心里很紧张。在此之前我并没有住校经历，所以我十分期待会遇到怎样的舍友。幸而我的舍友都是好相处的，我们很快打成一团。我的大学生活，开始了。

鹰隼试翼，风尘翕张，我在用自己羽翼渐丰的翅膀在未知的风雨中穿行，不断磨炼自己，直到飞达自己理想的彼岸。在这段旅程中，难免会有困难和挫折，就像河流必有曲折回旋处，但我暗暗下定决心将会坚定信心，勇敢去闯，去冲破这山的桎梏。

军训结束后，我们便正式开始了课程的学习。我一直以为大学是直接上早晨八点的课，现在我才知道，大学也要上早操，也有晚自习。于是，我每天沐浴着阳光起床，洗漱，收拾好书包，与舍友一起上早操，开始新的忙碌的一天。老年人常思既往，少年人常思将来。惟思将来也，故生希望心，惟希望也，故进取，惟进取也，故日新。现在，我不能停留在过去所取得的成就中，为其沾沾自喜，而是要朝前看，把我的目光放在更长远的未来，那里有更美丽的花朵等着我采撷，有更清爽的空气等着我拥抱。惟思将来也，事事皆其所未经者，故常敢破格。我们要勇于打破固有思维，在历史上留下我们这一代人浓墨重彩的一笔。

老年人常多忧虑，少年人常好行乐。惟行乐也，故盛气，惟盛气也，故豪壮，惟豪壮也，故冒险，惟冒险也，故能造世界。我们要勇敢地去迎接未知的风浪，去面对生活中的各种风险。真正的勇气是积极主动的进取，是一种魄力，更是取得成功的关键。不愿冒任何风险而在人生的竞技场上弃权，纵然逃避了痛苦和悲伤，但也失去了学习、改变、感受、成长和生活的机会。比尔·盖茨说："所谓机会，就是去尝试新的、没做过的事。"相比于高中，大学会留给我们更多的自由时间，我们要充分利用好这些时间，多去涉猎一些新的领域，不断突破，去探索一个新的自己。我们可以拿起相机，记录下点滴瞬间的美好；可以穿上球衣，在球场上挥洒青春的汗水；也可以手持画笔，描绘出心底最深处那一份对未来最美好的希冀。

"非学无以广才，非志无以成学"，做学问贵在勤奋、贵在钻研、贵在有恒。鲁迅先生说过："哪里有天才，我是把别人喝咖啡的工夫都用在工作上。"大学阶段，"恰同学少年，风华正茂"，我们有老师指点，有同学切磋，有浩瀚的书籍引路，可以心无旁骛地求知问学。此时不努力，更待何时？要勤于学习、敏于求知，注重把所学知识内化于心，形成自己的见解，既要专攻博览，又要关心国家、关心人民、关心世界，学会担当社会责任。梦想从学习开始，事业靠本领成就。我们要如饥似渴、孜孜不倦学习，不断增强本领，既多读有字之书，也多读无字之书，注重学习人生经验和社会知识。

大学的课程与高中有许多不同，上课不再有固定的教室和位置，下课老师也不会布置好几张卷子的作业，晚自习也不再一直有老师看着，上课交不交手机全凭自觉。大学，我们的学习生活更加自由了，这也对我们自身的自律性有极大的要求。在没有家长和老师的监督下，我们能不能拒绝沉迷于手机，而是投入到学习中去？刚开始上大学，我的确有些松懈，但不久之后，我认清自己应该做些什么，所以积极调整自己，转换思想，将全身心投入到学习之中。

"纸上得来终觉浅，绝知此事要躬行。"学到的东西，不能停留在书本上，不能只装在脑袋里，而应该落实到行动上，正所谓"知者行之始，行者知之成"。每一项事业，不论大小，都是靠脚踏实地、一点一滴干出来的。"道虽迩，不行不至；事虽小，不为不成。"做人做事，最怕的就是只说不做，眼高手低。我们要把自己的理想落实到生活中的点滴小事之中，努力成为有理想、有学问、有才干的实干家，在新时代干出一番事业。

我妈妈是一位中学地理老师，她经常带我去各地游玩，沿路给我科普地理知识，从小就激起了我对地理学的浓厚兴趣。中学时期的地理，相对简单，而我只是单纯地对简单概念进行理解、记忆，使得地理思维初步建立。真正接触了大学地理，我才发现之前接触的都只是皮毛而已，真正了解到地理是一个庞大的知识体系，当你真正深入接近她，你才会真正发现理解她的美。

地理，并不是单纯地去研究有关地球的部分，还需要去将地球放进整个宇宙环境中考虑。天文和地理既统一又对立，是既有联系又相互独立的两个学科体系。高中物理课上学习开普勒定律时，我以为这只是和天文学、物理学有关，但后来学习大学地理后才发现开普勒定律能有效地帮助我理解远日点和近日点两个概念及原理。此外，地球的自转、公转以及各种物理性质等都与地球的太空环境息息相关。研究地理需要运用多种思维，如系统思考的思维、交叉联系的思维、递进推理的思维、时空二度的思维、变量分析的思维等。作为一名地理人，我也深感自然科学的魅力以及地理学知识的实用性，我想，我会在地理学理论的引导下努力学好地理。同时，随着社会的发展与环境的恶化，地理学将会与人们的生活更加密切，正如院长在年级会上戏谑的那样：地理学是上管天，下管地，中间还要管空气。

今天，我已成为山师光荣的一分子，在接下来的四年里，我将在这里与同学们一道谱写青春的华章，用汗水浇灌成长的果实。以"弘德明志、博学笃行"的态度，在山师开启我们崭新的生活。

辅导员评语

一张崭新的录取通知书，开启了你的大学生活，同样也开启了你未知的人生。对地理的热爱和耳濡目染使得你在专业学习上没费大力气。很喜欢你字里行间透露出的自信，崭新的大学生活不是迷茫无措，而是真心的热爱和喜欢。未来的生活，让地理的魅力谱写青春的华章，与自己相约在未来顶峰相见！

凡心所向，素履可往

李青杨

荏苒冬春谢，寒暑忽流易。不知不觉，大学的第一个学期就结束了。

短短半年时间，我却经历了十几年来都没有过的巨大情绪起伏：忐忑、懊悔、自卑、烦躁、欣喜……或许学期末总结是个很好的契机，真的可以让我在回想起来有点不真实的几个月的经历中理出个头绪来。其他的不说，光是盘点一下上学期的得失，为下学期的学习开路甚至于指点迷津，都是一件蛮有收获的事。

从高三的时候说起吧。或许当时选课不够明智吧，越学到最后，我越觉得力不从心。我不是不想努力，只是很奇怪，在最后阶段，我的脑海中再也容不下任何的新知识，深深的无助感包裹了我。我想把一切抛下，将自己锁进小屋从此与世隔绝，但理智告诉我不可以，从小被灌输的"穷人家的孩子只能靠自己""高考是你唯一的出路"等思想不允许我放弃……就好比硬叫一头驴披挂上战场，但殊不知它只适合在农村拉磨。我扪心自问算不上努力，但对待学习称得上认真自觉，但那些知识仿佛天生与我相斥般不肯进入我的脑海。或许因为当时选了自己不感兴趣的课才导致最后的无措，我开始认识到兴趣在学习或者生活中的重要性，并决定在大学中更多地听从自己内心的声音，学自己所想，爱自己所爱。

我所期望的学习不仅仅指知识上的获取，更是身体和精神上的双重进步，大学是塑造人格的关键期，我热切希望在这里可以让我蜕变成蝶，成就全新的自己。

早就听说大学是个小社会。这里可以教会你安身立命的知识，更可以给予你从前没有过的人生经验。我一直想体验各种不同的活动，于是乎，在刚刚开学的那一个月里，我一口气加入了5个社团，在那一个月中我全部的心思都扑在各式各样的活动中，导致课也没上好活动也没参加好，甚至就上过一两次晚自习，最后连晚自习的教室在哪里都记不住。人的新鲜劲总会退去的，加上精力实在有限，我渐渐不再有一把抓的热情，明白自己必须取舍了。国庆假期回来后，我毅然决然地推掉了三个之前费尽很大心劲才取得的院级组织。刚开始不舍，但最后有松了一口气的感觉，真的，人的精力是有限的，我能够把更多精力放在自己喜欢的事情上，真正让我自己拥有了获得感。

接下来就是人际交往方面。扪心自问，我真的是个很难交到朋友的人。我说每一句话前都要在脑海中过滤一下再说。有时候也真的很讨厌自己这样，在原本轻狂肆意的年纪早早被磨去了棱角，变得世故而圆滑。我可以精灵俏皮，也可以沉默寡言；我可以在喧闹的人群中侃侃而谈，也可以在人迹罕至的小径上享受人生……我的样子由当时的情景决定。不过，我真的蛮想拥有一个让我完全放开的朋友，让我的话可以不经过大脑直接脱口而出，可以在聊天时想睡觉就直接说，想挂断就随时挂断而免于那些客套而尴尬的表情包。不过，耸耸肩，自己暂时还没有找到这样的朋友，我将在接下来的日子里，一点点学会对别人敞开心扉，改变自己，完善自己。我明白不能操之过急，该来的总会来的，我满心欢喜地期待着。我被潮流裹挟得够久了，让我在这个新的地方，摆脱之前的压抑，稍稍释放自己的天性吧！

体育锻炼上，我加入了院女篮，并逐渐认识到了篮球的魅力。但因为之前从没有接触过，实力上很不足，在新的学期，我期望跟随师姐们多多练习，以便能够尽早和队友们并肩作战。

学习上，我开始真正认识了地理这门学科，兴趣也在一点一点地培养。虽然我刚开始不太喜欢它，但是感情的培养都是需要时间的。并且在学习的过程中，我深刻认识到现存的每一门学科都有其独特的发展过程和社会地位，都在为人类的进步发展做出不可替代的贡献。工作有冷热之分，但科学没有。或许在大众眼中，地理是一门十分冷门的学科，甚至"毕业等于失业"，但是我经过一个学期的学习，深深地陶醉于地理独特的跨学科属性，那种人文温情和自然理性相结合的感觉让我欲罢不能……我悄悄地下了一个决定：将来我一定要投身于我所热爱的城市地理研究，人类文明在城市中愈发灿烂辉煌，我渴望用地理的语言揭示城市背后的秘密。

对于我这个梦想，我在脑海中的计划也逐渐成形。我决定在课余和训练之余大量阅读城市地理文献，尤其是许学强教授的著作；其次，我申请成为人文地理学的课代表，希望与教授多多交流，向他请教做研究需要具备的基本技能和要掌握的知识，等到大三时争取跟着教授做一些基础研究，为研究生的学业打下坚实的基础。

从课表就可以看出下学期是个非常忙碌的学期，课余时间变少，加上英语四六级考试、计算机二级等多种考试，时间管理就成了更加迫切的事情。我将更加合理地安排时间，再充分利用晚自习及课余时间做自己喜欢的事情。对于功课的复习也让我总结出了方法规律，我不会再像上个学期末那样茫然无措地问东问西，相信在安排时间上能更加游刃有余。

多说无益，实干为真。我相信时间的力量，我会逐渐摆脱高中生的思维方式和行为举动，将自己一点一点从无知又愤世嫉俗的少年人蜕变成稳重又有一颗浪漫童心的成年人。无论是如利刃新发还是百卉萌动，年轻人从不缺从头再来的勇气，也从不缺一无所有的勇气。最后我想以之前写过的一个句子来结尾"愿我们的烦恼随着冬日的疾风一起，吹到冻结的湖底"。

凡心所向，素履可往。下学期，我将会脚踏实地，再出发。

这一学期用跌宕起伏来形容你的大学生活并不为过。字里行间流露出大部分大学生"躺平"的心态，并不是一件值得炫耀的事。大学本应该是发挥自己长处、弥补自己短处的时光，白白丧失掉机会对你的成长来说是一种缺失。经历一个学期的磨炼，你针对自己的学习生活也摸索出一些小小的规律与方法，那就期待你从一个无知又愤世嫉俗的少年人蜕变成现实稳重又有一颗浪漫童心的成年人。

奔跑的青春

李星辉

光阴似箭，在高中期待已久的大学生活已经过去了半年。来到山东师范大学后，自己深深地认识到了大学生活和高中生活的不同，更多自主学习的时间，更宽广的发展空间，更多机会以及更丰富的学习生活，千里之行，始于足下，刻苦学习，向着自己的目标一步一个脚印地奔跑，是我来到大学最深刻的感悟。

思绪回到刚刚来到山东师范大学的那天，看到这么大的校园，我的心里除了兴奋还有紧张。在父母的陪伴下我踏入了山东师范大学的大门，也正式成为一名大学生，那一瞬间，感觉自己身上背负了父母更多的期望，心中更加激动。我们地理人来自五湖四海，这让我见到了来自祖国四面八方的同学，开拓了我的眼界。比如我的舍友们，他们来自不同的省份，说着不同的方言，有着不同的饮食习惯、生活方式。但是我们都能够相互理解，对自己的不足之处能够及时改正，形成了良好的宿舍关系，这也有利于我们的学习。

经过短暂了解，第一门课程便是军训，军训可以将假期极其放松的我们调整到正常的轨道中来。军训很辛苦，我们在炙热的骄阳下忍受着酷热，也让我的脚磨出了水泡。但是军训不是只有辛苦，还有拉歌的快乐、观看晚会的惊喜以及最后汇报演出时的释放。军训锻炼了我们的意志品质，使我们明白了纪律、坚持的重要性。

一周的艰辛训练结束之后，我们进入了正常的学习生活中。大学的学习和之前是完全不一样的，大部分靠自觉，地理学是自己比较喜欢的课程，能够听到这么多好老师的教学是一件很开心的事情，特别是地球概论这门课，奇妙的天体和宇宙深深地吸引了我，老师精彩的讲述也激发了我对这门学科的兴趣。不过，大学的课程也没有我们想象的那么轻松，高等数学一直困扰着我，每次上完课都感觉经历了一场头脑风暴，使我感到心累，但通过自己的努力，我最终顺利地通过了这学期高等数学的考试。

大学与高中最大的不同就是丰富多彩的课余活动，有许多有趣的社团，能够充实我们的课余生活。我加入了我们学院学生会的文体部，文体部主要就是组织我们学院的文艺与体育活动，除了平常的学习，文体部的任务也是我课余生活的主旋律，因为结合了自己的兴趣，虽然有些时候很累但是真的很开心。比如迎新晚会是我第一次参与组织的大型晚会，收获了宝贵的经验。当迎新晚会顺利结束的那一刻，我感觉之前一切的努力都是值得的。在文体部工作中，我既见到了迎新晚会演员的精彩表演，看到了幕后工作人员的无私付出，也在迎新杯中看到了我们地环学子的青春朝气、在赛场上拼搏的飒爽风姿。学生会文体部的工作让我受益匪浅，让我感受到良好的团队协作和认真仔细的态度无论是在学习工作中还是日常生活里都非常重要。

在大学，每一门课程都非常重要，一开始，我对大学的课程节奏十分不适应，每节课都感觉自己没有什么收获，飘飘乎而不知其所以然。我在进入大学之前认为地理是一门理科，没想到进入课堂之后发现要记忆的内容更多一些，所以我在学期中期有一些懈怠，对一些课程并没有很重视。但是慢慢地，我认识到了成绩的重要性，别人都在努力，我亦不能落下，虽然有很有趣的课余生活，但是在大学里，学习才应该是主旋律，于是在那之后，我以认真的态度对待学习，也逐渐找到了大学学习的方式。除了在课堂中认真听讲，平常的作业仔细完成，更应该学会自主学习，在大学中大部分时间都要靠自觉，那些每天都奋战在自习室图书馆的师哥师姐也是我学习的榜样，我要像他们一样，为了自己的未来而奋斗。

经过了一个学期的学习，终于到了最后的复习周，每位同学都收起了之前的嘻嘻哈哈，开始认真准备起来，看到他们严阵以待，我也不甘落后，拿出电脑打开老师的课件，翻开课本开始背诵了起来。背诵的过程是漫长且痛苦的，自己有时候也会抱怨为啥会有这么多东西需要背，但还是坚持了下来。考试周是我认为最累、任务最紧迫的时间段，我总是因第二天的考试而紧张到彻夜难眠，也会因为自己的记忆短缺感到无奈。记忆期间走神是最可怕的，每次想偷懒的时候，一想到同学还在努力地背书便不敢继续放松，内卷有些时候也是催促人努力的一种方式。我在考场上有的科目胸有成竹，有的科目却有些抓耳挠腮不知道该如何去答。在今后的学习生活中，我要把功夫用到平常，好好规划自己的学习，减轻最后考试周的压力，最终养成一个良好的学习习惯，取得好成绩。

通过被填满的课表，我知道下个学期的学习任务也非常艰巨，满满当当的课程也让我感到有些压力，不过压力有些时候可以转换为动力，对我是考验，也是机会。自己对上学期的绩点其实并不满意，还需要再接再厉。当然决心并不是说说而已，也要付出相应的行动，每一门课程都要上课认真听讲，做好课堂笔记，这是复习的第一手资料。之后就是利用好晚自习的时间，做好对这一天所学知识的复习和第二天课程的预习。当然，也要努力做好自己在文体部的工作。而如何处理好工作和学习的关系，也是对自己的一项很大考验。不过我相信，我一定能够达成这些目标。

总之，自己对于整个上半学期的表现还是比较满意的，下个学期要更好地处理与朋友、老师之间的关系，以更好的态度对待学习，更认真、更仔细地去完成学生会的工作，争取得到全面发展。最后也要感谢辅导员老师在这一个学期的辛苦付出，希望自己可以撸起袖子加油干，砥砺前行，不负韶华，为自己的理想继续拼搏，不断提高！

辅导员评语

大学是青春的实记，它记录你平凡日子里的点点滴滴，这些点点滴滴汇聚起来才造就了不平凡的你。高等数学从晦涩难懂到最终取得心仪的成绩，这结果是喜悦的，但过程也值得你去积累总结。学习固然是大学的主旋律，但也不能一味追求学习而丢失了其他值得学习的东西，大学生活不正是因为各种小旋律交织在一起才会变得绚烂多姿吗？

以后的路还很长，期待你未来的模样。

与君初相识——我的大学

刘亚玲

逝者如斯夫，不舍昼夜。眨眼间，大学时光已走过八分之一，初入大学时的青涩懵懂已然褪去，在高等学府文化的渲染下，我正式从高中生转变成为一名大学生。我曾经无数次地幻想过我的大学生活，也许是像电影般轻松闲适，也许如高中一样勤奋刻苦，但真正体会过后，我才发现都不是。短短四个月的时间，却令我收获满满。

作为一名理科生，地理学属于理科范畴这首先颠覆了我以往的认知。重新接触这门学科，我开始了解到它不仅仅是对风景地貌的表面欣赏，无论是对时差计算还是对地形地表的具体研究，理性思维都是必不可少的。一段时间的接触让我不禁沉迷于这样有温度的地理学，我开始喜欢奥妙的宇宙空间和美丽的星云，开始留恋各地的风土人情和文化，开始好奇各种各样美丽的岩石与土壤。我也养成了独立学习的好习惯，高中时代，每当遇到学习上的困难我都会下意识地向老师和同学求助。可到了大学，大家都开始忙碌，又因为彼此间还不熟悉，我不得不尝试去独自面对问题，不去盲目依赖，而这对于我自身学习能力的提升也有很大的帮助，让我更加觉得自己长大了。

离开了父母无微不至的关照，我不得不自己打理生活，虽然高中的住宿经历让我有了一定心理准备，但离开家乡独立生活要难得多。陌生的环境仿佛让一切都变得不方便起来，但现实却促使着我无法后退。褪去了腼腆羞涩，如今的我已经可以主动开口向别人请教问题，我也学会了自己应对生活中的各种突发情况：堵了的马桶、发霉的物品、出门落下的钥匙……没有家人再来向我施以援手，虽然最初感觉很孤立无助，但是慢慢地，我开始享受这种自立的生活，这让我有一种成为大人的独立感。我也为自己的成长感到自豪，希望再次见到我，我的家人们也能感到欣慰和骄傲，他们捧在手里呵护的孩子终于长大了。

都说大学是社会的缩影，对于我来说这是个提前体验的好机会。曾经的我，一心扑在学习上，从未想过与学习无关的其他事，可到了大学，我才发现，各方面的综合能力在此刻显得更为重要。面对前所未有的压力，我开始接触并学习一些必备技能，从多方面提高自己的能力，而这也为自己提供了更多的机会，让自己在真正踏入社会之前有了更好的锻炼。我也有了更多的时间去发现自己的兴趣爱好，各种各样的社团都是我发展这些爱好的最便捷的平台。比较遗憾的是，我没能够进入向往的组织，但这却也让我看到了自己能力上的欠缺，我也会继续努力，完善提高自己，发现问题不是目的，解决问题才是。

离开曾经的避风港，我将独自面对外面的风浪，但比起危险，我看到的更多的是这世界的广阔。来到大学，我接触了更多优秀的人，他们此刻就足以让我仰望，但是他们的努力却远胜于我。我开始陷入自省，简简单单的平淡就真的够了吗？满足于现状的人永远都不会进步。我想要再努力一点，哪怕未来还是模糊的，但短期的目标不能没有，没有理想的逐梦人就像迷失在海面上没有灯塔的船，终将难以上岸。未来的路还是要自己走，而选择走得又稳又远还是又危又慢与平时的每一次抉择都脱不开关系。我曾看过一句话：见识过阳光的人将无法再忍受黑暗。我也想做那个追逐阳光的人，哪怕累一些，苦一些，也不会让自己后悔，留下遗憾。我也相信，付出终将有回报，努力绝不会白费。

回归学习，这是作为一名学生的基本职责，相比较于高中，大学的学习任务看起来仿佛减轻了，但我认为实际上并没有轻松多少。进入大学学习，再也没有老师在身边耳提面命，也很少有人能手把手地给我们答疑解惑，松散的规矩下需要的是更多的独立和自律。我喜欢老师们在讲台上眉飞色舞地传授知识，他们的心里好似有一个奇妙的世界，那里有很多我们不曾听过的东西。我梦想着有一天能够成为他们中的一员，于是来到了山东师范大学，期盼着能够在这里实现我传道授业解惑的教师梦。学习是一场修行，我希望能够通过课堂和日常的读书来更好地完善自己心中的那个世界，过程也许漫长，但只要心中有向往就绝不会很艰辛。"立身以立学为先，立学以读书为本"，读书之重要，已无需多言。

第一个学期在学习上并不是很努力，我很后悔却也庆幸自己也算及早意识到问题。突然的人身和财产自由让我有些忘形，再也没人约束我玩手机，自己也可以想买什么就买什么，高兴就和朋友出去玩玩，没有人催促我早些回去，就连科任老师也没有那么严厉。人，生于忧患而死于安乐，这些极度的舒适和放松让我沉迷，让我开始忘记了努力，后果便是临近期末的日子过得"生不如死"，其目的不是为了追求高分，而是为了追求不挂科，谁让别人在努力付出的时候，我还在抱着手机做白日梦呢！不过这一个学期的血泪经验也是实实在在让我长了教训，算得上一种另类的收获了。未来的几个学期里，我立志要抛弃拖延、懒惰的恶习，找回自己曾在高中学习的精神与状态，认真对待每一节课，认真学好每一门学科，永远告别期末考试的慌张，不让自己再次成为临上战场的慌兵。

四个月的相处让我在回家之际对学校产生了难舍之情，在这里，我感受到许许多多的温暖与快乐。六个姑娘来自六个城市，南方姑娘的温柔细腻、本地姑娘的热情好客都吸引着我这么一个豪爽却也略带羞涩的北方姑娘。六种性格的女孩齐聚在一间屋子，彼此之间更多的是相互包容与尊重，比起宿舍，我也更愿意称之为我在异乡的家。年纪轻轻的辅导员亦是带给了我深刻的印象，其严肃、负责任的外表下时常流露出他作为年轻人的幽默和调皮，算下来他也并没有比我们大多少，所以相处下来十分亲切愉快。良师既是益友更是榜样，我没有想过我在老师的这个年纪时在做什么，是仍然勤学苦读还是已然步入工作？无论是哪种，我都希望此刻的我都能保持初心，努力奋斗，不为将来的自己留下遗憾。

还有很多美好的时光我将在校园度过，我相信未来的日子将比现在更加充实、有意义。作为学生，学习是一等一的要事，腹有诗书气自华，知识才是武装自己最坚实的力量。学习之余多彩的校园生活也令人神往，希望自己未来能在不同方面均有收获。机遇是挑人的，但是他绝不会挑不愿意伸手的人，与其坐等，不如主动出击。当今社会堪称高手如云，既不是高手中的高手，又不想埋没于时代而不留痕迹，那我们便要勤勤恳恳地"修炼"，抓准时运看准时机。路漫漫其修远兮，吾将上下而求索。

辅导员评语

　　大学是一个让自己全面提高的平台，有人浑浑噩噩，有人丰富充实，有人变得堕落，有人获得成长；大学是一个试错的阶段，及时止损是再好不过的选择。以后的日子说长将是丰富充盈，说短将是沉迷玩乐一眼即过。既然不甘平凡，那就勤勤恳恳"修炼"，一步步踏实走下去，终究会成为高手中的高手。

荏苒时光，成长进行时

骆桥垚

　　时光荏苒，大一上学期很快就结束了，这几个月的生活和经历都宛若一场梦，由我开启的一场绮丽绚烂、充满不可思议的梦。依稀记得刚刚踏出高中那个懵懵懂懂的我收到大学录取通知书的那一刻的欣喜和激动，对未来的一切都充满期待、兴奋，还有一丝丝的胆怯。

从未经历过住宿生活的我对宿舍生活怀揣着期待和担忧，既期待着拥有一群可爱友好、同吃同住的好伙伴，又害怕宿舍关系如同一些网络上描绘的那样戴着面具生活，钩心斗角，矛盾不断，如同一场小型《甄嬛传》。就这样，我带着期待和忐忑的心情在金秋九月背上行囊，踏上了前往那孔孟之乡——山东的梦想之旅。

刚报道那天，我惊叹于学校面积和建筑风格的宏大；感叹于学长学姐的热情……我满怀期待，我人生的最宝贵的四年将在这里度过，我将秉承山师大"尊贤尚功、奋发有为"的校园精神，充实自己，升华心境，我相信，她定会成就一个更好的我。

校园生活伊始，我就感觉到了大学与高中的诸多不同，虽然心中充满了新鲜和好奇，但也不乏茫然和陌生。大一是高中到大学的过渡期，新的教学方式，新的学习方式，一切都好像不再那么循规蹈矩了。没有了家长和老师的碎碎念，没有了各种大考小考的紧张压迫，没有了堆积如山写不完的试卷考题……我们自由得好像挣脱牢笼的小鸟，一切看似都是那么"美好"，我沉浸在这"美好生活"当中，浑然不知地挥霍了大把的时间，生活也不再是以学习为主，逐渐偏离了重心，还好后来我慢慢找到了节奏，找到了适合自己的学习规律，逐渐适应了大学生活。"悟已往之不谏，知来者之可追"，现在，我找到了大学和高中的本质区别——高中主要学习的是理论性知识，强调的是应试技巧。而大学里的知识更加注重理论和实践的结合，对于今后的工作有着很大的影响。两者的学习目的不同，学习方式自然也当有所差异，明白这点之后，我顺利地从高中固有的学习思维跳脱出来，开始明了如何将自己的理想化为小部分落实在生活中，从而一步一步地朝着自己的目标前进；明白如何支配大把自由的时间，从而更高效率地提升自我。也许我现在的方法还不够成熟，但我相信今后我会做得越来越好。

从我踏入学校大门的那一刻起，我就在心底默默许诺：一定要在大学四年的时间学到很多知识，实现自己的人生目标，并以自己的成就来回报对我一直寄予厚望的父母，而今大学八分之一的时间已经过去，虽然迷茫仍然时常围绕着我，但我坚信我一定会克服它，找到自己的道路。

除却专业知识的学习，在英语学习这一方面，经过这一学期的学习，我很明显地感受到了自己的口语与其他同学的差距，所以我要更大胆地练习口语，在课堂上尽量用英语进行交流，抓住一切机会来弥补自己的不足。课堂上更要积极主动，跟随老师讲解的步伐探索学习的乐趣，同时充分将老师给予我们的学习资源利用起来，从而提升自己。在课堂听讲方面，我有了新的体会，每堂课必然有它的价值，关键在于用心去听，去发现，去理解，而不是一味地为了听课而听课，下学期的我一定不会再盲目地去听课。

在个人生活方面，学会独立应该是我这学期最大的收获了吧！遇到问题靠自己的力量去解决，独立思考，而不是像以前一样一味地依赖亲人朋友，一学期下来，我发现自己越来越成熟了，我已经学会了如何更好地照顾自己，学会如何去面对生活中的困境，学会去体谅身边的人，学会换位思考，而不是一味地去抱怨。同时，我也渐渐体会到了父母对我的苦心，更加直接地体会到他们对我的关心照顾其实是一笔无价之宝。

对于未来的大学时光，首先我要纠正我的作息时间，学生睡得足才能有充沛的精力学习，一如吃得饱将士们才有精力作战。其次我会把我主要的精力放在学习上，减少参加一些不必要的活动，减少进行不必要的社交，将更多的时间用在研读老师推荐的学界大拿的著作上，建立自己对地理学的认知体系，拓宽认知范围，从而打破以前对地理学狭隘的了解和看法。在学习上有不懂的地方应该与老师和同学积极地探讨，而不是丢在一旁置之不理。由于老师带领的野外实践机会很少，这就需要自己走出课堂多观察身边的环境，增加自己的实践经验。像地质学、自然地理学，只要在生活中多留心去观察身边的土壤石块、地形地貌等，便能将它们与我在课堂上所学到的知识联系起来，将所学带入生活更能体会到理论与实践的不同之处。教师，教书育人，拥有良好的品德和正确的思想当然也是必不可少的，是以我还应当多阅读经典名著修身养性，沉淀提升自己，培养良好的道德品质。还有最重要的一点，就是自控力要强，只有培养好自己的自控力，才能不被外面的"花花世界"迷了眼，才可以更好、更专心地完成任何事。

辅导员评语

　　大学伊始，大家都在找寻适合自己的生活学习方式，找寻属于自己的人生目标与理想。但现实生活总有各种绊脚石，让新学期变得迷茫和无措。如何从高中时期转变过来、如何平衡时间、如何管控自己……从你的行文中表现出你对自己将来发生的改变充满信心与期待，也在逐渐地为自己的人生规划出一本蓝图，那就让我们期待你的成长完结篇！

青衿之志，履践致远

杨永霞

　　时光飞逝，如今我已经过完了大学的第一个学期。在开启下一个学期画卷之前，我来回顾这一个学期的收获，进而总结经验，查找不足。

我与胶鞋抗争的七天

　　开学必不能逃过的是军训。为了过军训这道坎，我在开学前两周就开始恢复体能——在家里做Keep运动。可令我没想到的是，最让我难以忍受的并不是累，而是那双胶鞋。没错，与这双胶鞋给我带来的痛苦相比，炎炎烈日下的暴晒、从来没做过的体能训练等都稍显逊色。我从来没有穿过如此硌脚的鞋！军训的七天里我每时每刻都想脱了这双鞋光脚走路。不过，也多亏了这双胶鞋让我养成了每晚泡脚的习惯，泡脚真是人类无与伦比的享受！

　　与白天的痛苦相比，晚上是一天中最放松、最快乐的时候。当太阳走过山的那头，我们便亮出嗓子练歌、对歌，开"歌舞大会"。经过一天的训练，同学们都还有充足的精气神在晚上挥洒。鼓掌声、欢呼声、吆喝声此起彼伏，大家纷纷打开手机的闪光灯，为这个夜间舞台增添光彩。七天的军训，时间短暂，最终在汗水与歌声中落幕。

大学只有连堂课

很多人有一个误解：大学课很少。然而事实是：一天只有四节课，但四节课上一天。当一节课最少要坐一个半小时的时候，上课就变成了一件磨炼意志的事情。一个半小时保持精力集中，简直是挑战人类极限。尤其是高等数学和地球概论科目，上完一个半小时的课我的脑细胞仿佛都在叫嚣，耳旁嗡嗡作响，但我又不能掉以轻心。连堂课——这是大学课程给我的第一个重拳。

英语课是我印象最深刻的课程。老师的授课方式与高中截然不同。高中我们学单词，学语法，学做题。大学我们学用词，学灵活，学生活。英语作业很多，却能够让我们享受做作业的乐趣。我们介绍了家乡美食，为大家做旅游规划，演了一出恋爱"抓马"。为了完成英语作业，我们反而要学很多其他本领，这才是回归了学习应有的本质。

体育也超乎我的想象。体育科目我选的是武术。确定要学武术后，我还是有点紧张的。不过我一开始就重视武术学习，勤加练习武术动作，最后还是取得了不错的成绩。

高数对我来说真的是一大难题！我数学基础不好，虽然我们学的高数是简单版，但对我而言还是很难。当然，难是难，但多亏了我十二年的教育，与数学斗智斗勇已经成了我的习惯。大学第一学期的高等数学必然不能掉以轻心，所以我时不时就用咖啡加寒冷的大招克服睡意。因为这根弦一直绷着，我一直很重视数学的学习，遇到难题敢于攻克，最后更是突击复习，所以最终取得了还算满意的成绩。

大学生的本职工作仍是学习

到了大学，我们仍不能忘记学生的本职任务是学习。大学的学习环境与高中截然不同。自由的环境让我们能够用自己的想法安排时间去学习。大学带给我们自由的同时也建立了一道坎。如果我们不能自我督促，学习自然会陷入困境。如果养成了积极良好的学习习惯，会更加有利于我们学习。

没有想到的是，到了大学我仍然要上自习课。尽管一开始有些抱怨，但是慢慢地，我就体会到了自习的好处。自习的这两个小时让我能去沉下心学习高数和地球概论这些较难科目。最后到考试周的时候帮我减小了不少复习压力。

从高中就听闻大学期末周的恐怖，如今总算亲自体验了一把。从四号考到十一号，七天的考试时间，八门考试科目，看起来时间安排得较松，其实这八天每天都安排得满满当当。期末考试周我们都开始密集地背知识点，早上很早开始，一直背到晚上，八天高密度的学习紧张程度堪比高考复习。但只要平时好好学，期末周也没有如洪水猛兽般让人望而生却。

课外活动远比想象中的丰富

学习不局限于专业知识和课本上的知识，它还包括我们对兴趣爱好的培养和对各种生活技巧的学习。

抱着提升自己的想法，我报名了海报小组，很幸运地通过了面试。海报小组的日常工作是负责院里的宣传、比赛海报和各个活动的黑板字书写。同时也是一个学习PS的机会，经过一个学期的锻炼，我已经能够熟练使用PS做一些简单海报了。很可惜，这学期我只参加了一次摄影社的培训课（名额好难抢）。而让我更为惊讶的是培训讲师竟然是一名高三妹妹，她专业又精彩的演讲让我深刻认识到了人与人的差距，坚定了提高自己的决心。

为了提高学生参加活动的积极性，学校每个学期的活动都多到眼花缭乱，以满足学生们的乐趣与需要。书法、绘画、音乐等知名社团也会不定期举办各种活动。除了这些培养学生个性的活动，学院里还有一些爱心公益活动。比如每月的"盒乐不为"，收集学生的废弃快递纸箱。我认为这些活动都是非常有意义的。

回顾刚刚过去的大学第一学期，在参加活动方面我还是有很多不足之处的。比如，我对绘画很感兴趣，但上个学期由于我过于懒惰，懈怠了绘画练习。下学期我一定会更加严格地要求自己，在保证学习的前提下，勤加练习保持手感。

以上就是我的大一第一学期的总结与反思，希望今后我能总结经验，改善不足。

辅导员评语

大学更注重能力培养，而自制力是你未来实现人生目标的必备技能。大学里的时间是相对自由，这就考验自己的自控力与定力。谈及晚自习时间能够沉下心来沉浸式学习，这是一个非常好的习惯，若长此以往坚持下去，每天两小时，累积起来将是一笔巨大的财富。

闲暇之余是提升自己的大好机会，重拾画笔，为自己的大学生活添上浓墨重彩的一笔吧！

一路全力以赴，拥抱星辰大海

张文轩

在收到精美的录取通知书时，我便对大学生活充满了无限向往……9月5日报到时，来自五湖四海的新同学齐聚文澜楼、齐聚地理与环境学院的大家庭。我当时还想：今后的我能不能与同学、老师和谐相处？能不能踏实学习、掌握过硬本领？

接下来的半年时间给了我答案：我能，一定能。

迎接我们21级新生的第一堂课就是军训。在操场旁边的空地上，地环学子顶着骄阳、不畏酷暑，练习着一个个动作，站军姿、练蹲姿、敬礼……这一切虽然很痛苦，但却是对我们毅力的极大磨炼，是我们来到大学的"成人礼"。军训的时光短暂且充实，在训练之余，各种娱乐活动层出不穷：才艺表演、连队之间拉歌、各种学生会部门和社团的纳新宣讲、歌唱校歌……都极大地丰富着我们的军训生活。通过7天的军训，同学们增加了彼此间的了解，为日后在学习、生活、部门工作等方面互相帮助打下了坚实的基础；与教官、辅导员老师建立了初步的友好关系。以上种种都说明了良好的开始是成功的一半，军训正为我们充实、快乐、忙碌的大学生活开了个好头。

接下来便是忙碌的部门纳新、社团纳新、班委竞选等一系列活动的开展，而这也让我们刚入学的大一新生不知所措，对于有选择焦虑症的我更是为难。在仔细了解各部门工作、各种职务后，我最终选择了面试青年发展部志愿者、竞选组织委员，虽然这个过程很不容易，但因为我准备充足，最终心想事成，成为青年发展部志愿者、班级组织委员，在服务他人中充实自我，让自己的大学生活更加有意义、德智体美劳全面发展。

在国庆小长假之后，同学们的学习生活逐渐步入正轨，努力适应大学的上课方式、老师们的讲课习惯，以及养成自主学习的学习习惯。大学中的课堂对于我们大一新生来说是焕然一新的：由原先高中时40多人的小课堂变为100多人的大课堂；上课前，我们会上交手机以保证课堂效率，而老师们则提前到达认真准备；上课时，我们认真听讲，努力适应，而老师们则态度认真、幽默风趣。在这里有温柔可爱的孙老师、幽默风趣的程老师、富有家国情怀的王老师，还有我们的颜值与智慧并存的辅导员老师……通过这半年来的接触，我深深地感受到，大学之大，不在大楼之谓也，当在大师之谓也。在山师地环学院课堂上的这半年，我收获了很多，逐渐深入地认识了地理这门学科及它的分支，比如地质、天文、自然地理等；了解到地理学有着综合性、交叉性特点，是探索自然规律，昭示人文精华的一门学科，并深深地热爱地理，对以后的地理实习怀有无限的憧憬。这半年我也继续保持着高中时的学习热情和学习态度，保持着课上记笔记、课下及时复习的学习习惯，在期末考试前的几周就开始进入复习模式，有计划、有节奏地备战期末考试，最终取得了较为满意的成绩。

虽然取得了较好的成绩，但出现的一些问题也不容忽视。平时上课老师讲的内容多，课前预习不到位；高数题运算速度慢、易出错；学的内容多，不能够做到及时复习……这些暴露出来的问题在下学期的学习中我也会有针对性地解决。正所谓"吃一堑，长一智"，出现问题最大的收获就是教育我们在以后的学习中去规避它、去解决它，不断进步，才能打胜仗。

盼望着、盼望着，寒假就要结束了，开学的脚步更近了。在接下来的学习生活中，我将继续以汗水浇灌希望，用拼搏成就梦想，尽己所能参加一些竞赛，掌握过硬本领。当四年后回想自己的大学生活时不会因碌碌无为而羞愧，不会因虚度光阴而悔恨，充实地过完每一天，以山师为平台，以优秀的师哥师姐为榜样，拼尽全力，造就全面发展的自我。无论以后保研也好、考研也罢，一路踏踏实实地走过，梦想的彼岸定会是星辰大海。

辅导员评语

这一学期的大学生活可谓开了一个好头，从坚定的语言便知道你的大学生活并不迷茫，此时的少年褪去了高中的青涩与懵懂，新学期带给你的更多是稳重与成熟。"汲取经验，开创新篇"，继续将这份热爱与期待保持下去，在不久的将来，星辰大海终将属于今天努力的少年。

奋斗驱萧索，不负少年时

李子涵

2021年9月4日，我怀揣着对大学生活的期待来到了山东师范大学，报道那天给我印象最深的便是那句诗："仰以观于天文，俯以察于地理。"如愿来到了心仪的学校与专业，我甚是兴奋与激动。从此，我热烈的大学生活拉开了帷幕。

2021年过得真快，回想起来，上半年还在高考，而下半年已步入大学，还是挺感慨的。我的大一生活充满欢乐、开心、感念，同时也有迷茫、焦虑、担忧。

首先，开学的必修课——军训。在还没开始之前，军训，恐怕对我来说只有晒黑和辛苦这两个概念。而伴随军训的日子一天天过去，我收获了一些不一样的东西。场地中是整齐一致的步伐，清凉的微风拂过发梢，汗水顺着发丝滴落。炽热的阳光烘烤着我们，在教官一遍又一遍的悉心指导下，从最开始站军姿摇摇晃晃到昂首挺胸，从蹲姿歪歪扭扭到笔直挺拔，从互不相识到团结一心。军训，不仅锻炼了我们的体魄，而且磨炼了我们的意志。大学生活刚刚开始，不怕困难的精神深深烙印在了我们心中。

在学习方面，脱离了高中老师的严格监督与管理，我开始变得拖延懒散，大学与高中教学模式的不同，也让我找不到重点，不知道该如何学习。出身文科的我十分担忧高等数学的学习。但后来，我慢慢找到了大学的节奏，学着约束自己的懒散。

学生就是以学习为本，学习就是学生的职业，这份职业同样需要有恒心、毅力和智慧，我本着学好本专业，扩大自己的知识面，并加强能力锻炼的原则，广泛汲取知识财富，锻炼和提高自己的专业能力，为现在学习的专业打好基础，并寻找更多适合的方法来提高、充实自己，上课认真听讲、下课及时复习，温故而知新，课后，我利用课余时间去图书馆查阅一些资料来帮助我学习那些课本上没有的知识，同时，也增加了自己的业余知识，另外，我会独立完成老师布置的作业，这当中也会遇到困难，不过我会利用课余时间通过问同学或者和同学一起探讨来解决。当然，在学习中，我也存在不少的问题，比如，有时上课思想不集中、听课效率低、自习时间会和同学讲话等。在今后，我会改进的。

作为一名地理专业的学生，大学以前，对地理的认识仅仅停留在很浅的一面，只知道地理好像分为自然和人文两部分。通过这个学期的学习，我对地理学的内涵有了更深的理解："地"指地球、地球表面（层）或地区（区域）；"理"即事理、规律，指事物、现象之间的内在联系或存在的规律。地理学是研究地理要素和地理综合体的空间分异规律、时间演变过程及区域特征，是研究人地关系的综合性科学。同时，我也发现了地理的乐趣。从地理科学导论、自然地理到地球概论，再到地质学基础，每一门专业课都是生动而有趣。曾经听过一段话，说是地理人想要追求两极化价值，在个人层面上，他们想体会类似险境生还的那种令人迷醉的感受；在科学层面上，他们想探寻自然最严酷的面，坚信大自然最深的秘密就藏在那里——虽然有时候结果并不如其所愿。驱使他们的，还有什么呢？抹神秘主义气息？何尝不可！毕竟，在被问及为什么攀登珠穆朗玛峰时，乔治·马洛里回答道："因为山在那里。"希望自己能够保持对地理的初心和热爱，珍惜大学时光，努力学习，做一名对国家和社会有价值的地理人。

毛姆说过："阅读是一座可以移动的难民营。"知识浩瀚无穷，犹如海洋，深不见底，难以探寻。因此，在本次寒假期间，本着保持良好学习习惯的态度，我做出如下规划：首先，每天阅读一个小时，列好书单；其次，复习上学期的专业课内容，加强巩固，并利用好网络上的学习资料；最后，坚持背英语单词，为下学期的英语四级考试打基础。躺床玩手机、深夜刷抖音、开黑打游戏，都能让人收获当下的快感，可抽离了这些，剩下的只是空虚。而学习、阅读，才能让人真正的成长。人生漫漫亦灿灿，利用好寒假，让自己变得更加充实！

在即将到来的新学期，我做好了如下规划：我将以加倍的努力学习新知识，完成学校的教学计划和工作安排。在过去的总结中获取教训，寻找更好更加高效的学习方法和工作方法，提高学习和工作效率，更好地协调学习和工作之间的关系，加强与老师和同学之间的沟通与交流，提高各方面的能力。也希望能积极参加一些科创大赛，扩大自己的视野。在生活方面，我要更加严格地管理自己，多参加各种各样的活动，珍惜美好的大学时光，不断充实自己，结交更多的朋友。珍惜时间，从小事做起，我相信自己能够成为一个负责任的人，下学期做更好的自己。

"野火在远方，远方在你琥珀色的眼睛里。"舒婷用野火点燃了惠安女子的期许与梦想，我们更要用努力拼搏抵达远方——山河万里，复兴伟业，接力奋斗，行则将至。少年不惧岁月长，彼方尚有荣光在！

辅导员评语

经历一学期的大学生活，对自己的总结与反思细致入微。从一开始的手足无措到后来的得心应手，从一开始的漫无目的到清晰明了的人生规划，这便是人生路上的小成长。有目标有规划就要鞭策着自己时刻行动，而不仅仅是思想上的巨人，行动上的矮子。建议明晰、规划清晰，那就放开步伐大胆地追梦吧！

在勇敢中试错，在追梦中远航

郄雨欣

时光荏苒，转眼间，大一已经走过一半的路程。回首眺望，仍记得在高中教室里奋笔疾书时流下的汗水，记得在收到山师录取通知书时的喜悦，记得初入校时的欣喜与迷惘。

高中三年，是满教室的红色标语，是高考签字立誓，是宣言呐喊。离开了高中的束缚，大学让我们一成不变的生活激起一道道水花，街边美食的丰富多样、园博园的花团锦簇、大明湖的淡雅美丽……见证了泉城的温柔可人，感受了济南的浪漫温柔。新的体验感，让人沉浸其中，流连忘返。但是，当自己逐渐适应大学生活后，我才明白，大学不仅仅有吃喝玩乐，它相比高中，是一个更大的舞台，在这里，每个人都会绽放自己的光芒，也会通过学习提升自己的修养。它是我们向社会过渡的桥梁。

荀子曰："学不可以已。"诺贝尔奖得主罗曼·罗兰曾评价大学为"高贵的精神隐修院"。怀海德亦有言："大学的存在就是为结合老成与少壮以从事创造性之学习，而谋求知识与生命热情的融合。"学习知识，是我们来到大学的初心，高中的地理学习已不足以满足我对宇宙世界的好奇。因而，高考填报志愿时我遵从自己的心意选择了地理专业。进入大学后我才发现地理原来有这么多的分科：自然地理、地球概论、走进地球科学导论、地质学基础等等。或许，这不过是地理学习的冰山一角，但却足以让我知道地理体系的包罗万象。所以，今后的我需要学习的东西有很多。

学习从不是一蹴而就的，获取知识的道路也不是平坦广阔的。学习需要方法，我们可以在一遍遍试错中，找出适合自己的方法，或许这便是试错存在的意义。而学会自律、自觉，是我们大学最重要的事情，也是我们能够专注学习的基础与关键。但是回顾一下，我自己的自律性并不是很好。有位教育家讲过："如果我们将学过的东西忘得一干二净时，最后剩下来的东西就是教育的本质了。"我想，所谓的"剩下来的东西"，其实就是我们的自学能力。上中学时，老师会不厌其烦地重复每一课的关键内容。但进了大学以后，老师仅是我们学习的引路人，我们必须自主地学习、探索和实践。走上工作岗位后，自学能力就显得更为重要了。在这知识更新越来越快的社会，学会如何学习有时比知识本身更重要。

哈佛大学的一位老校长说过：大学的荣誉不在校舍，而在于一代代人的质量。那么，同样的，大学的学习需要德智体美劳全面发展，但也需要我们在大学中学习如何做人、如何做事。

乱花渐欲迷人眼，大学中，各种各样的社团早已让自己眼花缭乱，师哥师姐们的宣传，让我对每一个社团都充满着兴趣和向往。周旋在其中，不知哪个才是自己真正想要学习的。或许，在大学中第一个要学会的，便是取舍。高中三年来，我们好似从未选择过自己想要做的事，宿舍、教室、食堂三点一线。每日忙碌，在课本中一遍遍复习、记忆知识点，以求达到自己的目标，我们没有太多的能力，亦没有时间去做自己想要做的事。但是大学不同，周六周日闲适，课余时间富足，我们有充足的时间去学习自己所想要学习的事情，加入自己想要加入的社团。大一开始，我本着自己心中的想法加入了地环的大绳队。早上六点多，我们就开始了一天的训练，结束后腿总是有种酸麻感，但是，跟志趣相投的人一起做自己喜欢的事情，似乎不管多累都是开心的。

高三暑假，在看过无数视频后的我决定不加入学生会，自己未曾学过计算机相关的知识，也没有当过班干部，学生会的工作又怎是自己能够胜任的呢？但是，我的想法却在短短时间内被打破。大学军训时，一位高中老师推给我一位师哥的微信，聊天过程中，师哥对我说："如果有机会加入学生会，自己一定要努力争取。"想着师哥的话，我参加了学生会的报名，但可惜的是，在第一次面试的时候我就被刷了下来，当时看着结果，我觉得也理所应当，毕竟我没有在面对问题时侃侃而谈的好口才，也没有用心、花时间去准备，又怎会成功？但柳暗花明又一村，通过一位师姐的推荐，我得到了"生活权益部"的面试邀请，没有一个人想要在同一个地方摔倒两次，所以我这次做好了充足的准备。而面试完，我也发现并没有想象中可怕，自己原来也可以接得住师哥师姐们的问题。后来想想，自己之所以不敢面试，不是因为自己的能力不行，而是因为没有勇气走出自己的舒适圈，面对自己不擅长的领域是自卑、胆怯的。这或许就是有些人说的："渴望新的开始，但不想走出舒适圈；打算提升自我，又不愿直面缺点；想要努力改变，却担心遭遇失败。"后来，在学生会的工作中，我学会了基本的WPS的使用方法，学会了做事要细心认真，明白了在其位谋其职。加入学生会，是我自己跨出舒适圈的一大步，而加入学生会后所学到的东西，也是我一生所珍视的宝藏。

有人曾说："平庸的大学生是相似的，不平庸的大学生各有各的辉煌。"想要拥有辉煌的人生，需要一个人的不懈努力。而大学作为面向社会的过渡区，我们不仅需要在此学习知识，更需要学会磨炼自己，因为，一个人的知识，通过学习可以得到；一个人的成长，必须通过磨炼。同样的，想要成功，我们必须要面对挑战，而想要快点成功，我们需要寻找挑战。

威尔逊说："我们因梦想而伟大，所有的成功者都是大梦想家，在冬日的火堆旁，在阴天的雨雾中，梦想着未来。"或许，我们不会实现自己的梦想，但是在追梦的过程中，作为航海人的我们，始终可以借星光确定我们的位置。

将大学作为我们梦想的起点，在勇敢中试错，在追梦中起航。为实现自己的梦想，去努力奋斗，不负青春，不负韶华。

辅导员评语

在生活和学习的汹涌波涛中，想要成为自己理想的掌舵人，很重要的一点，就是你所提及的"勇敢试错"。一学期下来，渐渐告别那个有些怯弱的自己，努力争取不可多得的机会，并在其中慢慢打磨自身，过程必定是艰难的，但收获往往是颇丰的。当然，还要确定好下一步的目标，如你所言，梦想的彼岸也许很难到达，但我们始终可以借星光确定方向。

第二辑

功不唐捐终入海

大学生生活篇

罗曼·罗兰于《米开朗琪罗》中写道："世界上只有一种真正的英雄主义，就是认清了生活的真相后还依然热爱它。"

经历了高考冲刺的云翳，终迎来云开月明，在别离的挣扎、生活的妥协后，我们逐渐和自己和解。些许生活的琐碎，吐出来矫情，咽下去干涩，百般委屈涌上心头，话到嘴边又觉不值一提，面对镜头里家人关切的眼神，释然地微笑，于是在此刻，我们默默在心里感慨：这就是所谓的成长啊！

心之所向，素履以往；生如逆旅，一苇以航

李宇璐

在蝉鸣声声的六月，最后一个英语单词在答题卡上写完停笔，第二天毕业典礼在学校顺利举行，我们的高中生活就按下了暂停键。离开了匆忙的高中生活的我们，酣畅地享受着充满希望与期待的夏天。在一次又一次收到关于大学的消息，精致的通知书从济南到晋城，我的大学生活已不知不觉地开机，高中也正式地存档在了18年到21年的夏天。九月，我第一次来到山东，来到济南，与在长途汽车总站的老师和师哥师姐们会合后，我便正式换上大学生的身份了。我曾无数次地幻想我将在一个怎样的情景下进入我未来生活与学习四年的大学校园，在那一天这一切都不再是我脑海中的浮影，而是切实在我面前的窗明几净、书声琅琅。蓦然回首，这半年的所见、所闻、所感不仅值得我回忆珍藏，更值得我反思改过。

"也许这就是地理的魅力"

长清区距离市区很远，出行的不便与疫情的管控自然减少了我们游玩的次数，除了国庆期间一览趵突泉泉水的清澈，恰如古文中鱼儿"皆若空游无所依"，一观芙蓉街人山人海、摩肩接踵外，其余时间基本都在校园内过着平淡而充实的校园生活。

从前只是感觉"南北分异"会带来极大的视觉与感觉上的冲击，但"北"与"北"也是有着很大不同的。从北方的一座城市来到另一座城市，济南的冬天相对于晋城更温和一些，夏天更炎热一些。从前对济南的了解是来自课本上文人墨客笔下的《济南的冬天》《泉城》等，置身于此才真正体会济南的魅力。像《济南的冬天》"山尖全白了，给蓝天镶上一道银边。山坡上一道儿白，一道儿暗黄，给山们穿上一件带水纹的花衣"与初雪后的双龙山恰如其

分。济南，虽地理位置在北方，但不失南方城市亭台楼阁的温婉，没有江南街景的白墙黑瓦，但是青砖碎瓦、杨柳依依，别有一番风味。在乘坐济南回太原的高铁上，我跨越三省，从平坦开阔到千沟万壑，这一切毫无保留地在车窗外上演着。山东和山西，都带着一个"山"字，但这个"山"却给你难以言喻的不同。我说不清道不明是在哪一座城市开始过渡和缓冲，也许这就是地理的魅力。

"活动侵入我的日常，结晶出充盈的生活"

我从初中就开始接触社团活动，从那时起我的老师就告诉我一定要谨慎选择社团。当我还是一个高中生时，返校宣讲的学长学姐每个人都在说着自己的大学生活基本上是学习和社团活动，所以这让我对选择社团这件事更多了一份谨慎。

我是一个很不喜欢运动的人，所以我的体育成绩一直很差。但大学体测十分严格，而体育成绩对总成绩会产生影响，我便选择了篮球队来迫使自己进行体育锻炼。这确实达到了我的目的——体测和体育考试顺利通过。还有意外之喜，我也真的在这个过程中喜欢上了篮球，而且我这半年生病的次数也比高中少了不少，这确实可以归功于篮球队每天的早训晚训和每周的体能训练。

接下来说说电台，因为大学要考普通话等级证书，所以我认为电台可以提升我的普通话水平，也可以写一些文章提升自己的文学素养。但现实并不是我想的这样，电台的音频处理要自己摸索，根据电台主题的要求，文章也像百科资料，没有对我的普通话水平和文学素养起到什么帮助。但意外的是，我学会了电脑PR，也算是多了一项技能。可是由于是自学，学习的效果不是很好，剪辑的成品还很生疏，需要精进。

除社团活动外，我也发展了自己其他的爱好。我的英语老师每周都会向我们推荐一些电影歌剧，这大大提升了我的文化审美。高中班主任为了避免我们在小说上分心，不允许我们课外阅读，一下没有了这项限制的我就开始了"恶补"——买了很多课外书来看。此时的精词妙句积累不再是为了偷偷惊艳阅卷老师，更像是"禽鸟知山林之乐，而不知人之乐，人之从太守游而乐，而不知太守之乐其乐也"。

"不是影子一样的人，只在光明的日子里相随"

大学的同学来自五湖四海，我们可以切实从同学的口中了解到各地的风土人情。因为地环女篮的早训晚训，我和篮球队的伙伴、学姐们都熟络了不少，知道了很多她们家乡的风俗习惯，也趁机学了些方言。操着不同乡音，做着不同高考试卷的我们因为一个社团聚在一起，想想也是很奇妙的。若是高考的成绩多一分少一分，我们可能就不在同一个学校或者同一个专业；若是社团报名时多一份犹豫或踌躇，那每天的清晨和傍晚在篮球场上迎接朝阳、送走晚霞，一起讨论"晨昏蒙影"的或许就是另一群朝气蓬勃的女孩儿。

除了篮球队的队友，我们宿舍六个小伙伴之间的关系也都很好。有时候在宿舍聊天，我们常有人提起自己初高中的挚友现如今在大学与舍友相处并不称心，不由得使我们对六个人融洽的关系更加珍惜。放假前我们一起聚餐，回到宿舍互相帮忙讲高数题，互相帮忙带饭、带快递。离开传统意义上家庭的我们，不经意间在小小的宿舍里组成了新的家，有了家的温暖、体贴与陪伴。

也许是在同一个教室上过课，也许是途中的擦肩而过，也许是几句潦草的对话，让我和这个校园里的人在不经意间增添了不少联系。虽然我们并不知道对方叫什么，但给我留下了很深的印象。像文澜楼和文渊楼楼道里备战考研的师哥师姐，他们或在一张张书桌前埋头刷题，或在楼道里踱步还念念有词，或披着一条毛毯在桌上趴着浅浅休息。他们眼中带着光和希望，向着更高的学历和平台努力。除此之外，在十月迎新篮球赛上我还遇到了一个新传学院的姐姐问我新传学院比赛的场地，当时她的腿脚很不利索还架着拐杖。迎新赛的比赛场地在体育馆二楼，离教学楼和宿舍都有一定的距离，她还努力来给她的同学加油，这让我很是感动。

"吹灭读书灯，一身都是月"

作为一名学生，学习必然要在我的生活中唱主旋律。人们常说"到了大学就轻松了"，只是相对于高中而言，大学放弃了题海战术，更多地考量学生的平时学习与期末复习能力。我是极笨的一类人，不善于在课堂中发现学习重点。从前我只是通过某个知识点在一份又一份的试题中出现的频率与难易程度以及千奇百怪导致出错的解题思路中醒悟——原来这个知识点是重难点或者这个知识点并不重要。这样的方法在大学中是无法采用的。所以我不仅面对着从高中生到大学生身份的转变，更面对着学习方法的转变，这是最让我头疼的一件事。看着成绩单上完全不理想的成绩与排名，更是为我敲响警钟——要尽快改变学习方法。

潦草回首，百感交集。有很多的欣喜，也有很多"意难平"，有很多不解，也有很多无奈。我没有小马利亚的魔法，没有哆啦A梦的传送门，也没有库洛里多的魔法牌，但我有我的勇敢与努力。上半学年已经悄然过去，下半学年正一步一步向我们走来，看着比上学期更满的课表，是压力也是动力，这需要我付出更多的努力。陈滢老师评论羽生结弦："当命运向勇士低语，你无法抵御风暴，勇士低声回应：'我就是风暴。'"心之所向，素履以往；生如逆旅，一苇以航。已经身披荣光的羽生结弦在冬奥会的赛场上向4A发出冲击，没有任何荣耀的我也应当向着自己所选择的光的方向继续航行！

辅导员评语

在成长的新阶段，你来到了陌生的城市和学校发展，遇到一群可爱的伙伴，在良好的学习和活动氛围之中提升自己，大学精彩的活动让你于其中收获了能力、自信、勇敢、热爱。少年意气风发，唯梦想和勇气不可辜负。希望你可以在未来的日子里，硕果满满，继续秉持一颗坚定和勇敢向前的心，去成长为耀眼的星星，向着你选择的光的方向继续航行！

你好，窗外的自己

王 骏

你是否偶尔看向窗外，畅想着美好的未来；你是否试图逃离枯燥的课堂，寻找着自由。我也曾无数次幻想：到窗外去，去疯跑。终于，在经历了无数次的考试后，我以"大学生"的身份，顺理成章地破"窗"而出，进入了山师的校园。

"美颜"后的大学生活

或许是深受中国青春偶像剧的影响，还有家长、老师整天在耳边的唠叨，在我的脑海里，大学约等于自由。老师说："上了大学，你们就不用整天坐在教室里，也不用整天写作业，坚持坚持，胜利就在眼前。"爸妈说："别说我们现在管你，等你上了大学我们就不管你了，到时候，你自己看着混吧！"几乎周围所有人都在告诉我：上了大学就可以摆脱家长、老师的唠叨，可以逃离像小山似的假期作业，可以成为真正的自己……

无论是偶像剧里完美的大学生活，还是对自己做主的生活的期待，大学对我来说成了无拘无束、自在悠闲的存在。高三时，无论是面对考试失利还是生活中的不如意，我都告诉自己：再忍忍吧，马上就结束这种生活了；面对堆积如山的作业和厚厚一摞的高考预测题，我告诉自己：再忍忍吧，上了大学一切都结束了。当高考真正来临的那一刻，我告诉自己：最后一次了，别紧张，大学在向你招手。

于我而言，大学是我每一次上课时眼神飘向窗外时的幻想，是我在高三水深火热的学习生活中奋斗的动力，更是我每次摔倒后再一次努力站起来的希望。然而，真正上了大学以后，有些事情却……

被迫长大

妈妈总是说："你们这些孩子长得太快了，不知不觉我们这一代人都变成老头子和老太婆了。"对于妈妈来说，她的长大是一张张泛黄的老照片，是一个个早就已经消失的儿时游戏，是藏在床底翻得有了毛边的武侠小说，是结了婚，离了家，有了我。在离家前，我总是信誓旦旦地说自己已经长大。但是，当我提着行李箱，把背影留给父母的那一刻，我才猛然发现，在父母羽翼下长大的我原来只有那一副躯壳罢了。

离开家的那一天，雨下得很急促，不知怎的，我的心情也像那天的天气一样，闷闷的，没有了对大学的期待和激动。慢慢地，车远了，爸爸妈妈打着伞、挥着手的身影也渐渐模糊了。我想，他们应该目送着车消失在远处了吧！渐渐的，视线模糊了，在那一刻，我第一次感受到了心酸，眼泪也不受控制地流着，前面的出租车司机大叔笑着打趣道："小姑娘，第一次出远门吧，慢慢就好了，长大了都这样。"

原来这就是长大——渐渐习惯离开家，离开父母的羽翼。

拖着沉重的行李箱终于完成了报到，幸好有志愿者小姐姐帮我把行李全部搬到了宿舍，还没来得及把书包里早就准备好的棒棒糖送出去，她们便笑着挥手走远了。

打开门，迎接我的是我那亲爱的舍友还有一地的狼藉，大家都在收拾行李。刚见面的我们都还有些羞涩，一直笑着说哈喽，努力地试图打破尴尬。说来也奇怪，我跟她们的初次见面竟然没有相互自我介绍，现在回想起来，大家可能全是靠着床头的小标签互相认识的吧！这可能是我们宿舍的一种奇奇怪怪的小默契。

俗话说得好：没有什么问题是一顿火锅解决不了的。军训一结束，我们六个人便急不可耐地外出觅食了。六个人，有的吃清汤，有的吃红汤，就像我们不同地方的人一样。东北妹子豪爽幽默，江西妹子软萌娇小，还有我们三个山东"大汉"，饭桌上的气氛想不好都挺困难的。一顿饭可能持续了一个小时或者更久，六个人都托着圆溜溜的肚子从火锅店出来，大家相视一笑：

原来都是"干饭人"！回家的路上，我们一起哈哈大笑，一起唱着那首最美的《遇见》。这一切的一切，是我上大学前从来没有感受过的，是她们让我认识到了一个全新的自己。

原来这就是长大——走出自己的舒适圈，去认识更多的人。

上了大学，在生活上直观的变化就是实现了财政的相对自由。每个月最开心的就是看到月初爸妈转来的生活费，看着微信余额，我笑了。同样的，每个月最痛苦的就是月末了，看着自己的余额，痛恨自己这个月的挥霍，反思自己生活水平明明温饱就可，但是非要奔小康，我泪流满面。

我们宿舍的人从一开始的当月就弹尽粮绝，动用自己的小金库，到后来意识到节制的重要性，安装记账App，省吃俭用，实现了质的飞跃。

我也探索出自己的致富之路，每个月的生活费分成三份，一份一份地花，用不足的余额来抑制自己的花钱欲望，此乃"狡兔三窟"，我相信这个办法一定会让我省出自己的财富帝国的！

原来这就是长大——学会对自己的钱进行规划。

在教学楼，无论是长廊两侧，还是厕所门口、电梯门口，都坐满了正在备战考研的学长学姐，墙上也写满了：2021考研占座、2022考研占座。作为一个才上大学的小菜鸡，我感觉这一切真是太虚幻。中午我们往食堂飞驰的时候，他们在背书；我们在课上困得磕头的时候，他们在背书；我们在宿舍聊天睡觉的时候，他们还在背书……而刚刚脱离高中生活的我，正在享受着"自由"的生活，早已把原先良好的学习习惯抛到脑后，变得懒散，不能自律。所以，在期末考试期间，我吃不好也睡不好，本着"临阵磨枪——不快也光"的信念，整天起早贪黑地背课本、背笔记、背重点，整个人处于极大的焦虑之中。

原来这就是长大——学会自律。

在山师，我们遇到来自全国各地的同学，我们谈笑风生，我们在操场上挥洒汗水，肆意奔跑。宿舍里，我们一起讨论着家乡的美食，一起看着吃播流着口水，一起为某一件事兴奋、懊恼、悲伤。602，它不仅仅是一个宿舍的门牌号，还是我们六个人在山师的家，在这里，我们遇见了不同的彼此，也将遇见更好的自己。

你好，窗外的自己。你好，窗外的我们。

辅导员评语

青春的一幸事是遇到趣味相投的好朋友，与志同道合的舍友一起体味大学的乐趣。我从你的行文里感受到你们之间流动着的轻松愉快，你们遇见彼此，共同进步，相互帮助，从陌生到逐渐熟悉。大学从某一角度来说，也是走向社会的过渡时期，很高兴你意识到自己的问题，希望今后的你可以学会自我学习和生活技能，相信未来的生活里你定可以如鱼得水。

Tiny duck的复盘独白

孙小雅

进入大学后，我深刻感受到了大学与高中截然不同的生活环境。大学让我有更多的独立性与节奏安排的自由，也带给我放纵与堕落的机会，如何妥善安排大学生活是我大一应学会的。通过一学期的大学生活我有如下体会：

对于德育分的态度

德育分终究只是课余丰富生活的见证。过多消磨时间与热情，占用学习与娱乐时间的活动是完全没有必要的。而且，不要攀比，社团本就是自愿性的活动，一个优质的社团胜过百个对我们而言消极的社团。要学会衡量价值，量力而行。

就像青志协，顾名思义，青年志愿者协会，服务性质的团体。加入其中，锻炼自己的时间安排、集体观念、人际交往与语言表达能力，磨砺自己；同时，结识更多优秀的师哥师姐们，以他们为榜样，既在学习方面有所提高，又促进个人全面发展，何乐不为？

大学生活的"支点"概念模型

学会平衡自己，找到平衡点十分重要。我不否认，有的人既可以在社团当骨干发光发彩，又可以在学习上名列前茅，但是大多数人还是难以兼顾两者的。相比较而言，学习仍是大学生活的主体，大家都在强调要"卷"，要比别人更"卷"，但是，在无人监督、更多电子产品诱惑的情况下，想"卷"本身就非常艰难。而且，永远不要三分钟热度与间歇性亢奋、持续性堕落，买的书、字帖，看完或练完一本再买，不要高估自己，否则积灰的书会在未来等你。所以，通过第一学期的经历，我认为，想获得更强的自主性与自控能力，要尽量限制自己玩手机的时间，学习时一定不能玩手机，晚上休息时也尽量不要沉溺于此。

友谊的是什么、为什么、怎么样三连问

大学可以找到志同道合的朋友。两人相约去图书馆学习，去球场打羽毛球，一起参加社团活动，都是丰富、提升自己的好方式。而且，有朋友的督促，做一件事的持久度会相对较高。当然啦，有的人合眼缘，也会有人与你气场相背，但自身的优秀是最重要的！永远不要沉溺于比较，完美的人只存在于梦里，每个人都是优点与缺点的综合体；存在即合理，生活环境不同、经历不同、性格不同，个人的生活习惯也不同，要用包容的心来接纳他人。

与朋友相处时，要合理热情，不要让对方难为情，也不要过度自我，要体会朋友的感受。设身处地地为他人着想真的很加分！打个比方，如果你们二人一同面试一个社团活动，一个被选入，一个未成功，被选入的人一定不要频繁地谈起自己的成功，这非常伤另一个人的心。这时候，一个抱抱，一句鼓励，一个让他独自舔舐伤口的环境都会让他从低落的情绪中脱离出来，不要做飞上枝头回乡炫耀的刘邦！

除此之外，我认为最重要的还是要与有正能量的人交友，学习他的自信、

乐观、自律、坚持与分寸感，近朱者赤近墨者黑，要努力为自己营造积极向上的环境！三人行，必有我师焉！

业余爱好的培养，读书人气质的自定义

大学是改造机。在没课的情况下，看个电影，听个音乐剧，出去打球，来一场说跑就跑的龙猫校园运动，都是很好的放松方式。你可以尝试在此之前所有没有机会、没有时间、没有能力尝试的活动，不要只埋头学习，爱好的培养同样重要。当然，去图书馆也是很不错的，坐在有空调的座位，看着感兴趣的书籍，偶遇几个朋友……完美的一天！常言道，腹有诗书气自华，我们要做有文化、有修养的大学生，只有自己不断地进步、不断地学习，才不会让这段大学时光丧失应有的意义！

与父母交流变得越来越重要

升入大学，离开家乡，父母难免不舍，难免唠叨，你可能会觉得很烦，不想跟他们有太多的交流，但是，在他们心里，这是第一次离开庇护，自己孤身一人在外，你所有的一切都只能通过时有时无的网络信息让他们知晓，你可以报喜不报忧，也可以遇到困难时向父母寻求帮助，但千万不要长时间不联系。所有的不舍都是未曾言明的绵绵爱意。

说一下我自己的亲身经历，每次给父母打电话时，爸爸一定会问我钱够不够花，妈妈一定会问我饭能不能吃饱，我们的聊天非常随意，我却觉得非常的安心，好像我还是他们身边那个无忧无虑的小孩。某月某日晚上十点，无聊翻歌单，偶然发现《想念》，我随意发到家人群里，然后进入游戏世界，把消息设为了免打扰，第二天一早，打开手机，爸爸妈妈的信息让我眼眶发涩，"爸爸妈妈也想你，你在学校好好吃饭、早早睡觉，回来给你做好吃的"，非常朴素的话语，但却有非常大的冲击力。就像歌词中唱的："想念冬天的雪，也想念家人的暖，也想念离开时的那个夜晚。我在想念，是否你也在想念，是否也远在天边，默默地祝愿……"

对待爱情的态度

不要因为想谈恋爱而谈恋爱。好的爱情应该是让双方共同进步，共同成长，而不是在大学荒废学业，放弃未来。爱情是一个人与人交往的经历，不要害怕，也不要狂热，顺其自然就好。

不做等待明天的人，定期自我复盘

不要拖延，想做的事、做错的题、人际交往中不得体的表现都可以记录下来，然后深度思考，争取下次遇到类似的问题能更完美地解决。一瞬间的灵感转瞬即逝，要抓住经历这笔宝贵的财富。大学是人生的第二次成长，各种同龄人由青涩迈入成熟，各个阅历丰富的老师传授自己为人处世的法则，我们不仅要学知识，更要学做人！

大学生活多姿多彩、意义非凡，我们要找到平衡点，进行经验总结，从量变到质变，从而实现自身飞跃！（即使鞭长莫及，也要马不停蹄）

辅导员评语

蓬生麻中，不扶自直。我看到你能够意识到榜样的引领作用，愿你也可以向这些榜样学习，无论是学习、生活还是各种各样的活动，都可以从其中收获良多，成长为更好的自己。也愿你通过思考和实践，找到支点，平衡好学习与各种活动之间的关系。苟日新日日新，相信你可以做到文章所言，量变到质变，为实现自我飞跃而奋斗！

悟成长之行，赴理想之约

王佳昕

初来到山东师范大学，有许多不适应，同时也收获了宝贵的人生经历。这一学期的体验在我的人生中留下了浓墨重彩的一笔。

时光如梭，光阴似箭，2021年9月的酷暑闷热仿佛仍在昨日，我背上行囊，踏上从西北山区开往华东大省的列车，如约来到了我即将度过四年甚至更长时间的大学校园。刚到校园时，我怀着欣喜与激动，因为这是第一次离家来到外面的世界。当看到校园里高大雄伟的图书馆、占地广阔的校园、青春洋溢的师哥师姐时，我仿佛透过他们看到了未来的自己……可这也是我第一次离开父母，离开熟悉的家乡，离开自己生活了十八年的舒适圈，开始人生中首次独自生活的旅程，这种不适最明显地体现在军训期间与开课一周。终于等到熬人的军训结束后，我体会到了大学课堂的不同之处，感受到了许多陌生的体验。如今我很开心能够成功地克服遇到的所有困难，接受了崭新的大学生活，渐渐地体会到其中的快乐。

大学有别于中学，不仅是因为它的规模大，更多的是生活与学习状态发生了质的改变。主要归结于下面四个方面。

管理制度的变化

上大学后，我明显感觉到学校管理与中学大相径庭。上高中时，学校负责传授知识，规范学生举止，培养学生品质；学校、老师有事情会直接告诉学生，没有繁多的影响因素，学生只要专注学习就好了。在大学，学生各方面都要服从学校统一管理，这对学生素质要求更加严格了，但又在时间、生活管理上给了学生较大的自由空间。现在大学的辅导员要管理二百多人，这就更加锻炼学生自主自立的能力。这也是我们自我管理、自我教育、自我服务、自我约束的修炼之旅。

生活环境变化

在大学，生活环境发生巨大变化，在生活方式、生活习惯、生活范围上都能体现出来。以前我未曾体验过宿舍生活，也不懂得如何与不认识以及生活习惯完全不同的陌生同学朝夕相处……来到大学，我才开始适应与他人共同学习生活，学着应对生活中的矛盾冲突；以前在家靠父母打理生活琐事，现在我也学会了有条不紊地收拾自己的内务，学着自己搭配饮食健康生活，学着培养独立生活的良好习惯；同时，我也发现并努力适应新的生活圈子，以前局限于班级好友圈的我已经开始学着融入宿舍圈、社团圈、学校圈等。这也让我与过去两点一线的生活相比多了许多乐趣与挑战，生活中不再只有学习，还多了一些其他活动，虽然这些活动只占了小部分，但给我的生活添加了许多色彩，比如社团活动、学术讲座、团体比赛等。

个人社交、能力发展的变化

以前的我只有三两好友，社会交往几乎一片空白。而在大学，社交就变得非常重要了。比如，在部门面试时，若你社交能力较弱，你就会比别人更加紧张不安，也就不能从善如流地对答了；在这学期中，我也在努力改善这一缺点。个人能力发展在大学也很重要。这种能力分为两种，一种是生活学习能力，一种是个人发展能力。诚如我前面说的，大学生活主要是我们自己完成的，考验的是我们自主学习、创新学习的能力。另一方面是个人能力的提升，大学是一个学习与锻炼的平台，大学里有收藏过万的图书，我们可以在书中找到我们想要的答案，丰富我们的知识储备量；大学有许多社团，社团虽然大多以娱乐为主，但也能学到知识，更重要的是能够结交很多朋友，可以扩大我们的交友圈，提升我们的交际能力，其次，在社团中我们还可以自己组织活动，学会应用软件来完成工作等。这些活动对一些性格内向、能力欠缺的同学无疑是很好的机会；大学还有很多大型活动、比赛等，可以开阔眼界，开发兴趣爱好。

学习要求的变化

在本学期中，我能够清晰感受到大学与高中的学习要求与学习任务的不同。以前高中时，学习目标很明确——书中的知识点、重点全部掌握并且会应用、会做题，努力取得好成绩，比较传统刻板。而现在，需要你理解知识，掌握知识体系，从更深层次理解知识内容，系统性地学习发展。总结一下，在学习任务方面，大学是培养高级专门人才的场所；在学习内容方面，学习内容更多了，任务更重了，范围更广阔了，要求也更高了；在学习方式方面，中学学习主要是以教师课堂讲解、学生被动听课为主，我们对老师依赖性大，在大学则主要以自主学习为主。

在本学期中，有幸听过很多导师讲解关于我们专业的未来发展。我也知道我们在大二会有专业分流，那时候我们也将对自己学习的领域有了一个更清楚的划分与选择。我对自己的未来有了一个初步的打算，我准备在大二时选择地理科学，学习更多的知识，争取在自己喜欢的领域内发光发热。在学校教学楼的走廊楼梯里我们常常看见考研的师哥师姐在那里学习，即使是在寒冷的冬天，他们也裹着厚厚的衣服继续背书做题，未曾停歇过，我不由得对其生出敬佩之情，同时我也明白，未来的道路并不是一帆风顺的，大学也不是想象的那么自由美好，我们只是换了一种方式进行学习、竞争。

这个学期，我学习了新知识，结交了新朋友，看见了不一样的风景，尝试了新的角色设定……当然，也不免遇到了许多困难，有时候遇到难题无法解答，有时候学习与娱乐不能平衡，有时候与身边人意见不合，等等，好在我都克服了那些困难，积累了一些经验。在这一学期中，我有许多不足之处有待改正。就说这次的期末考试吧，目前来看，虽然没有出现较大失误，却并不理想。考试科目比较多，本应该提前一个月复习，将各科书本细致地复习一遍，但我却在考试前一两周才复习，导致许多知识点没有完全背会，甚至还有课程没有背完。这是我的态度问题，是我过于松懈了，未能合理安排考试复习时间，未能学习掌握各科重点；还有就是我学习方法的问题，这在高数学习上很明显地体现了出来，我经常会有一种感觉：上课时老师讲的感觉都听懂了，但下课后却不会做题了；还有一个问题就是我没能明白做笔记的用处，各科欠缺一份笔记，笔记应该是对重难点的记录，以后复习的时候可以节省很多的时间，高效学习。

有人说：青春是用来奋斗的，不是用来挥霍的。每一个少年心中都有一个梦，我想这个梦终将实现，而这就需要我们加紧步伐，不轻言放弃，努力拼搏，与山师一起，共同加油，实现自身价值。

辅导员评语

你从生活的一点一滴中感受到了大学与中学变化之大，大学是要更加考验你的自主创新、独立生活能力。你认真剖析了管理制度、生活环境、社交关系以及学习方面的变化，获得自由的同时也意味着新的难题的出现。相信你可以很好地适应这些变化，找到属于自己的节奏，提前思考生涯规划，敢于突破，抓住机会，用奋斗完成少年心中执着的梦想！

青春已翩然而至，精彩才刚刚开始

邵 晶

我背起行囊奔向远方，奔赴梦幻中的象牙塔。本以为高考是我自然而然的成人礼，是真正"长大"、独立的标志，但大一生活一票否决了我曾经"愚蠢"的想法。大一生活使我从脚踏实地的"自我扩容"中真正开始领悟到了"成长""成人"的真谛。其间有点滴生活中的小确幸；有初来乍到的一瞬迷惘；有顿悟大学生活意义时的跃跃欲试；有不断摆脱小学生思想，探索世外桃源的激动。作为人生的分界线，大学生活不断向我展现青春的精彩，吸引着我探索她，探索自身。同样是自己的好奇、勇敢尝试成就了我与大一上学期无悔、充实、值得怀念的记忆。

过去半年发生过很多记忆犹新、值得感恩的事情。不论大小，它们都已在记忆中留下痕迹，或深或浅，或苦或甜，都是过去赠予未来的礼物。循着记忆的沙滩，按时间顺序检索，最闪亮、光彩夺目的贝壳映入眼帘：大学第一课、迎新晚会重拾热爱、在新生辩论赛中"偷师学艺"、与地环青志协共同起舞……

一、大学第一课

说军训是大学第一课确实毫不夸张。在每个阶段军训都是感受新环境的第一步，不同于初高中的军训，大学的军训似乎给了我们更多的话语权。还记得军训前一晚窗外还下着淅淅沥沥的小雨，新生会上辅导员老师给我们上的激励人心的"开学第一课"。老师分享的大学四年要做的事：发展兴趣爱好、参加社团、主动阅读专业书籍，还有那句在开学典礼和班主任新生见面会上都提到过的："大学不只是有学习，还有更加丰富多彩的事等着大家去探索。"在那时，老师的谆谆教导的确需要时间的磨洗才能体会，但是它却像给我的大一生活附加了一个无形的定义，不断激励着我探索未知，使我对大学生活有了更加丰富的期待。

军训上的志愿送水活动、社团路演、社团纳新演讲、才艺展示等让我感受到了大学的自由。面对如此繁多的机会，说实话，那时的心里有些复杂，其实每个同学都有过"集万千宠爱于一身"的时候，难免有些小傲娇，当然我也有这样的想法，但是面对展示自己的机会（如才艺展示）时却开始犹豫。所以军训首先让我意识到了大学的机会不再是塞到自己手里的，而是主动争取来的。现在看来，"机会会从天而降"的想法或多或少有点以自我为中心和不想努力的嫌疑了。"是金子总会发光"这句话第一次在我的意识中成了清晰的悖论，首先让别人看到才有被鉴定成"金子"的机会。所以后来成为军训汇报演出时的伴舞算是我大学把握机会尝试展示的第一步。在这一步我认识了很多志同道合的伙伴，认识到了"自我"，第一次摆脱了自己给自己的枷锁。虽然这第一步不大，但确实是令自己窃喜的事。

二、迎新晚会重拾热爱

或许是军训表演的契机，或许是心中对舞蹈的执念，从参加海选到训练到演出，一切都很顺利。自己的交友圈子慢慢扩大，喜欢的东西慢慢明确，也逐渐理解大学对各种爱好、活动的包容性。在了解学校的过程中探索自己，在与志趣相投的伙伴交谈时了解自己所求。舞蹈让我感受到了不顾一切的热爱，大学给了我不顾一切热爱的底气。迎新晚会的成功表演令我兴奋，学长学姐精益求精的执着让我肃然起敬。

我在迎新晚会探索出了更加全面的自己，撒下了热爱的种子，以致在商学院话剧节表演、青志协茶话会舞蹈表演、地环舞蹈队中开花结果。正是这一次的执着才成全了我和舞蹈的重逢，让我重新感受到了热爱的能量。

三、在新生辩论赛中"偷师学艺"

若说前几次的尝试都开启了未来，那这一次可没有了续章。听了晚自习上师姐师哥们幽默风趣、逻辑性极强、表达流利的辩论赛纳新宣讲，抱着提高自己演讲能力的决心、对辩论这个在我生命中素未谋面的"朋友"的好奇，我参加了由地环辩论队举办的地环新生辩论赛。那段常常因思考辩题彻夜难眠，网上冲浪寻求思维碰撞的时光，给我的大学生活绷紧了一根弦。从一点都不懂辩论到上台辩论再到侥幸获得"最佳辩手"称号的过程让我切实感受到了高考之后依然存在的"努力就会有回报"的真理。在大数据中快速搜寻目标能力的提高为我后来担任小组负责人参加"大学生科技创新大赛"埋下了伏笔。

新生辩论赛的"奇妙历险记"让我交到了一些有意思的朋友，满足了我最开始期待的思维碰撞，更是为我的大学生活开了一个好头——不至于沉沦安逸，时常给自己找点事做的紧张而有序的日常。

四、与地环青志协共同成长

从竞选到接触辩论到重拾舞蹈，其间一直穿插着最让我兴奋、最充实的地环青志协的志愿活动。若是说大一上学期学到的最拿得出手的技能，那必然是从地环青志协中学会的。我加入了组织部，刚开始撰写策划案，错误可是层出不穷，每次都需要让学姐一点一点地帮我改错并耐心地给我讲解修正，从策划格式到内容，从标号到封面……最难忘和记忆犹新的是学姐熬夜给我们做批改文档，一点一点标注策划问题，不厌其烦地帮我们纠正问题。用肃然起敬来形容我当时的感受一点也不过分：我敬佩学姐的负责、用心，敬佩青志协的严谨作风，敬佩学姐学长对志愿项目的热爱。那晚是我工作的第一课，让我实现了从涣散甚至漫不经心到严谨、高效的进步。这是我在青志协中从策划小白到能上台为大家讲述如何撰写策划案的成长。

十一月份由地环青志协组织部全程策划跟进的"七彩课堂"项目正式启动，我在部门中亲身经历了"七彩课堂"的推陈出新，逐步完善。每次周六上午给常春藤小学的小朋友们的分享通常是我们与青志协成员准备一周的成果。从选定"共读一本书"的图书，到选定"走遍世界"的地点，到讲解"五十六个民族"的志愿者认定，在这个我们部门负责的"七彩课堂"活动中，我再一次感受着担当、责任与自己形影不离。骄傲、激动、紧张、期待是那段时间一直到期末前夕的感受。从起初召开"七彩课堂"启动大会到黑板报上和小朋友们一起创作的那句"我们放假啦"，"七彩课堂"是我们的心血，是我们共同的骄傲。除了"七彩课堂"活动，还有"'盒'乐不为""助力大四体测""国际志愿者日"等活动，青志协无时无刻不在让我们感受作为青年志愿者的快乐。

总之，青志协的活动，不论大小都是每个志愿者呕心沥血的结果，活动给予我们的是切切实实的温暖。严谨、担当、责任、热情是青志协给予我的礼物。当然，在青志协组织部拥有的一群志同道合、谈天说地的朋友是其给予我的意外之喜。感谢青志协，让我们相互成就。

当然，除了学习、工作，生活中的小温暖永远会令我窃喜，我窃喜有群最可爱的青志协伙伴，我窃喜有在我赶车来不及吃饭时舍友塞给我的那"堆"饼干，我窃喜有那个不时跟我"交易"零食的"小仙女"，我窃喜有在感冒时给我买药的朋友，我们谈天说地，纯粹又美好，我窃喜，遇到他们。

总的来说，在大一上学期我学习到了很多，成长了很多，感悟很多，感恩很多。"每个不曾起舞的日子都是对生命的辜负！"这些精彩只是大学的开始，在人生的征程上，我们认识热血难凉的少年，我们仍在探寻光芒的路上。记忆的沙滩上闪着的缤纷光彩的贝壳需要我们自己动手去创造。功夫不负有心人，期待更加精彩的未来！

辅导员评语

从你的文章里，看到了你异彩纷呈的大一新生活，军训会演是你初试第一步，迎新晚会表演是你的锻炼提升，辩论赛的绝佳表现是你汗水播种的果实，志愿者活动是你心境升华和技能掌握的表现。继续起舞吧，未来的沙滩上还会有更多散发着光芒的贝壳，于学习之外取得更好的成就，象牙塔尖站着的就是你！

且将新火试新茶，诗酒趁年华

黄西子湖

2021年，我实现了从高中生到大学生的转变，从一个从没有住过宿离开过父母的小孩被迫变成了离家千里在校住宿的小大人，从长江中下游平原住进了"山景房"，对"山师"和"地环"这两个从未涉猎的词语开始变得熟悉无比。

对于我在山师的大学生活，其实和我所想象的是不大一样的。受那些青春偶像剧的影响，我以为我的大学生活会是每天都打扮好自己，然后拿两本书和水杯到阶梯教室去上课，没有作业和成绩单，没课的时候和朋友一起出去玩，吃火锅，在热气缭绕中畅谈人生。可实际上我既没有学穿搭，也没舍得从生活费中抠出一点钱买化妆品，不是在教室就是在去教室路上，又或者在宿舍里"躺尸"，每天草草吃个饭，因为疫情也没能经常出门转转，好像还是那样三点一线的生活，只是这条路上没有了爸妈。

现在会经常想起我的高中生活，也许是因为这里没有人能陪我讲一嘴公安话，没有人能和我一起在大学校园里说说我的一中，也没有人和我一起想念一中门口的炒方便面、炒年糕和锅盔。在大学课间只要看到一片倒的景象就会想到高中课间的教室里趴倒一片人，同桌在老师出现时的突然一拍，捣蛋的同学会在刚睡着时大喊："老袁来啦！"宿舍门口的夕阳很美，但总是找不到那时趴在栏杆上一边讲话一边看夕阳还要时刻关注上课铃的感觉。大学没有固定的座位，也总会有人用几支笔占上一排的座位，这时也会想起高中，不管你什么时候到教室，那个座位、那个同桌一直都在那里，就这样形成稳定的关系，少了谁都会有点不自在。

由于自身性格原因，我只会做自己非常喜欢做的事，不喜欢被强迫的感觉。我加入了音乐社团，对音乐的兴趣能让我坚持在周四、周日和社员们一起练练曲，聊聊天，有时还可以幸运地抢到摄影社的票然后去听一堂我感兴趣的摄影课。从一开始我就知道，我想让自己快乐地享受我的大学时光。

走向讲台并不是我的梦想，帮助一个家庭成员远离死神才是。我想作为主刀，面带笑容地告诉家属："手术很成功。"让他们的无数次的祈祷成为现实。我想成为孩子眼中的白衣天使，给他们带去想要成为一名医生这样梦想的"原点"，也想告诉焦虑的病人和家属："不用担心。"但是因为种种原因，我没能走上医学的道路。古人有云，既来之，则安之。教师也是可以做到"To cure sometimes, to relive often, to comfort always"的，只不过是在其他层面罢了。在这样的自我洗脑下，我终于开始慢慢接受我来到了一个没有医学院的师范大学的事实。

了解山师始于知乎，还记得高考结束后的那个暑假看那些回答时的焦虑和后悔，可惜我已经没有了选择。于是我就主动成了一个平凡无为的大学生，我成了父母眼中的躺平人，"不上进"成了我的代名词。可我还是希望能在这不尽人意的生活里，把破碎的一部分捡起来，然后重整旗鼓，再次成为真实的自己。我接受平凡的自己，我想多去看看日月星辰，赏春花，听夏蝉，望秋月，观冬雪，感受世界，和家人围桌闲坐，和好友欢聚畅谈。

这是我独一无二的青春的一部分，我会尽全力去感受她的美好。不得不说大学生活和自己想象中的不一样，但还是有部分原因来自自身的堕落。从高中走向大学，脱离了家长和老师的束缚，生活过得滋润无比。上了大学应该是学习，学习新的知识，接触一些新的人和一些新事物，但是自己在不断地接触过程中逐渐脱离了束缚，越来越放纵，导致不再去关心学习。之后的大学生活里，我会不忘学生本职，认真学习。

不后悔离家这么远上大学，如果当时执意只填省内的志愿，我现在就不会知道原来北纬36°的生活是这样的，也不会有机会遇到宿舍里率真坦诚的五个北方人，不会收获这一份珍贵的友情，不会在河北省有一个像家一样的地方。希望将来的自己有写下这句话时的意气：能够实现cure、relive和comfort的三境界；对自身能实现"昨夜西风凋碧树，独上高楼，望尽天涯路""衣带渐宽终不悔，为伊消得人憔悴"和"众里寻他千百度，蓦然回首，那人却在灯火阑珊处"的三境界。

现在不敢肯定自己将来会有怎样的成就，但不再像以前是个空壳子了，心里有了一点东西，有了一点希望。我看到已经毕业的学长写下的话："我忘不了天地书声中历尽寒暑的日日夜夜，忘不了东四窗边暖阳拂过的书桌，忘不了深色夜空上的北斗星，忘不了冬日C区的穿堂寒风，忘不了早起占座的青葱岁月，也忘不了每日必去的一餐三楼南。你知道在文昌楼前的大路上看夕阳有多美好吗？你知道那一树一树的合欢有多令人心醉吗？你能知道我对这里渐渐熟悉、渐渐依恋了吗？"

的确，我现在的大学生活与想象中确实存在差距，但我会努力将它变得更好，让这一段岁月也和这位学长一样令我难忘并让我感到依恋。趁青春年华，且将新火试新茶。

辅导员评语

回忆是一帧泛黄褪色的照片，让人不禁想回到那个闪闪发光的年月。回忆是更好的前行，做好当下，为了多年后回忆时不后悔曾经的决定，大胆冲破自我的束缚，接受崭新的生活。坚持你的热爱，同时敢于尝试新鲜事物，与不一样的自己见面，把青春故事抒写出灿烂的光芒。为了诗和远方，且将新火试新茶。

继往开来，再展风采

杨志伟

非常有幸成为山东师范大学的一名学生，带着年轻人的热情，携着父母亲人的期盼，我踏上了大学的征途，火车站的另一端是一片新的天地——我的大学生活。入学报道、开学典礼、序幕过后便开始了真正的大学生活。在大学的世界里我不断成长着，那里有着我一点一滴的努力与付出，一点一滴的改变与进步。

刚来到大学第一件让我难忘的事便是军训。还记得当时我痛苦地对朋友抱怨日子的艰辛，训练的痛苦，表示再也不想要过这种日子，更不会怀念。可随着时间的流逝，我开始怀念起了那段日子，尽管刚开始训练站军姿的时候，烈日当头，任汗水从脸颊滑过，任飞虫在手臂上玩耍，任全身都在抗议，而我们能做的只有笔直地站立。有时候教官会让我们打报告去休息，但是看到旁边女生营队都直挺挺地站着，没有丝毫退却，我又怎么能拖集体的后腿呢？在训练的过程中，大家互相帮助，使我感觉到了集体的力量与温暖。训练之余，我们一起开心地笑，这让我们忘记离家的孤独，融入了大学的家园。在训练中，我学会了团结，懂得了坚持，除去了焦躁！直到后来才了解到那些教官是我们的学长学姐们，他们与我们这些学弟学妹们在休息时谈心，传授经验，把自己走过的弯路与成功法则毫无保留地讲述给我们。真的很怀念那段日子，也很感谢学姐学长们的认真负责使我们体验了军旅生活。

学校的伙食很可口，不同的菜系菜品满足着来自天南海北的同学们。我们班里有四十五名同学，有的来自新疆，有的来自云南，有的来自黑龙江，有的来自海南……我们有着各自的方言，每当我和他们接触的时候都能学习一些各地的文化语言。大学，真是能开阔自己眼界的地方。

我来自偶然，像一颗尘土。还记得参加大学生创业大赛的时候，因为个别原因我们没有进入下一轮，那时我们都有些失落，想着彼此没有做好的东西，心里真是有些失落，不过我们大家并没有埋怨彼此，宽容地接受，这让我们没有太多的遗憾。当我们准备手语舞蹈《国家》时，大家积极配合，成功拿到了晚会的一等奖。

学习是大学的主旋律。再美好的活动也是点缀，鲜花之绿叶位置而已，此乃我的学习感悟！大学知识的一个显著特点是强调一个广度，要我们对知识网络的每一个结点都有所了解。只要我们平常认真通读一遍教材，独立完成作业，有一定的思考，课程考试就能拿到不错的分数。思维是最美丽的花朵，每一门课程都是我们锻炼思维能力的重要经历，偷懒就是放弃了机会，放弃了提高自己，选择了落后于人。我很高兴，我们寝室的学习气氛还是比较好的。我们专业的课程也是比较有趣的。在地质课上除了上理论知识外还有标本室，让我们参观了各种各样的化石岩石标本；在自然地理学上我们去了学校的后山观察土壤剖层，做了碳酸钙实验，还亲自使用各种研究地质的机器。地球概论、高数等稍微"困难"的学科，经过细心研究、理解我也能够掌握许多。总之，我感觉半年里收获满满。

我很敬重辅导员老师，他很勤奋负责。大学对于我来说，是一个带着神秘色彩的地方。它处在一个我不熟悉的城市，有我不熟悉的人和我所不了解的事，这所有的一切，就像是到一个陌生国度探险一样，带给我一丝刺激的同时，又带给我一丝忐忑。辅导员老师就像引路灯，指引我们认识这个新世界。

过去的一切都已是过去，大学是人生的一个新开始，它让我意识到固然昨日的我曾有失败，但明天的我还是一个未知数，而这未知数是成功还是失败，则由今天的我决定。而这一切的改变，都该感谢这大学里的图书馆。山师的图书馆很大很大，大得让我去了好几次过后还为之颠覆，不知去路。后来我去了图书馆做志愿者并加入了修书小组，经常在图书馆找书、借书、看书，慢慢地也就熟悉了。

很多人都说爱情是大学里一道亮丽的风景线。大学里的爱情，浪漫朦胧而毫不受粗俗的名利主义所沾染，高尚而纯洁，于我来说是大学里的一门选修课。因为它是由各人自主选择的，有的人选择一个人自由自在，无拘无束的自由人生活；有的人会追求大学校园里浪漫而纯洁的爱情，喜欢两个人一起分享快乐，分担苦恼，一起走校园的林荫小道，于碧波荡漾的湖边窃窃私语，一起感叹花开花落，感受黄昏的美好和细雨的缠绵。尽管是在追求，但不一定会降临，毕竟这需要缘分。爱情来了我会正确地对待，学会尊重，关怀。更重要的是互相勉励，共同进步。

记的刚进校时，看过这样一段话："有时，命运给了生活无可奈何的容身之所。然而，生活却可以在远方开辟，重启苍穹，在那岩缝中挤出那棵松树。即便岁月让他生根在此，它也能化逆境为顺境，弯着危险的角度，演绎一树的芬芳。"要让自己的大学有所收获，做一份学业规划也是必不可少的，期待在接下来的日子，我要把该拿的证书都尽量拿下。但是我认为更重要的是在大学要学会厚德载物、知行合一的精神，并努力把这种精神带到我以后的生活中。

现如今回望这半年，逝去的终将不会回来。长清的气候寒来暑往，我的心情亦是跌跌宕宕。第一个学期里，那个我心狂气傲，志比天高，却又难免缺乏人生经验，按捺不住浮躁，偶尔怅然懊恼……但这蹉跎早已成为了我青春年少的足痕，变成了我人生中的一叠档案，永远地保存在我的"忆往昔峥嵘岁月稠"中。人生易尽朝露曦，世事无常坏陂复。只有我们自己才能对自己的人生负责。2022年悄然而来，希望能够洋洋洒洒地写下一个令人更满意的篇章。大学犹如一只麻雀，身形虽小，五脏俱全，而在这样的一个小社会里面，我的生活才刚刚开始，我的眼界我的思想也正要开始脱胎换骨，这也应当好好想想往后对人生的规划。大学之道，在明明德，在亲民，在止于至善……我将以最佳的姿态，努力去创造下学期的辉煌！

仍然记得图书馆里写着的那句周总理的"面壁十年图破壁，难酬蹈海亦英雄！"相信四年磨一剑，大学生活会给我留下更多的刻骨铭心，与我一起继往开来，我定会满载而归！

辅导员评语

回想过去，是你成长的身影，在团结力量的鼓舞下，克服种种困难。坚持不懈是打败懒惰和困难的有力拳头，学业规划是走向理想的指路牌，脚踏实地是完成计划的实际保障。一步一个脚印地稳扎稳打，让你懂得生活过程中的美好，也收获了令人欣喜的成果。未来四年，继续秉持初心，从细枝末节处让自己变得更优秀。

明媚又热烈的十九岁

姜雅婷

夏离，秋遇，冬熟，不知不觉半年了。在高三无数个埋头题海的日子里，我一次次地想象着，迈过高考这道坎以后，我将会生活在一个怎样的大学校园里。那里一定碧树成荫，我和朋友们一起骑着单车游荡在满是梧桐树的校园里，阳光透过梧桐叶的缝隙，洒落到我们的头发上，我想，那光晕一定是暖暖的黄色吧！会有一阵阵微风拂过我们的脸颊、碎发、衣袖、裙摆……此情此景，用"美好"这一词形容最合适不过吧！怀揣着对大学的无限憧憬，我继续埋头在题海中，有人说，"低头是题海，抬头是前途"，每当我怀疑或麻木时，便会用这句话来激励自己，再坚持一下吧，为了能见到更大的世界。

2021年6月10日，考完地理后，天空下起了大雨，我们在雨中与高中三年的生活作了告别。尽管有不舍，但更多的是期待。

山师对于我来说，既熟悉又陌生。由于我姐姐是山师2015级本科生，所以在我的初高中时期，常常听到姐姐提起山师校园里的故事，那些场景那么熟悉又真实，可我却没有真正去山师看一眼，没有走进过山师的校园。所以，为了看看她的来时路，我也来到了山师。

伴随着九月的闷热，我们结束了大学的军训。军训中，我认识了许多来自全国各地的同学，大家的脸上虽然透着些疲乏，但是充满了对未知新生活的期盼与憧憬，纯真又明媚。九月，学校里的各种社团招新与学生会纳新如火如荼地拉开帷幕，我报名参加了学院自律监察中心的笔试、面试，最后成功成为自律监察这个大家庭的一分子。

我从自律监察中心得到的不仅仅是历练与提升，更多的是温馨，是同处一个部门的归属感。在学院迎新晚会上，我和大二的师哥师姐们共同表演朗诵节目《少年中国说》，这是我进入大学以来的第一次上台演出，有许许多多陌生的面孔，大家看起来都十分优秀，我有些许的紧张，但是在碰到师哥师姐们在台下排练防诈骗话剧的时候，看到这些熟悉的身影，仿佛看到了自己的家人一样，我心中似乎就没有那么紧张了。而当我表演完以后，长舒一口气，下台打开手机，收到的都是部门的师哥师姐和小伙伴们帮我们拍的照片，当然，除了照片，大家也都在清一色地鼓励我，夸奖我。我知道我没有他们口中那么优秀，只是他们的喜欢给我加了一层滤镜。迎新晚会结束以后，我们拍了部门大合照，大家又一起留下来打扫会场卫生，就连一起扔垃圾也是快乐的，每一个小伙伴都在认认真真地工作，相信那天晚上大家心里都有满满的归属感吧，我也真正地体会到了什么是累并快乐着。在日常的检查工作中，我也认识了很多新朋友，也渐渐享受了这个过程。在自律监察中心这个大家庭，我得到的不仅仅是工作方面的收获，更多的是在生活上的收获，幸福感、责任感、归属感……

除了部门的工作以外，我也积极地参与到学院的其他活动中去。迎新晚会前我参加了主持人海选，却意外入选了朗诵节目，但我并没有放弃主持人这个梦想，所以"一二·九"合唱比赛前，我又一次参加了主持团的海选，并荣幸地成为合唱比赛的主持人，与优秀的人一同并肩站在了舞台上；在一次一次的排练中，我体会着酸甜苦辣不同的滋味，也接受了许多批评意见，在一次次改进中提升自己。虽然有些苦，有些累，也耗费了不少时间，但是只要我能够从这些事情中得到提升，哪怕一点点，便也是值得的。

大一的上半学期，感谢部门给了我锻炼自己和结识新朋友的机会，比起浑浑噩噩地在宿舍躺着看剧，去参加部门的检查活动使我的生活更加充实；

也感谢我自己，能够鼓起勇气去尝试自己喜欢的事情，在十九岁的年纪里，我不怕失败，只怕遗憾与后悔；感谢我的小伙伴们，特别是我的室友，让我的生活充满了明媚的阳光，让我知道一直有人在与我同行；感谢我的爸爸妈妈，即使相距千里也会给我寄来礼物，让我感受到家的温暖……

我很喜欢的描述大学生活的一段话——这是你人生中最有活力的四年，一群来自五湖四海却年龄相仿、三观相似、学历相当、生动鲜活的年轻人聚集在一起，这样的机会一生只有一次，光听着，就热烈浪漫。我想，这就是大学的意义所在吧。

辅导员评语

从你的文章里我看到你对大学生活的想象，你的生活里的一切都带着蓬勃生机，一草一木、一花一树也绚烂着青春的光彩。青春是人生一道洒满阳光的风景，是一首用热情和智慧唱响的赞歌。你在学生会工作里收获责任感，在各种活动里收获成就感，在好友的交往中收获幸福感。宇宙山河、浪漫人间。点滴温暖，都值得你前进！

新芽絮语

房丽颜

"大学之道，在明明德，在亲民，在止于至善。"初中时读到《大学》中的这句话，令我印象深刻，而大学既然叫作"大学"，自然应是与这句话有些关系。所以我一直对大学生活充满憧憬和向往，期盼在大学我可以收获更多的知识和阅历，提升自己的修养，成为更好的自己。如今我终于得偿所愿，开始独立生活。

忘不了开学日，下着小雨，来到文澜楼前，阶上立着彩色拱门，我兴冲冲跑进大厅，一边排队一边东瞧瞧、西看看。望着窗外热闹的人群，我静静站着，只是站着，这是自高考之后我第一次有了成为一名大学生的真实感。一路过来，校园里处处洋溢着喜悦气氛。广场上的喷泉，三三两两结伴的人群，满校园来来回回的车辆，名叫"天地书声"的图书馆……一切事物都显得那么新奇。周围的一切都让我意识到：我真的是大学生了。

在期待了一个暑假的大学课堂开始之前，军训已猝不及防地来到面前。看过日程安排后，我既期待又有些紧张，而接下来的几天，可谓印象深刻。

第一天回宿舍换军训服就是一个错误的决定，时间完全来不及，于是我迟到了，衣服都没来得及穿戴整齐便狼狈不堪地跑进体育馆，硬着头皮喊报告……

之后，我有幸第一次拿起了枪练习带枪匍匐，气喘吁吁地站起身，正喜滋滋地自我感觉良好的时候，却感觉右手背一处火烧一样的疼，抬起来一看，磨破了一片，还脏兮兮的，黑得像是涂了墨……

夜训是最放松的时间，大家聚在一起在灯下唱歌，虽看不清面容，但声音里充满了愉悦，我从未想象过自己可以认识这么多来自天南海北的同学们。在军训的短短几天时间里，我逐渐适应了与过去任何时候都不同的大学新生活，尤其与不熟悉的人相处更加放松，对时间的管理变得更加严格精确。

但我的自律能力很快就面临着挑战。大学的生活格外自由，缤纷多彩，没有人监督，一切都是自己打理，自己决定。我不由自主地将注意力分散到日常生活中，看似每天都忙忙碌碌，但回顾一下却好像并没有做什么事情。而且一到夜幕降临，手机的诱惑力就格外强大，消磨掉了我学习的热情和兴趣，浑浑噩噩中时间弹指而过。

期末考试迫在眉睫的时候，我终于打起了精神，恢复到接近高中时期的学习状态，复习一学期的知识，才发现平常忙得多么没有意义。吉姆·罗恩曾说，"我们都得承受两种痛苦中的其中一种：纪律的痛苦或后悔的痛苦。差别在于纪律感觉几盎司重而后悔是几吨重"。所以，我决定下学期必须控制住自己，不能变成手机的奴隶，要尽可能学习更多的知识来充实自己的头脑。真正的自由是在任何时候都能控制自己。

进入大学后，我发现每个人都有我不曾具备的能力，我也有机会从中学习到了很多。各种各样的社团都汇聚了许多才华横溢的学长学姐，出于对音乐割舍不掉的兴趣，我终于在繁多的社团中选择去学习乐器。没想到第一课就难倒了我，想把竹笛吹响都很困难。在这第一次课就快要结束的时候，我终于可以吹出长音了，属实不易。小时候，我在课外学习过很多特长，但往往总是半途而废。比如跆拳道、舞蹈、毛笔书法、钢琴、乒乓球、陶艺、国画等，最后都由于各种原因不了了之，如今回想一下，满是遗憾和懊悔。所以这一次我一定要坚持下去，即使我相对于其他人学习得有些笨拙、迟钝，但勤能补拙，熟能生巧，我相信，只要反复练习，总会发现技巧，哪怕一个音要重复练习无数次，我都要保持耐心，脚踏实地。在接下来的时间里，我一定要时刻督促自己，掌握更多的技能，才能够更加胸有成竹地应对未来的机遇与挑战。

大学课堂相比中学颇为不同。没有铃声提醒，上课的座位都是取决于个人，为了听课有个方便的好位置，我总要提前很长时间就到教室坐好。宽敞的教室里，同一专业的同学们听老师们传道、授业、解惑，为未来的方向储备着专业知识，是件多么美妙的事啊！刚开始，我确实有些发蒙，似乎在高中积累的学习方法并不适用于大学课堂，只好盲目摸索。最后经历了这第一次期末考试才明白自己的自主学习能力目前还是不够的，下一学期要更加努力才行。

大学生是自由的，比以往有了更多时间和机会去做自己喜欢的事情。以前我就总是憧憬着，上了大学之后一定要把想做的事情都做完，不能让过去的想象变成空谈，所以我写在这里，提醒自己，去完成小时候没有完成的事情，不留遗憾，只争朝夕。

成为一名地理专业的学生算是机缘巧合了。志愿填报的时候，我面对着电脑可谓纠结万分，但当家长把地理科学指给我看时，我豁然开朗，决定就把它作为第一志愿。

我热爱大自然。现在回顾从小到大所有的理想，归根到底，就是希望自己的生活能够离自然近一点儿，再近一点儿。在高中，我选择了物理、化学、生物三门，并没能系统地学习高中的地理知识。现在，通过大学这一学期的专业课程以及空闲时间在课外进行的了解，我对于"地理"有了更深入的认识。

我感到其实生活里地理几乎无处不在。之前在网络上有看到相关谈论："学地理，就是学一切你看到的东西。"还有人说："在'地理学'前面加上任意一个词就是地理学的一个分支。"

浏览过课本，我总算意识到用"上知天文，下知地理"称赞学识渊博的人有多么恰当了。"致广大而尽精微"，广袤无垠的地理世界激起了我强烈的求知欲，更坚定了我钻研的决心，坚定了我对未来生活的规划，更加明白了地理研究的价值和意义。社会需要是科学发展的根本动力。在生态时代的背景下，在我国提出碳达峰、碳中和的目标后，地理学发挥的作用将会越来越大，推动美丽中国的建设目标将会早日实现，那正是我所期盼的。我一直希望自己可以成为地球的守护者，环境保护在我心里是最具成就感的、最崇高的事业。

地理是一个世界，一个充满着无穷奥妙的世界。在这个世界中，我们可以去了解独一无二的地球有多么美丽，穿越时空看到地球那沧海桑田。地理学是如此博大，一想到未来四年的大学生活都在其中畅游，我感觉无比幸运。

人总要沉下心来，过一段宁静而又自省的日子，整理自己，沉淀再沉淀，然后成为一个温柔而强大的人。我庆幸自己现在所拥有的一切。大学，是一段崭新的生活、一段崭新的旅程，我将保持热爱，奔赴下一场山海。

辅导员评语

军训总是让人难忘，不仅是训练的艰苦，也是于其中磨炼坚强意志，养成良好的学习和生活习惯，促进同学们尽快适应新环境。对于音乐的热爱让你选择了感兴趣的社团，学习新乐器收获成果是一件自豪感满满的事情，希望你可以一直坚持下去。通过半学期的学习，你对地理有了初步的了解，未来的日子里，希望你继续沉淀自己，去做自己向往的事业！

大学之道非止于明德

王碧莲

随着2022年元旦的热情逐渐消失，我们大一上学期也迎来了句号。

时间如白驹过隙，对于撒老师来说，是林花谢了春红，脚步太匆匆。对于我来说，就像仍在昨天一样刚进大学时懵懵懂懂的我，记忆犹新。我还记得结束高考后收到录取通知书时的欣喜，没有假期作业的轻松，开学前几天对即将要面对的新的生活和新的自己的惴惴不安，还有初到大学时来自南方人对北方的不习惯……可幸运的是，人们的热情与善良使我那糟糕的情绪只能够短时间存在。

难能可贵而又铭记于心的是不期而遇的温暖，平凡之中的感动和豁然大悟的领会。

2021年9月5日是我第一次到学校的日子，我记得那天济南下着很大很大的雨，我与同行的同学都拎着沉重的行李箱，撑着伞，穿过拥挤的人潮，赶上了去学校的公交车。车上人很多，几乎都是学生，满是青涩、稚嫩的脸上写满了友善——我帮你抬一下难以提上车子的箱子、你告知一下我难以找寻的买票处、他们又撑着一把虽然不大却能一起躲雨的伞……这些小事看起来微不足道，却足够温暖我初来乍到、慌乱不已的心。在这里，我学会了乐于助人以及热情。

进入大学的第一课便是军训，济南的九月丝毫不逊于南方的闷热。在日复一日的训练中，教官们不辞辛劳地带领我们进行体能训练，树立纪律意识，使我们心存敬畏。各个学院、班级组成不同的连队。小到个人，大到连队，每个人都是我的战友。白天，我们一起训练；晚上，我们或是加训或是一起拉歌比赛。在这里，我深刻认识到了什么是团体，什么是团队精神，什么叫合作。

从一开始对军训的极力抵触到后来临近结束时的依依不舍，我终究还是迎来了分别——"天下无不散的筵席"，当我们学有所成、小有成就的时候，往往是告别的时刻。我还记得我们分别那天的晚上，教官为我们买了蛋糕。他怕生日在九月份的同学来不及过生日，所以将蛋糕作为对其的祝福。我恍惚之间又想起，平时教官努力为我们争取在树荫下训练，为我们找寻休息站、水源。明明才短短几天，便已建立了深厚的感情。看着眼前的蛋糕，我想，礼不轻且情意重。大家来自五湖四海，人生有多少次相遇和离别，可谁也不知道下次见面是什么时候，又或是还有没有下一次见面。我突然想起我很感触的一句话——People come and go, that's life.（人来人往，似水流年）在这里，我学会了什么叫珍重。

结束难忘的军训，大学里的求学之路正式拉开帷幕。"路漫漫其修远兮"，更何况这才刚刚开始。在起初并不紧张的课程之余，我顺利地加入了多个社团。而后又参加了班级委员的评选，虽然没有评选上的结果在我意料之中，但心中还是有微微难过。这也体现了我的不足之处。在这里，我学会了交流和沟通的必要性。

初入大学课堂，难以说出口的是，有些课上了几次后我还没反应过来早已进入正题了。如果定要找个借口，那便是我还没有适应大学老师上课的灵活性，可是，我知道这是借口。很明显是我自己上课没有认真听讲。除此之外，大学老师不像中学老师一样会留课后作业。也就是说，你学没学懂，得自己掂量掂量，需要自己抽时间去回顾、去反省到底吸收了多少。再者，大学课堂，一般会有两到三个班级一起上课，人数很多，加之一节课的时间有限，老师不会专门去警告你要认真听讲。当你不听讲的次数多了，最后一定会追悔莫及。换句话说，从不缺乏爱学之人。都是成年人，都能衡量其中利害关系。可难处就在于，能不能做到每次都认真听讲，能不能每一次听完课都能再去回顾一遍，加以夯实。因此，在这里，我学到的一门最为重要的课——自律。没有人会帮助你，也没有人能够替你学习。我做了什么，最终成绩会回馈给我。在没有外物催促之下还能静心学习，是我在大学里学到的属于自己的难能可贵的自律意识。

　　远在家乡之外的我，离父母的距离可谓是山高水远。父母的牵挂只能局限于日日嘱咐我要按时吃饭，尽早休息，按温度增减衣物。我在济南吃的第一顿饭，是学校二餐的盖浇饭，我选了几个看起来还不错的菜品尝了一下。记得当时，我几乎没怎么咀嚼便囫囵吞了下去，我实在是没有想到，这南北方的差异大成这样——是真的咸也是真的硬。受川渝饮食的影响，我从小喜食甜辣、香辣、酸辣、麻辣等口味，又受家庭影响，我不喜欢油乎乎、黏黏、咸咸的菜。那一口香辣鸡块可谓让我这一生都难以忘记。可是这能怎么办呢？再不习惯也得吃下去，想起妈妈说的要好好吃饭，注意身体，总不能让远在千里之外的父母为这么点小事操心。于是从一开始的难以下咽到现如今的习惯。在这里，我又学会了另一门重要的课——珍爱自己。或许在很多人看来这很奇怪，又或许觉得我很矫情，但其实我觉得这很必要。孩子是父母永远的牵挂，只有孩子在外生活得好了，做家长的才能放心，这也是另一种对他们尽孝的体现。

　　一年一度的国庆节算是较长的假期了。可哪怕是这样，我也回不了家，看着室友们一个又一个往家里赶，即使面上不显，但内心是极为羡慕的。我时常想到妈妈做的香喷喷的饭，爸爸故作生气地善意警告，外公外婆对我永远的迁就，还有家里火炉下懒懒散散的小猫咪，坝子里尽职尽责的大狗狗，以及许久未见的伙伴们。可他们都太远了，只能够我一年回去见两次。我时常又会怪罪自己极为不懂事，在自己能够时常陪伴他们身边时不懂得尽孝，偏偏长期在外时哭哭啼啼，不懂得珍惜在一起的日子。人的一生，是谈不上长的，可分别已经成了家常便饭。在这里，我学到了，要好好珍惜那些在你身边的亲近之人，尤其是家的珍贵。

　　思念悄无声息，却又绵延。当济南迎来2021年第一场雪的时候，冬天也悄然而至，南方的孩子从未见过这么大的雪，见到雪的欣喜难得盖过了想念。

　　当短暂的欣喜过去之后，期末考试日渐临近，想到自己平时没能认真听讲的样子，心里自然是慌的。从补笔记开始，一样一样地做起，时间有限，难免心浮气躁。可每当我坐在图书馆的时候，看见那些稳稳当当坐在桌子前认真学习的同学，又会被感染着静下心来，踏踏实实地做一件事，直至完成，并且反省自己"罪有应得",但凡平时认真踏实,也不至于到了期末才来抱佛脚。在这里,我学到了,什么叫踏实,戒骄戒躁。

当2022年到来、元旦的热情消失殆尽的时候,期末考试如期而至。考试前明明慌得不行,到了真正考试的时候却又沉淀下来了,颇有一种"兵来将挡,水来土掩"的心态。一周过去,考试结束,尘埃落定。

结束了考试之后,最高兴的要数收拾东西回家过年。这一次,我可算能和大家伙儿一块回到心的归处。踏上回家的旅途,见到的形形色色的人们,不出意外的话应该都是回家的人。在外或是求学或是打拼,或是半年或是几年,都渴望着回到家,吃上热腾腾的饭菜或是见到朝思暮念的人儿。那是回家的味道和生活的期盼。在路上,我突然就领悟到了中国这条道不清说不明的亲情纽带,这几千年来的文化传统,和那些为了生活努力打拼的理由。

2022年1月15日,这是我回家的日子,到家的那早天还没亮。沿着河道走了一小节路,倍感家乡的温暖,空气里都是熟悉的味道。在这里,我再一次领会到了家的可贵,那是我力量的来源。

寒假终于开始,我们的期末成绩也陆陆续续出来了,结果差强人意,心中也有点失落。从整体的排名来看,我又领会到大学是一个学习的地方,不是我可以蒙混过关的地方,只有靠勤奋和坚持才能有收获。

大学之道非止于明德。2022年2月4日,立春来临,万物伊始,百废待兴,我在这里重整旗鼓,这次我必当全力以赴。

辅导员评语

离开家乡的你,独自走上了这条求学之路,求学之艰不仅有学业还有衣食住行,这些困难你都坚强地克服了,这是成长的标志,希望你始终能够保持这种坚毅的精神,无论遇到什么样的困难,都能够将压力转化为动力,不负父母的嘱托,戒骄戒躁,全力以赴!

携热爱与坚持，赴日月与山海

马逸萍

带着懵懂与期待的我于2021年9月5日抵达山东师范大学，开启了未知的大学之旅……

著名哲学家培根曾言："健康的身体乃是灵魂的客厅，有病的身体则是灵魂的禁闭室。"大学的第一课便是军训，刚开始军训，可以说是身心俱疲。但随着时间的流逝，我逐渐适应了它，并且学会了坚持和忍耐，也因为这次军训和同学们结下了深厚友谊。在晚上，同学们围坐在一起观看节目，表演者们展示着不同的才艺，展现着不同的自己。让我感觉大学就是个大舞台，一个你尽可以展现自己风采魅力的舞台。"海阔凭鱼跃，天高任鸟飞"，只要你有才能，尽可以在这个舞台上翱翔。

元旦，我们宿舍举行了"603宿舍元旦联欢小型聚会"，我们边吃边聊，谈着自己初入宿舍对大家的第一印象，发现"人万万不可只貌相"。藏族的舍友跟我们讲述她在家乡的趣事，我们都被她"初遇狗熊"一事深深吸引。我们还向她学习藏语，想着以后到西藏旅游也能跟当地人交谈几句。之后，大家又分享自己省份扑克的打法以及水果的叫法，让我不禁想到"地理环境决定风俗习惯"。

奥斯卡·王尔德曾落墨："你拥有青春的时候，就要感受它。不要虚掷你的黄金时代，不要去倾听枯燥乏味的东西，不要设法挽留无望的失败，不要把你的生命献给无知、平庸和低俗。"开学交材料时，我扫码进入了组织部迎新群，本着先入为主的观念，潜意识里对组织部有好感，在了解了各部门职能以及与师姐交流后，认定自己想要加入组织部，便开始了对于组织部笔、面试的准备工作。时隔考场三个多月，再次端坐在教室写答卷的感觉有点陌生，不过这并不是什么学业方面的考试，而是想要进入组织部的第一步筛选——笔试。很荣幸我顺利通过了笔试，至今我都难以忘记等待笔试结果时的焦虑与不安，也难以忘怀接到笔试通过短信的喜悦感。之后便是面试环节，尽管自己做好了一切准备，但是真到面试这天，看到同为"应聘者"的优秀小伙伴们以及端坐着的面试官们，也是免不了紧张。一进门，我先给面试官们鞠了个大大的躬："师哥师姐们好！"坐下之后，我的内心反倒平静了许多，在进行了简单的自我介绍之后，提问环节正式开始。

……

通过一路过关斩将，我如愿进入了组织部这个大家庭，很荣幸和众多优秀的师哥师姐、小伙伴们一起共事。

令我印象深刻的是，进入部门第一次整理文件，因为不熟悉office的操作，整理几步，就得询问下一步怎么做，又因为跟部门小伙伴没有协调好，彼此之间没有打好配合，导致工作完成的效率低下，错误频出。为此在之后的会议中师哥师姐们指出了我们工作的不足并且辅导了我们相应的电脑操作。听师姐说她第一次进入部门的时候也是懵懵懂懂，都是一步步学习熟练的。所以，我相信，今后的我只要认真学习，也会像师姐她们一样熟练操作电脑的。

记得部门在准备学代会和团代会相关工作时，是部门最忙的时候，那段时间大家的状态就是每天开会，开会开到宿舍关门；改各种各样的文件；然后打印大量的材料、盖章。说实话，那段时间我有点崩溃，特别是舍友都已入睡，而我还在忙着修改各种文件，在自认为没问题时发给师哥师姐后，又会被挑出一些错误，接着就继续修改。不过好在，那些难熬的日子都挺过来了，我相信，下一次再遇到这样的工作我会做得更为熟练，同样也会降低错误率。我也知道，我们睡不了觉的同时，师哥师姐也在陪着我们，甚至他们会修改文件到更晚。这些努力都是为了更好地完成工作，部门里的每一个人都在为同一件事共同努力，并且最后做成的感觉真的超级棒！

进入部门后的每天忙碌，让我对自己的事情有了更好的规划，逐渐改变了自己的拖延症，因为不知何时部门就会有临时工作，有些事情现在不做，有工作后想做也来不及了。所以手里有未完成的事情，只要有时间就抓紧做。

伏尔泰曾言："最长的莫过于时间，因为它永远无穷尽，最短的也莫过于时间，因为我们所有的计划都来不及完成。"很快一个学期就要结束了，我们也迎来了考试周。考试周期间，我们都会去图书馆一楼背书，在那里，大家"席地而坐"，背书声朗朗，学习氛围十分浓厚，在那里我们很容易进入状态。幸运的是，我的努力得到了相应的回报，这让我感到开心。

很喜欢这么一段话："其实，我们不必太纠结于当下，也不必太忧虑于未来。当你经历过一些事情之后，眼前的风景已经和从前不一样了。人生没有无用的经历，只要我们一直向前走，天总会亮。"三毛在《送你一匹马》中也讲道："生活是好的，峰回路转，柳暗花明，前面总会有另一番不同的风光。"上大学之前，我们每天的任务就是学习，每天生活简单且充实。上大学之后，学习当然还是我们学生党的天职，但是我们的大学生活不能只有学习，我们要善于发掘自己的潜能，趁年轻，多去尝试自己之前从不敢尝试的事，在大学这段美好的时光里，尽可能让自己全面发展，并且要记得制定好目标，并为之付出相应的努力，希望我们都可以"携热爱与坚持，赴日月与山海，站在自己热爱的世界里闪闪发光！"

辅导员评语

严谨的学生会工作想必一定让你收获颇丰，不管是活动策划，还是推进活动进展，都让你得到了长足的发展。学生会的工作让你拥有了更多的学习机会，培养了团队精神，磨炼了坚强意志，勇于跳出固有范式，变成崭新的自己。在通往未来的列车上，以绝大的勇毅和坚持，一茬接着一茬干，尔后终期于成。

愿太阳照常升起

贾元帅

时光像是用双手捧起的一抔细沙，在不经意间就从手指的缝隙间溜走。半年的光阴就此穿梭，大学的八分之一已经过去了。

时隔数月，再回到家乡，不免感到几分亲切。虽已是寒冬，但被太阳晒着，我还是感到几分暖意。家里的布置更改了些许，盆栽也移到了屋内，却是落净了绿叶，仅剩残枝。但我知道它是在为明年的盛开积蓄力量。拉开窗帘，阳光就急切地以更低的角度从衣物的缝隙中挤入了房间，倒是不怕生。

一些老生常谈的道理。哪怕在高中被压抑了许久（大概），但大学终归还是学习的地方，是让人获得成长的地方，老师大抵是希望学生能在自己的课上学到东西的。印象中前一段时间网络上一个比较热门的词语叫作"双向奔赴"，学习也自然而然是这样一个温馨、和谐的过程。

哪怕道理一道道地摆在我的面前，我还是不确定自己是不是想明白了其中的道理，我很清楚自己的没有主见、内向与懒惰，却总是无法下定决心改掉这些缺点。正是应了那句"我总是间接性踌躇满志，持续性混吃等死"。

总体上大家还是很和善的，毕竟要讲礼貌、知得体。同时高年级的师哥师姐还会有意地照顾新生。现在回过头来看感觉还挺好的，但在一开学时还是比较紧张的，也可能是刚到了一个新环境，还比较不适应。也正是这种不适应，让我没有勇气主动参加什么。大一上学期我参加的活动基本上都是以班级为单位统一组织的，身边的大多数人也都会参加。一方面我将其视作为大学生活中的一部分，另一方面我借着参加这些活动的机会认识一下基本上没见过面的同班同学。

在大学里确实很自由，但有时过度的自由又何尝不是一种迷茫，特别是对于刚经过高考的学生们来说。我不是很擅长制定计划，平日里也很随意，对于时间、活动等安排并不是很上心，一玩又容易上头，所以学习也就缺少了计划，并为期末考试不甚理想的成绩埋下了伏笔。

在教学方式这一方面，大学里老师的教学方法和高中老师有较大的不同，在大学里更加注重学生们的自主学习、课下积累，同时学习的自由度也就自然而然地上升了，学生也能根据课程表的安排及时调整自己的学习方式以及学习时间。从而不同于高中时的填鸭式教育。高中老师与学生的关系就像是非洲豹与被追逐的羚羊，学生一旦有所松懈就会面临老师的批评指点，这却又像是父母在催着孩子快快长大。

如果说人生的大学阶段就像一幅空白的画卷，在这段路途上的人们都拿着颜料与画笔，有的人步履坚定，有的人却目露迷茫之色，无所适从，而我一定是在描绘平庸还无趣的丹青。

自律非常关键，大学的学习更加考验学生的自律与自觉。如课下对于所学知识的思考、复习、补充、解惑，课上对于老师所讲内容的认真思考。这些东西虽然看起来很基础，但是实际中做到的学生很少。对于上述的行为我还是抱有一定的羞愧的情绪在里面的。

对这半年的看法总体上有点唏嘘，泛泛地虚度光阴，似乎什么都没有得到，如果硬要是说有什么收获的话，也就仅有加深了对于"天道酬勤"的认识，认识到"自律"的重要性，再就是立下"你要变得比昨天更好"的座右铭了。

我向往成为雄鹰、搏击长空，我向往成为鱼、遨游于海底，向往自己内心的"正确"。与此同时我又深感自己的平庸，浑然不管现在的平凡与普通还曾是昔日的向往。我自然是一个矛盾的人，但，北海虽赊，然扶摇可接；东隅已逝，但桑榆非晚。我希望未来的我仍会像太阳照常升起那样对生活怀有期待。

辅导员评语

衣食住行组成了生活的主要架构，在陌生的环境里，你主动积极地接受。生活是一种律动，需有光有影，有晴有雨，趣味就在这变而不猛的曲折里。希望你可以在曲折里感受到多样的乐趣，不虚度光阴，不逃避难题，用永不服输的探索意志坚持下去，做自己，不平庸！

我的大学在山师

刘依扬

不知不觉大一上学期已经结束，而大学生活才刚刚揭开她的真实的面纱。回首这一个学期，是我成长的高峰期。刚入学的时候，我惊叹于她的美丽，我满怀期待，我想人生的最宝贵的四年将会在这里度过，她会成就一个更好的我，我也会很热爱她。刚进宿舍时，从室友刚见面的礼貌问候，到现在的"勾肩搭背"，时间同样见证了我们友谊的成长。

从高中生转变成大学生的心得

光阴荏苒，日月如梭。转眼间，高中三年的生活一晃即逝，我们踏上了新的起点，走进梦寐以求的大学，开始我们新的旅程，乘着梦想与希望的船只向未来拼搏，一起劈波斩浪。刚收到录取通知书的我，青春又懵懂，带着对未来大学生活的期待与激动，独自一人携着重重的行李，伴着淅淅沥沥的小雨，来到了我们学校的大门前，心中思绪万千。山师是我一直以来的梦想，早在高一时我就在目标纸上郑重写下了"山东师范大学"这六个大字。彼时看到高大的校门，心中震撼又喜悦。

步入大学的校门，一片崭新的景象映入眼帘：校园里师哥师姐们专心地学习，形成了研习的天堂；图书馆里，同学们专注地看书，可以用鸦雀无声来形容。在学长学姐们的热情带领下，我顺利完成报到流程后，光荣地加入了山师这个大家庭中。成为莘莘学子中的一员。

对大学生活的总结

当我刚刚进入大学时，对一切都很好奇，想着大学生活是不是真的像高中老师说得那么好。的确，大学生活要比高中轻松许多，学业没有高中那么繁重，老师也不会像高中那样去管着你、催促你学习，你会很自由。可是当大一所有课程都结束，我感觉自己并没有学到多少知识，有的科目只掌握了一些皮毛，比如英语、高数。专业课的知识也学得不扎实，这都是自己的自制能力差造成的。高中是被动学习，靠老师管着，而大学主要靠自学，可自己却放松了，看到成绩单的那一刻我的心情不由变得沉重：下学期可不能这样了，再这样下去，可能整个大学生活都会没有意义。

在大一上学期我没有当任何班干部，也没有进学生会，心里有些小遗憾，好在在课余时间加入了几个社团，既锻炼了自己，又使生活变得充实。在宿舍里，和室友建立了友好的关系，大家都互相帮助，收获了美好的友情。希望我们的友谊长长久久。大学的业余生活也是十分的精彩。没课的时候我们可以跟朋友去市区游玩，跑去校外吃麻辣烫，十分欢乐。

总结说来，大学的生活还是快乐且充实的。既有周末的快乐和喧闹，也有考试周的忙碌和紧张。

身为社团骨干的感想

当了半年大学生实践与心灵驿站的社团骨干，感觉社团的生活既忙碌又充实。我们需要整理表格，统计社员名单，十分忙碌。我们经常熬夜整理笔记，把每个社员的联系方式和年龄、社交账号分门别类地统计下来。过程十分烦琐，需要十分的细致和耐心。但收获也很大，在整理表格的过程中会有师哥师姐不遗余力地帮助我们。我学到了很多整理文件的小技巧，收获了很多的友谊和经验。

回顾这一学期，真的有太多东西值得留恋和回忆，在这一学期中我遇到了很多人和事，有顺境有逆境，但是它们都成就了一个不甘平凡、积极向上的我。同样也让我学到了很多知识，懂得了很多道理，也有很多人生感悟。

前方光明一片，未来灿烂无比，将来有许多未知，但只要我们心怀着对梦想的坚持，对成功的渴望并且拥有对未来严密的规划，按照计划，脚踏实地，一步一步地向人生的顶峰攀登，经过数月的努力和坚持，我们一定会拿到属于自己的那枚奖牌。放飞希望，超越梦想，我们一起飞翔、一起遨游。大学，这个美丽的地方，我们将在此处开始我们的航程。这四年将永远铭刻在我们心灵的深处，记录我们学习生活的点点滴滴，铭记我们艰苦奋斗、努力拼搏的瞬间，向未来、向成功进发!

理想和信仰，让我有足够的勇气面对任何困难；对于未来，我也有些迷茫，不过还是有几分底气，因为我在坚持着，突破着。希望每天早晨都会在我窗前，告诉我人间美好，一定值得；希望每天傍晚也会在我脚下，告诉我坚持下去，投资自己；加油吧，年轻的我们!

如果我有幸成为一名教师，我将用毕生去捍卫校园的纯净，扶正下一代的三观，为国羽翼，如林之盛，用毕生的经历和温柔告诉他们，人间值得。

辅导员评语

尽管道路曲折，依旧无法阻挡前途的璀璨，始终保持向前眺望的目光，坚持着，突破着。不沉迷于安逸和轻松，每一笔每一画都是少年恣意的青春，多方面发展自己，不怕踩到泥坑，大胆闯吧，不甘平凡积极向上的你一定会攀登上人生的顶峰，迎接山顶耀眼的阳光。

人间的颜色

刘梦醒

盛夏的一缕阳光照在动车的窗台，照亮了窗边的倒影和我凝视着远方的眼睛，耀眼的光芒让我几乎看不清眼前究竟是个怎样的世界，于是我试探性地伸出手来触碰，满心期待，满怀希望。未来、希望、新的转折，就在这一天开始了。

九月的天是蓝色的，配色是红扑扑的脸颊。进入大学的第一课便是军训，它考验的不仅是体力还有耐力。白天，汗水折射着阳光变得五彩斑斓，战士的身姿挺拔如松。当最后一缕霞光悄悄隐去，用地理知识来讲应该是晨昏蒙影时刻了。结束一天训练的我们，吃完晚饭团团围坐在操场上准备开始拉歌。每个人都跃跃欲试，想在这陌生的环境中急于表现自己。在这里每一种才艺都是你的闪光点，没有人会害羞，大家都积极地表现自己，有人唱歌有人跳舞，整个操场都被欢歌笑语所包围。伴随着强有力"一二三四，一二三四像首歌……"的歌声也飘向远方……

十月的招生简章是活力的、红色的，搭配的是灿烂的笑容。进入大学的第二课便是各种社团、志愿者、学生会的招生，在这里不用凭成绩说话，只看个人能力。各色的社团、志愿者，各种面试、各种表格无一不是在向我展示着大学生活的奇妙。你可以去尝试你喜欢的职位或工作，当然这些都是要靠你自己去争取，你要极力向别人推荐自己。填表格，做简介，最后便是面试。记得最开始我对于通过笔试再开始面试的要求是非常不理解的，觉得很麻烦。但现在换了一种心境，就会觉得这种严苛的选人方式不正是尊重人的表现吗？如果自己在这么严苛的要求下都可以通过，那就代表自己真的很优秀，也得到了别人的高度认可。

第一次面试的便是学生会，以前一次都没面试过的我是非常紧张的，面试前不断地和别人交流经验怕自己被刷下去，但最终还是因为紧张到没发挥好而被刷下去了。接着我又参加了其他的几场面试，有了第一次的经验，而后我便没那么紧张了，但也让我感受到了自己与别人的差距。而最让我记忆深刻的除了面试学生会，还有参加班干竞选。由于之前担任过班干部，所以这次竞选我很自信，有些盲目地自信，我没准备手稿也没准备PPT，总而言之，准备十分不充分，和其他同学一对比相形见绌，最终结果显然是落选了。从那次开始我便深刻地认识到不能盲目自信，要虚心向别人学习。任何时候都不可自大，每个人都有优点也有缺点。

十一月的生活是彩色的，搭配的是有趣的活动，上课、社团、歌唱比赛、志愿者……上课时认真聆听，认真做作业。课余时间，最喜爱的是带上自己的教科书到图书馆选一个靠窗的位置，伴着那随意散落的阳光，看一看已学的知识，看累了就随手从架子上拿一本课外书解解闷。等休息好了再继续和那书中的知识大战三百回合。一个学期下来也是看了不少书的，如《三体》《摆渡人》《蛙》等，每次看都会有不一样的收获，说自己参透了书中的真谛未免有点不自量力，但这些书在我的生活中确实起到了极其重要的作用。

除了看书，还有很多有意思的活动。周末会去爬山，人生第一次爬山是爬了学校旁的双龙山，谁能想到这小小的一方天地让我体验了这么多不一样的第一次。第一次喝酒、第一次爬山、第一次做志愿者……每一次都让我记忆犹新。在这些第一次中收获了很多友情和知识，第一次去曲水亭街时，走在悠长的道路上，帮同学拍拍照，欣赏着美景。我至今都记得当时蔚蓝的天空，以及那缓缓流过的溪流。

入学的每一个月份都是彩色的，十二月也是。十二月老师的课程均快结束，我们去测了后山的土、写了实验报告以及作业，十二月是我感觉作业最多的一个月份，但也是我成长最快的一个月。实验报告，对我来说是一个全新的词。在我拿到纸时，脑袋里一点东西都没有，但为了完成它我查了大量的资料，认真地翻阅了书本，仔细回想实验细节，投入百分之百的耐心和时间。我甚至觉得任何语言都表达不了我写出实验报告后的喜悦感。

转眼间离期末考试只有大半个月的时间了，各项工作都接近尾声。而我不但要为复习做准备还要做各种社团工作。还记得我第一次统计德育分时，时间不知不觉便到了深夜12点，由于我的粗心，我的文档前前后后一共修改了8次才合格。而我也终于知道做好一份合格的文档这么难！这其中让我坚持下来的原因更多的是师姐的陪伴，师姐耐心的教导让我感觉倍感温暖，但温柔不等于不严格，我时常在想，当自己当上师姐时能不能做到这么好。但我有信心，这工作不正是因为有这么多为之努力的人才井然有序的吗？听着舍友均匀的呼吸声，我终于进入了梦乡，今夜注定有好梦一场。

如果说整理文件的那段时间是痛苦并快乐的，那么临近考试周就真的是十分痛苦了。随着各科重点的划完，真正的复习拉开序幕。平常的课开始变得很少，有的老师直接结课，我们也不用去教室了。生活突然变成了寝室、图书馆、食堂三点一线。没到考试周前，我们七点起来上早操，到了考试周，我们六点就要起床准备去图书馆，在图书馆经常一待就是一整天。一天持续不断地背书是我一个纯理科考生从来都没有经历过的。一开始的我十分抗拒，总是背半小时就要停半小时，但这样十分没有效率，面对这么多的专业课我甚至急哭过。舍友看我着急就教我做思维导图，教我背书的技巧，这些对我来说都十分重要。在我掌握了这些小技巧后，再背起书来就轻松很多了。

时间来到了一月，真正的考试周开始了。时间变得更加紧张，体现最明显的是图书馆的人肉眼可见的增多了，原来的一个背书区变成了两个。想去读书室背书就要起个大早，那样的生活一度十分难熬，有一段时间背书背得嗓子都不能说话了。图书馆的人每天还是很多，看见这么多的人跟我一起努力，突然又有高考时候的感觉。那时大家都是向着一个方向努力，这时的我们也是，只为到达最后的终点。虽然会有坚持不下去的时候，但一看到大家全在努力就会重拾信心，为了考试我们每次回宿舍都会互相打气并且相互提问，一整个考试期间就没有松懈下来过。

最后一场考的是高数，考完我们就开了年级会议。其实我还是有点懵的，一学期这么快就过去了，想想还是不可思议。从刚开学时的懵懂到现在的游刃有余，觉得自己成长了很多。大学的旅程很长，可以学会很多的知识还有生活的技巧，如果你觉得自己很笨，没关系，因为会有人领着你一路向前，不断穿过黑暗和荆棘，帮助你成长。

有很多束光照着我前行，让我的未来无限明媚。本以为来到异乡会变得孤立无援，但原来世上有那么多温柔的人，在你需要帮助的时候帮助你。4个月的生活收获了弥足珍贵的友情以及知识，让我的人生色彩更加丰富。在未来的日子里愿自己可以携一往无前之志，具百折不回之气，扶摇直上九万里，不断努力、不断进步、不断超越，在未来的三年半时间中活得更加精彩。

辅导员评语

在你的眼里，大学生活是一幅五彩斑斓的绘画，你定要全力以赴，不枉青春绘画一场。陌生环境的磨炼更加催人成长，凭借乐观和坚毅的精神不断前行，你将会不断超越过去的自己。读书和运动都是有益的习惯，坚持下去，用强健的体魄和博学的头脑应对学业和生活上的困难，未来的生活里人间更加绚烂多彩。

秉青春之烛，赴星火征程

苟雅慧

时间的齿轮不停在转，2021的进度条只剩几天，我在这个夜晚写下对这一年的总结。

似乎越长大觉得时间流逝得越快，我也终于来到了高中三年幻想了无数次的大学。满怀着对大学的期待，我看向窗外，循着飞机的航向，那是济南的方向。这是第一次离家，那天我挥手向爸妈告别，笑着对他们说不用担心，看着自己最熟悉的城市逐渐变成一个点，但前方的路却越来越清晰，我的大学也即将开始。

第一次住校的我显得有些不知所措，幸好遇到了温暖有趣的室友们，她们给予我家人般的温暖，我们一起过中秋，过生日，吃火锅，一起为期末考试焦头烂额……这些美好回忆在我经历高中分别后显得异常重要，老师说我们会用大学四年怀念高中，用一生去怀念大学。

面对和高中完全不同的大学生活，我注入了所有热情迎接我的大学生活，记得刚开课不久，各种组织、社团让人眼花缭乱，为了传说中的德育分，我和舍友们疯狂填表格，投简介，等待面试。我面试那天是在晚上，倒也没那么紧张，只觉得恍恍惚惚就结束了。过了好几天，就在我以为没有希望时，突然收到了面试成功的短信，那是在大学里得到的第一份肯定，舍友说我欢呼雀跃了好久。

加入青志协后的第一份工作便是组织一个有关志愿精神的讲座。我作为主持人主持讲座，虽然不是第一次上台主持但心里也不免有点紧张。看着手中几十页的PPT，要想讲好这个讲座怕也是不容易。想到以后的我很可能走上讲台，成为一名老师，走进那些孩子们的青春，我的心便沉了下来，思绪又回到PPT中。我用了很久的时间来研究PPT，反复斟酌自己的语言，也在心里自演了很多遍过程，果然认真准备的人是有自信的。这次活动如期开展，演讲得也算成功，自己悬着的一颗心也终于落下。青志协的活动都很有意义，"常春藤七彩课堂""盒乐不为""明亮教室"等，在这些活动中，我收获了友谊，体验了当一名志愿者的感觉，每当穿上红马甲，带上工作牌，一种责任感便油然而生。

大学生活也逐渐繁忙起来，但总有那么几个发呆的瞬间，让我想起回不去的高中时光，那个对未来充满力量的自己，那些班主任不在时躁动的晚自习，那一抹只有晚读才会出现的晚霞，和同桌为一道题争论不休，在操场和朋友互相倾吐秘密，下课后幻想着毕业的场景。什么是青春啊？是溢满光的楼梯口、被照得明亮的教学楼，还是考场上奋笔疾书的样子，抑或是漫天飞舞的卷子、老师沉稳的讲课声、偶尔发呆望向窗外的柳树？这些画面是如此清楚又遥远，明明是自己的亲身经历，倒像是在看其他人出演的电影，带着一种无比遗憾却又无奈的思绪。我们曾一心想飞出笼子，但在这一天真正来临时却乱了阵脚。我在大学怀念高中，想必会在以后怀念大学，所以，趁还在大学的时候好好体会、好好珍惜吧！

如果重新回首，十七岁、十八岁、十九岁这些无限美好的年纪，光阴像是被撒了亮粉，无论被撒在什么地方，都显得耀眼，生命在那几年被无限拉长，摇摇晃晃地走过了从此再也无法重回的时光。窗外的阳光亮得刺眼，撒在他的背上却又显得温柔；体育课上慌乱的眼神，对视后的故作镇定，那些打打闹闹的场景，会在回忆里最美好的地方被自己珍藏。

在度过了八分之一的大学时光后，我感受到了与高中的不同，没有跟着我们的班主任，没有被催的作业，没有了家和学校的两点一线。好似所有的时间都在自己手中，却没有学会如何利用。在大学我体会到了学习真的靠自律，总有早晨不睡懒觉准时起床的舍友，总有上课认真听讲不打瞌睡的同学，在慢慢适应了大学生活后，自己也该做出些改变。尽管不会有人来催自己起床，希望内心的小人会督促自己不要拖延；就算看着旁边的同学呼呼大睡，也不能放松神经，要认真听课。最让我觉得大学与高中课堂不同的是，高中所学知识都是奔着大大小小的考试去的，但是在大学每节课所学的知识或许会成为未来工作的一部分，大学的课堂藏着未来的影子。一旦把时间利用好了，大学将是一个能提升自己的阶段，以后会发生什么谁也不知道，就像我虽然想过当老师，选项里却没有地理，本以为自己以后会成为一名老师，地理信息科学却又吸引着我。突然想起看过的一句话："无论你做出了怎样的选择，到最后的最后都会心满意足。"或许我的青春才刚刚开始，我的未来在向我招手，现在，在电脑前敲下这些字的我也不知道4个月后的我会做出怎样的选择，但无论做怎样的选择，我将永远热爱我热烈的青春，我将用我的努力使他成为发光的青春，而不辜负那一年对未来充满期待的自己。

记得竞选班委的时候，自己在犹豫要不要报名，突然翻到之前跳舞的照片，看着那时充满自信的自己，想着既然有长处何不向大家展示呢？在大学展示自己很重要，如果只希望遇到伯乐，而将自己蜷缩在自己世界的角落是行不通的。在当选文艺委员后，很快学院要组织合唱比赛，需要文艺委员负责班级排练。当时选歌、剪音乐、剪视频、排队型等很多事一股脑地全涌了上来。那段时间，我的脑子里全是合唱的事，连梦里都在想怎么唱，加哪些动作，加哪些花样。记得那天晚上在宿舍，自己突然想到一个创新的开头，许多天的压力好像云消雾散，开心了好久好久。合唱有很多地方不能只有想法，得落到实处，往细节去想。很多时候自己的想法与现实总是相差些许，一遍又一遍地改队形，加创新。当时主唱一直有问题需要解决，还要调节同学们的学习时间，好在有班长、团支书的帮忙，同学们也都很配合，最后的排练也让我悬了好久的心放下。在离正式演出还有不到一周的时间，始终觉得少点花样的我和班长商量后决定选几个人出来跳舞，那天下午下课后我赶忙回宿舍先去学习舞蹈，想着要是学会了今天晚上就能教给她们，几天的努力终于将舞蹈跳了下来，在后来的合练中确实有很不错的效果。记得第二次验收的时候，老师也在，神经一直紧绷的我生怕出现什么差错，直到老师说出21级能组织成这样很不错，声音也够亮。当时感到自己的嘴角在微微上扬，坐在舍友的电动车后座上激动得不成样子，感觉自己的努力总算没有白费。正式演出那天，我一直和同学们强调要笑，在演出中，大家声音很亮，动作也都到位，在我说出那句"强国有我"后，全场的掌声表示着合唱的成功，最后我们取得了二等奖的成绩，这次经历让我感受颇多，也算是在大学里的一项小小成就，感谢自己当初的选择，当时的努力。

当然最重要的还是学习，看着教学楼走廊里奋斗考研的师哥师姐，总会和舍友开玩笑说以后我们也坐这里，买这样的书桌。我们始终处于一个不断被填满的过程，自律的大学生活和随意的生活最后会很不一样，高中学理的我没想到之后会和地理打交道，经过一学期后我发现，地理也是很有趣的学科，地球概论让我认识了星星，现在的我能指着夜空，骄傲地说出哪个是金星，哪个是木星。很期待下学期的地信相关的课程，现在的我在地理师范和地信专业间犹豫不决，或许只有我下学期上过了地信的课，才能更好地做出选择吧。

大学似乎比高中过得还要快，八分之一时光已然过去，人是需要自省的，回过头去看，是为了更好的未来。很多为人处世的道理只有经历了才会懂，我们可以通过很多机会来锻炼自己，有什么想做的就去大胆尝试，很多时候是自己吓了自己，自己否定了自己，只有在自己放弃了的时候，才是失败。我们不用为模糊不清的未来担忧，只需为清清楚楚的现在努力，我相信预测未来最好的方式就是去创造它。

尽管世人曾说："无寻处，惟有少年心。"我不相信，和我一起出发吧，少年！

辅导员评语

看似异军突起，实则厚积薄发。积累经验和教训，反思活动和学习中自己的收获和不足，在不断地反思中积累坚实的基础，将知识融入头脑。坚定自己，敢于迈出突破自我的一步，对自己抱有信心，并努力去完成，提高分析和创新的能力，你一定会看到风雨后的彩虹。

站在新学期的路口，回首看看过去的半年

刘瑞宁

时间过得真快，一转眼，2021年就已经结束了。

不知道人生中还能有几个年头会和2021年一样对我来说如此意义重大：断断续续、时轻时重的疫情，高三网课，高考，报志愿，上大学，等等。这一年是如此的漫长，又如此缓慢，以至于当我现在重新回忆这一年时，竟觉得有些恍惚。

不过，说到底，对我自己而言，2021年最大的一件事，莫过于高考了吧。高考没有考好，这是事实，曾经的我曾无数次幻想211与985与自己离得有多近，但最终的结果还是像迎面泼来的冷水，班里的许多人都考得不错，去了211或者985，尽管平时成绩乃至一模二模和八省联考的成绩我都与他们不相上下，甚至高于他们。

是因为高考没有发挥好吗？也许。是因为选择了历史方向吃亏了吗？也许。是因为网课期间太贪玩了吗？也许。是因为在校学习期间不够努力吗？也许。有很多很多原因都导致我高考最终失败，但是此刻我能做的除了反省也只有接受事实。尽管有后悔与遗憾，但是我不会因此而否定我的高三生活。

令人庆幸的是，虽然高考不如人意，我却接到了来自山师的橄榄枝。讲真话，其实在报志愿之前，我并未对山师有多少了解。甚至，我从未想过有一天自己会进入山师。所以，当接到了来自山师的录取通知书的那一刻，对于我自己而言，大学生活，是充满了未知与新鲜感的一片新天地。

进了山师，首先认识的人自然是舍友，我很庆幸，我能够遇到我现在的这五位超棒的舍友，他们几个性格各有特色：有的幽默风趣；有的古灵精怪；有的乐于助人；有的慷慨大方；有的刀子嘴豆腐心；有的嘴上说着无所谓却会常常关心你……这半年过下来，我们一起学习、生活，相处十分愉快。这

半年我也受到了舍友们很多的照顾，我很高兴能碰到他们，以至于现在一旦我不小心想到半年后我们就可能因为重新分班而要分开，我就会觉得有些不舍和伤感了。

当然，大学最重要的还是学习。既然说到学习，就不得不提到我对大学学习的感受了。大学的地理科学专业，可以说是我怀着对于地理的兴趣填报的，而这种兴趣，一方面是受初高中地理老师的引导与培养，另一方面则是因为我自己被地理的美丽与有趣所吸引。

令人高兴的是，我觉得大学地理确实如我想象的那样美丽和有趣。自然地理学、地理科学导论、地球概论、普通地质学等，这些科目虽然都是从高中地理的这一门课程中分散出来的，但是所学内容的深度却又在高中的知识水平上更深了一层，新学的知识大大丰富了我的地理学知识与见识，相信在以后的学习、工作与生活中，这些知识总会有派上用场的时候。

除了新鲜的专业课程，大学的老师们也是各有千秋，有的幽默风趣，有的一丝不苟，比如地理科学导论的郑教授，讲课风格很有意思，时不时就会根据刚刚讲到的内容打趣两句，引得大家会心一笑。可以说，在大学里上着这样的课，也是一种幸福吧。

不过，既然提到了学习，那也就必然要涉及成绩了。不得不说，大一上学期的这半年，我玩心确实有些重了，学习，大概是我唯一对其抱有惭愧之心的地方了。虽然可能是高三生活过后的所谓"报复性"反应，但是还是不能放纵自己沉湎于享乐。如果大学四年，回忆下来只有平时的玩闹与考前疯狂的突击恶补，那我的大学生活未免也过得太失败了。

大学毕竟还是学习的地方，有了学习的环境就应当好好利用嘛。这次期末，我的成绩在班里排名中上，这还远远不够！要知道，保研虽然距离遥远，但也并非无法触及。我的目标不应该仅限于"毕业"而已。努力的方向是很明确的，关键的关键，是未来的三年半要持续努力！大学的学习是十分依靠自主的，因为有着大把的空闲时间可供分配，所以在今后的学习生活中，我尤其要注意时间的利用，做好规划，合理分配，使自己的时间利用率与学习工作效率更上一个台阶。

与此同时，大学生活的内容当然也并非全部是学习，学会生活同样重要，毕竟大学是我们踏入社会之前的最后一站嘛，或者也可以说，大学俨然就是一个小社会了。

大一上学期，我报名了教官连、院学生会、校学生会、班委和社团骨干等，虽然其中有一些未能如愿，但我依靠自己的能力还是较好地胜任了一些职务，比如校学生会志愿者、社团副会长、宿舍长等。在担任这些职务的同时，我也参加了许多活动，诸如校学生会培训班、社团活动策划和举办、全校社团信息整理等，在教官连时我会每天早上去早训，在校学生会时我则要在周末去英华楼值班。除了我个人的这些活动，还有团体的活动，比如学校举办的迎新晚会、我们地环学院的迎新晚会、男生节晚会、合唱比赛等。总的来说，大一上半学期也算是过得丰富多彩吧，基本上每个周末都会有工作可忙，不会闲到发慌。

在大学，多参与各种各样的活动是非常必要的，这一点我在高中时也深有体会，多参与一些活动，参与一些工作，多和其他人交流沟通，能够极大地提高我们待人接物的能力。大学生的社交范围不能仅限于自己的舍友和班级同学，正如我入校时，我宿舍的床位上，前任师哥留下的信中所说："我们应当走出去，走到更广阔的大学生活中去。"

另外，其实细细数起来，我在大一上学期这半年的时间里所做的事情还有不少，比如报名参加了普通话等级考试，比如开始自学一门外语，比如进一步提高自己的PR技术，比如阅读了四五本小说，等等。在这一学期中，虽然有些地方我的表现确实不如人意，但是我也在另一些方面有了一些进步，这也是好事，算不幸中的万幸吧。那么，寒假已然快要结束了，新的学期也即将开始，我所要做的就是明确自己现有的，或者说大一上半学期表现出来的不足，加以弥补和改正。比如，要加强体育锻炼，要进一步加大阅读量，要多去图书馆，要少打游戏、少熬夜，要少吃外卖、多去食堂吃饭，要学会克制自己的购物欲，要更加节省地用钱，等等。相信，如果下半学期能够改掉这其中的大部分问题，我就会比现在好很多！

综上所述，大一上半学期对我而言确实是充满了新鲜、趣味、幸福的一段时光，当然同时也会有些许的辛酸与苦痛，不过正是因为这些感受组合到了一起，我的这半年时光才显得更加珍贵。这半年，我又学会了许多新东西，交到了许多新朋友，涨了许多新见识。回头看去，仿佛来山师报道的那天还历历在目，竟真的会有些许白驹过隙，日月如梭之感。

没有哪些汗水是白流的，没有哪些付出是白费的，这大概是我们一生都不会改变的一条真理，我想以这句话来警示今后的自己：前车既覆，勿行旧路。只有不满足于自己的现状，不断提升自己，大学生活才会越来越精彩纷呈。

辅导员评语

在这难忘的一年，你来到了充满未知和新鲜的学校，过着五味杂陈的生活，树立自己的目标，制定合理有序的计划，并为之付诸努力，深入地理的土壤中，梦想的光芒就是在披荆斩棘中闪耀着的。希望今后的你克服惰性，通过活动多与其他人交流沟通，走进新的圈子，遨游在更精彩的青春银河中。

星河徜徉，一路有光

张曦心

大学生活已经过去了一个学期，回顾这半年在山师的学习与生活，不仅有大学生活带给我的兴奋、无措、迷茫，更有这半年的时光中对自己的学习与生活能力的初步认识。

在中学时期我们被灌输最多的思想就是"上了大学就轻松了"，老师会说上了大学之后学业就会轻松很多，父母会说上了大学之后我们就会变得更加自由。在这种言论下，我们对大学生活也增添了更多的期待，总是渴望、向往着大学生活。但是当我怀揣着激动与梦想走进大学校门，学习和生活了一段时间之后，我渐渐地意识到现实和想象是那么地不一样。

进校开始就被强调的早操、晚自习，打破了我对大学生活早睡晚起的幻想；请假条例和不定时爆发的疫情，打破了我对大学可以在周末出校门跨省市追星的想象；一直都在抱怨的耳提面命的卫生条例，在无形中也提高了我的生活能力，山师的日常行为规范一点一点打破了我对大学独立生活自由洒脱、任性妄为的想象，使我不得不开始重新规划我的大学生活。而步步深入的专业课，也在一点一点地增添、改变、加深着我对地理科学这个专业的认识。

在得知被地理科学这个专业录取之后，除去对大学生活的期待，对地理科学专业的好奇，更多的是对这个专业的未知以及迷茫，尤其是当高中同学问我为啥地理不好还学了地理专业时，我更是感到了一丝疑惑。随着一门门专业课的开展，由上及下，由理论到实践，层层深入，在一点一滴中逐渐加深了对地理科学的了解，逐渐坚定自己未来发展的目标。通过第一个学期的了解与学习，我对地理科学这门学科有了更加深切的体会，它带给我们的不仅仅是学无止境的知识，更是一种从地理角度出发的洞察力和像天地宇宙一样宽广的思想与胸怀。虽然还有很多深层次的知识等待我们去探索学习，但我相信，凭借着对地理科学的热爱，我们能够始终保持着对地理科学的认识、思考和欣赏。

而大学不仅仅只有学习，更是意味着开始了独立的生活。第一次离开父母的照顾，第一次体验住宿的群体生活，第一次学着独立，许多的第一次就这样敲开了我大学生活的大门。需要在寝室中改正自己的坏脾气和坏习惯，需要习惯每个人不同的生活方式，需要适应济南与家乡不同的气候以及饮食习惯。和舍友的一张张合照，记录下了琐碎日常的高光瞬间；和朋友一条又一条的聊天信息，一个又一个的通话记录，稳定了我们友谊的小船；妈妈从家里寄来的一件件快递，让家里的味道飘到了宿舍。大家一起打卡的每一个地方，一起吃的每一顿火锅，记录下了我大一上学期的生活，期末考试周整个宿舍复习的氛围，彼此相互支持、帮助以及鼓励，更让我觉得自己不是一个人在进步，身边一向都有朋友在一起前进。幸好有舍友的包容与照顾，有朋友的陪伴与开解，有爸爸妈妈的远程指导，我开始慢慢融入新的环境，开始慢慢适应大学新的学习方法，开始慢慢适应新的氛围，我们寝室在吵吵闹闹、互相包容中度过了第一学期，第一次的独立生活虽然有很多磕磕绊绊，但是总归来说还是顺利地敲开了大学生活的门。

在大一上学期这几个月的时间里，我也参加了许多活动，虽然有很多的面试最终告以失败，没能得到自己心仪的岗位，没能做成自己想做的事情，也有很多的机会因为一些幼稚的想法而被白白浪费丢失，但我仍然参加了很多团体组织，参与了几场志愿活动，参加了比赛。在志愿活动中收获了经验，增长了知识，锻炼了能力，也通过与师哥师姐的交流互动得到了许多经验，在志愿活动中能够通过自己的努力去帮助身边的人和一些素昧平生的人，在一次次策划案和文件的修改中更加熟悉了办公软件的操作，锻炼了处理事情的能力，在义卖、扫楼活动中锻炼了与人交流、与他人协作的能力，这期间收获了帮助，与更多的小伙伴培养了友谊。同样也在比赛中收获了合作，虽然时间紧迫，但在同组成员的努力下我们依然按时达标地完成了所有项目，也有意见想法上的不合，但最终还是达成了一致，不仅使整个策划更加充实，也让我们组更加团结，关系更加紧密。

大学参加这些活动，既是学习之余的休闲，也能够开阔视野，提高交流和动手能力，使我们更加全面地认识自己，总会给我们留下最深刻的记忆。

生活中总有些小美好正在井然有序地发生着，什么都要经历，什么都要过去。大一上学期总的来说是在新奇与兴奋中度过的，在这其中也夹杂了一些不甘与苦恼，但幸运的是时间会化解一切，朋友的陪伴能带来很多慰藉，爸爸妈妈的开解与倾听会让自己慢慢平静。

"秋尽冬生，光阴荏苒。"大一上学期就这样在忙碌的学习、生活与新鲜感中匆匆落下帷幕，我也更加习惯一周下来满满当当的课表，习惯相对于中学时更加乏味枯燥的课本，更加深入难懂的知识，还有更加自由和无拘束的空间，以及更加忙碌的空闲时间。而也正是大一上学期一点一滴积累出的经验，使我更加坚定地相信在下一学期中，我能够更加从容地面对更加满满当当的课表，能够更加有计划、有安排地学习、生活。

"努力去绽放吧，一路上繁花盛开。"在这个筑梦的时代，所有人都可以勇敢地追寻，努力地绽放，百年的梦汇聚成新时代的中国，我们携手奋斗一起向未来。这一学期在山师的学习与生活就告一段落了，希望之后在对地理的学习探索中，我可以继续保持着对地理科学的热爱与期待；希望之后在山师的生活中，我可以仍有生生不息的热爱，尽情享受剩余的大学生活，快且乐之。

辅导员评语

不以成败论英雄，不怕挫折，勇敢前行，去弥补心中缺憾。做好心中事，敢于发新声，活络头脑，探求新思路。生活里的小确幸鼓舞你依旧活力满满，更加广阔的天地还在等待你，勤加学习，迎难而上，抓住契机，完成未竟之事。以生生不息的热爱筑梦未来！

道阻且长，行则将至

张晓彤

记得庄子的一句话："人生天地之间，若白驹过隙，忽然而已。"转眼，时光从指隙间偷偷溜走，大学四年已流逝八分之一。

弗吉尼亚·伍尔芙曾说："让我们记住共同走过的岁月，记住爱，记住时光。它不仅仅是几年的时光而已，它关乎面对，关乎勇气，关乎未来，关乎选择，关乎人生。"

在高中的每一天里，我都迫切地想要逃离日复一日只有学习的枯燥生活。可到了大学，却又怀念当时只需学习，大大小小的事情都有家长和老师给解决的日子；怀念和朋友们打打闹闹，互相支持的时光；怀念每周一度的鸡汤班会和新闻周刊；怀念各科老师亲切的絮絮叨叨……可回忆只能用来回忆，我们终究要长大，要成为可以独当一面的大人。

还记得高中做题做不下去的时候，我常常会憧憬未来的大学生活。我曾幻想过两种画面：一是迎晨光而出，披繁星而归，努力学习、积极参加各种活动；二是窝在被窝里追剧、打游戏。回想这半年时光，更像是介乎于这两种状态之间。有课有任务的时候认真学、认真做；周末放假的时候，会和舍友相约出门或者窝在宿舍谈天说地。

我觉得我很幸运：进入了理想的学校，学到了喜欢的专业。以前的挚友没有失去联系，现在也遇到了更多可爱的人们。

大学和高中的生活有很大不同，在大学里各方面的事情都要靠自己处理。开学当天，和姐姐在宿舍楼下告别后，望着姐姐离开的背影，眼泪就不争气地落了下来。济南这座城市既熟悉又陌生，这里是姐姐生活过四年的地方，也是我开始独立面对生活的起点。眼里流淌的不仅是不舍，还是焦虑，更是对未知生活的恐惧。但我明白，这是人人必经的阶段，擦干眼泪，以笑意面对焦虑，以勇气面对恐惧。大学和高中之间还有很大不同，大学里的学习主要是靠自觉，除了掌握老师课堂上讲的知识，还要利用课余时间阅读其他书籍，在提高专业知识水平的基础上，有目的地拓展知识面。起初我是迷茫的，大把的时间交到了我的手上后，我不知如何是好。很庆幸，我选择用书籍而不是手机来填补这些空白的时间，才顺利地度过了迷茫期。

"自由的前提是要自律，没有自律就会堕落。"我们怀揣着梦想来到了山师的怀抱中，或满意或失落，我们都不能因为路途艰辛而停止前进的脚步。追寻梦想的过程是苦涩、孤单的，有些路注定只能自己走，但"梅花香自苦寒来"，只有经过磨砺的人生才会绽放更多光彩。与其让不安的心灵被浮躁占据，不如张开翅膀在山师这个平台上吸收养分，汲取知识。我们始终要坚信：没有一个冬天不可逾越，没有一个春天不会到来。年轻给了我们勇往直前、永不言弃的资本，仰望星空且脚踏实地，我们终会抵达胜利的彼岸。

在这里，我还想细数自己的收获，反思自己的问题。

到了大学，我延续了之前列计划、写日记的好习惯，看到每天的计划被一个个对钩划掉后，愉悦感就会冲掉一天的疲惫。大学的生活应该是丰富多彩的，它所包含的内容绝不仅仅只有学习。在保证学习的同时，我加入了海报小组和另外三个社团。在平时的工作和生活中，我学会了如何高效率地完成工作，也学会了如何与别人友好相处、合作共事。一个人的力量毕竟是有限的，无论是现实还是虚幻，像钢铁侠那种能够力挽狂澜的英雄，除了自身能力超群外，一定少不了队友们的鼎力相助。现代社会提倡的是团队精神，只有在自己的工作中懂得恰如其分地与他人合作，才会有事半功倍的效果。在工作中，我锻炼了自己的实践能力，向学长学姐们请教并学习，也为院里的文化工作做了一点贡献。同时也结交了一些来自五湖四海的朋友，每一次和舍友的深夜聊天，都能让我感受到不同省份、不同民族的文化差异，让我的世界观更加完善。经过了高中三年的磨炼，我对现在的早操和晚自习并没有多大的抗拒。当然没有早操和晚自习的日子也确实很舒坦。每一位任课老师都给了我们许多正面的影响。卫生制度很严格也很合理，期末考试周前严苛的检查也使得我们养成了保持整洁卫生的习惯，到了考试周，也会自觉地维持宿舍的卫生环境。食堂的饭也很好吃，毕竟山东师范大学是著名的山东"吃饭"大学。很开心能遇见我的宝藏舍友们，有她们在的地方就有欢乐。我的生日是考试周前一天，凌晨的时候刚合上眼准备睡觉，就听到我的舍长轻语到："三、二、一。"然后宿舍就响起了她们四人合唱的生日快乐歌。本以为惊喜到这就结束了，没想到第二天她们想尽各种办法把我支到外面，在宿舍为我准备了生日Party，她们让我过了一个十九年来印象最深刻的生日。

到了大学，一节课的时间比高中时长了很多，所以课堂上有时会忍不住神游，再回过神来书都该翻到十几页之后了。晚自习也经常无所事事，不知道该干什么。到了周末或者假期就不想迈出宿舍门。平时学习的东西没有定期复习，导致到了考试前手忙脚乱。新的学期我会尝试改变这些问题。

从中学到大学，是人生的一个重大转折。要想真正学到知识和本领，除了继续勤奋刻苦，还要适应大学的学习规律，破迷雾、斩荆棘，选择适合自己的学习方法。大学要求我们除了扎扎实实掌握课本上的专业知识之外，还要培养研究、分析和解决问题的能力，为我们适应将来的工作打下良好的基础。

新学期即将到来，目前我已经有了一些小小的计划：通过计算机二级，通过英语四级考试，十一点前睡觉不熬夜，多看书等。

我还想谈一下通过半年学习后我对于地理这门学科的认识和看法。

高中地理侧重"人地关系"的考察，注重地理实践力的培养，可这也恰恰是埋头苦读的高中学子们所缺乏的。地理源于生活且高于生活。地理知识相伴于人类而产生，相伴于社会的进步而发展。高中时期刷过的题虽然已渐渐淡忘，但它脑筋急转弯似的思路已然深深地刻在了我的脑海里。高中三年确实受了不少来自地理的折磨，但有苦也有乐。每天坚持刷几组题，我得到的不仅是题感、成就感，更多的是对生活的认识以及知识面的扩展；每周的自由自习都会挑出一节课看诸如《航拍中国》之类的纪录片来开阔视野；阅读完材料后根据材料里的蛛丝马迹去推理判断，不浪费材料的每一个字去组织答案，这个过程中的满足感是无可比拟的；和同学们讨论答案和思路时，不同思想碰撞出来的火花让我们离正确的道路越来越近……所有的所有都是我回忆中的珍宝。

回首过去，我们思绪飘扬，感慨万千；立足当下，我们胸有成竹，自信昂扬；展望未来，我们引吭高歌，信心百倍。

辅导员评语

学真知识，长真本领，不做无谓的努力，将每一分精力用来更好地完成自己的新学期计划，去追逐梦想。舍友的惊喜带给你家一般的温暖，团结的力量给予你向前的底气。你要以坚定战胜挫折，敢坐"冷板凳"，甘当"苦行僧"，无畏而无惧，无悔而无怨，坚定自己的选择，道阻且长，行则将至！

第三辑

万转云山路更赊

省外学生成长篇

家人闲坐，灯火可亲。

谁人不思乡？远乡的市井长街，聚拢来是烟火，摊开来是人间。"每逢佳节倍思亲"，儿时我不懂，今朝却刻骨铭心。历历在目，是父母亲朋幸福的面容；声声悦耳，是街坊邻居熟悉的乡音……

楼宇或瓦房守着一段流年等在远方，我们唤其永远的故乡；三面环山的济南用诗画般的臂膀接纳了你我，愿在未来四载的陪伴中，山师大称得上你我的第二个"家"。

江南夜雨有感

钱城宇

"暖国的雨，向来没有变过冰冷的、坚硬的、灿烂的雪花。"这是我的同乡鲁迅先生寓居家乡时的描述，此时此刻，正如彼时彼刻，当我写下这篇文章时，窗外依旧是熟悉的灰得泛白的天空与淅沥却又绵绵不绝的细雨，这是江南冬季独有的奇妙景象，而不同于中原大地的寒风犀利，抑或是安南之地的四季如春，听着细密轻柔的雨声，思绪随之延伸至无限邈远，仿佛时间也停止流逝，雨水涤荡了尘世的忧愁与烦恼，让孤悬的心得到片刻的安宁。

短短半年，时至今日，却又仿佛有半个世纪般久远，我已不大记得清那场几乎每一个中国新生代都必将经历的，对人生有着重大影响的测试，背过的书，刷过的题，现在大抵也记不清了，然而那种难以诉说的迷茫、惊恐与兴奋混杂的情绪却始终难以忘怀，随后我所经历的，是不同于以往十八年的生活，远离父母，远离故土，听着陌生的乡音，看着陌生的人群。"齐鲁大地，孔孟之乡"，这应当是每个外乡人对山东最直接与最浅显的印象，同时还有巍峨的泰山与庞大的人口数量和巨大的经济总量，这便是我来鲁之前对其的所有印象，除此之外，便无其他。于是，那种难以言说的情绪再一次笼罩我的心头，自我记事起，这种心悸便时常伴随着我，只不过是轻重缓急的程度不同罢了。然而不论人的想法如何天马行空，将要前进的事实也不会有任何改变。

我的记性并不很好，但那似乎是一个阴雨的日子，和现在窗外的景致别有几分相似，是三百六十五天中再普通不过的一天——九月四日。学校招待新生的日子主要是三日和五日，所以我到的当天并没有热闹的人群或是隆重的欢迎队列，站在宽广开阔的校门口，几乎是空无一人，更有一种偷渡客的胆怯感，好在还有父母相伴。戏谑的是，同偷渡客一般，初到山师的我也怀揣着一种来到新大陆的兴奋，这大抵是对未来生活的期许吧。校园里的景象截然不同，教学楼边偶有走动的路人，而到达宿舍时已是人声鼎沸了，在志愿者师姐的带领下，山师的神秘面纱逐渐揭开。

军训，应当是大学生活的第一课，我的体质并不是很好，在军训中也似乎是一个默默无闻的普通人，没有赢得众人喝彩的才艺或是标兵般的突出表现。然教官的平易近人、个性鲜明仍给我留下了深刻的印象，更令我惊讶的是，这位军官仅仅是长我们一岁的师姐，不由得让我感受到山师学子的强大生机与活力。在军训期间，我们学唱了山师的校歌，"啊……美丽的山东师大，百花之源绿叶之根……从这里我们走向神圣的讲坛，我们肩负起，科教兴国重任。"音乐有着感染人类的神奇力量，使命感也油然而生。在和平建设年代，一个普通人是难以做出上阵杀敌、建功立业或是别的什么惊天动地、青史留名的大事，然而做一名平凡却又负责的人民教师，为国家的发展培养人才，又何尝不是人生价值的实现方式呢？

四方天地谓之宇，这是父母给我的名字，冥冥之中也成了我的选择。"仰以观于天文，俯以察于地理，是故知幽明之故。"是为《易经》所言，自大学识地理，方知地理之博大精深矣！天球上烂漫的点点繁星、连绵起伏的山脉与冰川、浩瀚无边的辽远大漠、暗藏生机的茂密丛林，还有那悠远深邃的大海，无一不令人心驰神往，而那玄奘西行、郑和下西洋，还有改变全人类的地理大发现的壮举，又怎能不令人"虽不能至，心向往之"呢？

地理专业分为许多各有特色的专业课，任课教师的个性特点和教学风格也各有千秋，然而绝无照本宣科之例，令我印象最为深刻的莫过于徐红和吕建树老师。徐红教授是我见过的最为认真负责的老师之一，她常在课后抽出自己的时间通过网络直播的方式为我们答疑解惑，上课时也是孜孜不倦地为我们讲解。一次课间闲聊中，我得知她也是绍兴人，这难免又让身在异乡的我对她平添了几分好感。她曾半开玩笑地对我说，如果有一天她回到绍兴老家，希望我带她逛逛，我想这是自然。吕建树教授则是以幽默风趣著称，平心而论，他所教授的地质学对我而言并不是特别有趣，然而每当昏昏沉沉欲见周公的神游之际，他总能以独有的幽默将我们逗得开怀大笑，让我的注意力重新回到课堂中来。吕建树教授是最符合我心目中的大学老师的形象的，寓教于乐、幽默风趣而又负责地将他独到的见解教授于学生。

关于大学生活，许多年前不知我的哪一位老师就对我讲过："如果你进入了一所不错的大学，就知道那些所谓的'上大学就轻松了'的现象是并不存在的。"我又回想起过去人生数十年中校长曾有说过："学习是终生的学习，而不会停留于某个阶段。你所读过的书就像吃过的食物一样，你可能会忘记昨天吃了什么，但他们会变成你身体的一部分，从而发挥作用。"事实也的确如此，其中最令我记忆犹新的是，图书馆值班时熙熙攘攘的人群和考试前几天挑灯夜战至凌晨的室友。

大学学习同以往任何的学习最大的不同，依我所见，便在于自主学习。自主学习，是当代教育从初中、高中乃至小学便开始提倡的，然而出于多方条件的限制，这一口号也就常止步在口号的阶段。大学的学习却截然不同，甚至可以说，不论你愿意与否，每个人都主动或被迫地自主学习。与以往相比，大学的作业量与纸笔测试明显减少，对学生自主性而非机械性的考察却明显增加，与此同时，要求大学生自主安排学习的时间也明显增加，从而推动了大学生的自主学习。

伴随着大学生活而来的，还有不同于以往的相对独立。就我本人来讲，高中三年过的都是走读生活，更不用提小学、初中，日常生活的打理也大多由父母代劳。入学的那几天，每每想到高悬于地面的单人床板，我便惊恐地难以入眠，然而大多数时候人并不能改变环境，而只能适应环境，在接连几天的失眠后，我也逐渐有所习惯。其他许多以前从未接触的方面也逐渐在他人帮助和自我摸索中了解。时光荏苒，不知不觉也到了弱冠之年，我想人生的每个阶段都有它的好与坏，幸福与遗憾，这是一个人一生中难以避免的，世界并不会因你一人而改变，或许只有改变自己，接触新的人和事物，才能适应变化，人不可能永远停留在某一阶段，即使犯错、碰头，又何尝不尝试从容地微笑面对呢？

钱钟书曾有言："一个十八九岁没有女朋友的男孩子，他内心藏着的女人数量不亚于皇帝的三宫六院，其污秽有时甚于公共厕所。但他们又都向往最纯真美好的爱情，这是青春时代一个有趣的矛盾。"大学与以往的又一大不同，便在于爱情不再成为禁忌的代名词，成群结队的男男女女成为校园最为常见的景象。年少多轻狂，曾经更像是少男少女的嬉戏，而大学似乎不同。我身边有不少不过半月甚至是三四天便结束的爱情故事，其速度有甚于德国闪击波兰，惊叹之余我又感到难以理解，或许是我不懂罗曼蒂克吧。

行笔至此，思绪也大都吐露，江南梦烟雨，窗外的雨依旧淅淅沥沥地下着，仿佛我人生的十九年都停留在永恒的瞬间。保尔·柯察金有一句最为著名、时至今日仍未过时的话，并希望以此为结语："当你回首往事时，不因虚度年华而悔恨，也不因碌碌无为而羞愧。"

辅导员评语

江南烟雨蒙蒙，北国朔气寒风，每一片土地都有着属于它的人间情谊和自然风光，而这儿，或许也有你家乡的模样。绍兴，你如诗如画般的书卷故乡；济南，你尚待探索的浪漫之地，愿你像对待地理一样，自主而不迷茫，当行走在校园那落满银杏叶的隐秘小路时，在某个瞬间心生感叹：原来，我早已把这儿当作了心灵的宿港。

跨长江，赴黄河

应函希

开始动笔的时候，我才意识到，八分之一的大学时光已经结束。记忆中济南秋冬萧瑟的梧桐与家乡四季常青的香樟形成了巨大反差。

高考后的半年时光，仿佛被压缩成了弹指一瞬。真快，真快！

当得知我被山师录取，并且刚好是地理科学专业时，我真是狂喜！因为我热爱地理近十年了。

现在，我跨越长江，奔赴黄河，成了山东师范大学地理与环境学院的一名学生，这可能便是我与地理的缘分吧。地理学是一门古老而现代的科学。地理学的广博、深远与无穷，使我对地理学的热爱延续了近十年仍未磨灭。

说实话，高中地理与大学地理可谓是截然不同。我认为高中地理更加侧重于地理现象的基础概念和原理规律，为学生的地理学习构建了一个基础框架，主要用文科的思维方法学习地理；而大学地理则是对地理学各个领域知识的细分和深入学习研究，需要理科思维。

这段平凡而又特殊的旅程开始后，我对自己既有欣慰又有遗憾。

上大学之前，我不断憧憬着大学里悠闲而又充实的生活。然而，当我成为大学生队伍的一分子之后，我发觉现实与我想象中的似乎不太一样。尽管第一学期的课程并不紧凑，但各种活动仍挤占大量时间、精力。而活动时间的不确定性造成了一种矛盾的现象：有时各种事情撞到一起，让你忙得连轴转；有时很久没有安排，让你闲得无所适从。

说实话，我本身并不是一个非常勤奋、自律的人，大多数时候需要借外力紧迫自己。之前，我就读于私立高中，警卫室墙上有"拳打卧牛地，兵练方寸场"的标语。那时候，我见过凌晨五点的康复路，见过晚上十一点半的桔乡大道；我见过围墙外的樟树，它的枝叶如此繁茂，伸向四面八方，探进了墙内。九峰的老师很严格，他们督促我不断上进，努力向前。

然而，进入大学的我，失去了老师的督促，逐渐"现出原形"。我不够自律，不能很好地把控、利用时间。在四个多月的时间里，看看自己，没有完成既定任务，浪费了太多的时间，做了太多的无用功。我固执地认为，我还只是个新生，期末考试离我还远着呢。而在期末考试的准备阶段，从未经历过的大学考试带来的紧迫感和自身的懒惰松懈打着一场激烈的拉锯战。有时紧迫与对优异成绩的渴望战胜了懒惰，我便能静下心来认真复习；而有时侥幸、放纵心理压倒了这份紧张，让我不自觉放下书本，拿起了手机。这样的备考状态，让我的考试成绩也差强人意。在看到自己期末成绩的时候，我惊喜却不那么满意。我原本可以做得更好，如果当时认真复习……可是，生活没有如果。

时间是最公平合理的，它从不多给谁一分，也不少给谁一分。后来，我有意识地调整了自己的时间安排，不再一味追求各种看似精彩却浪费大量精力的活动。逐渐，图书馆或自习室成了我空闲时的根据地。

歌德曾告诫人们："不论做任何事情，自律都至关重要。"自我约束，是一种控制能力，尤其控制人们的性格和欲望。一旦失控，结局必将一败涂地。自律的代价总要比后悔低。为了不重蹈覆辙，新的一年，我将时刻反省自我，将自律二字谨记心间。

在大学的熔炉中，周围的人和思想不知不觉地影响着我，"近朱者赤，近墨者黑"，我时常无法找到自己真正的模样。尤其对我这种易受干扰的人来说，一个可以相互促进的朋友是份宝贵的财富。幸运的是，在第一个学期，我就结识到一位这样的朋友。她是一个学习认真，且富有钻研精神的人。跟她在一起时，我会不自主地被她影响，向她学习，学习她身上那股认真劲，学习她对每门课程的重视，学习她心无旁骛、一心向学的态度。无疑，她是一位益友。三人行，则必有我师。择其善者而从之，其不善者而改之。

"往事不堪回首，请勿再提。"但是，"不提"不是不做总结不反省，过去即是历史，现在能做的就是从过去总结方法和不足，对自己有个更加系统客观的认识，确立更加明确的目标，以全新的面貌面向社会、迎接未来。

当然，在大学中我也学到许多，不仅仅局限在学习上。在这里，我学会了独自在异乡生活，也学会了一些处世之道。当然最重要的还是对于地理科学的专业认识。惭愧的是，我对所习得的知识并不十分精通。

所以，在新的一年，我对自己有了新的要求、新的期待。

第一，丰富自己的专业知识。多实践，实践出真知，在实际工作中发现更多不足，积累更多经验。任何理论都必须要转化为实践，都要敢于尝试，犯错误没有关系，重要的是要学会在错误中不断总结，不断反思。

第二，加强沟通交流和组织领导能力。通过交际，掌握交流技巧，提高自己的交际和表达能力。多参加课外活动，在活动中锻炼自己的能力。同时，多参加社会实践活动，关注社会热点现象问题，开展研究性学习，发现、提出、分析、研究、解决问题，提高自身能力。

第三，培养一项持续热爱的爱好，并保持深入研究。从小我就被家人称为"三日鲜"，意思是对一件事物的新鲜感通常几天就消磨殆尽。我希望能够发掘一项我真正热爱的事物，比如地理。

第四，严格要求自己，改掉拖延的不良习惯。解决这一问题有个好方法——任务分解。把一个任务分拆成一个个更加具体、清晰的子任务，通过这些子任务最终完成任务。对目标做简单的任务分解，能让我更好地前进。

虽然我客观制定了个人初步学习计划，仍存在许多不足之处，今后还需根据自己的切实情况，在学习中不断地补充，加以改进，及时地总结经验，以优异的成绩来完成自己四年的学业。我相信，这将会是个不断进步、不断完善自己的过程！

路漫漫其修远兮，吾将上下而求索。大一上学期一晃就过去了，既然无法掌握过去，就寄望于将来，以饱满的精神锐意进取，为实现自己的理想而不懈努力！为实现自己的计划目标，我会合理安排好时间，用心、用力地学习，努力拼搏，挑战自我！

这半年结束了，迎接我的是崭新的生活。加油！为我自己！

辅导员评语

来到异乡求学，本身就需要清晰的自我规划和严格的自我管理，环境往往是不可变因素，值得改变的是对待其的态度。一位益友，可能是幸运的火花一霎，最终支撑烈焰奔腾的，还是你丰富的积累和阅历。我相信，远方的你一定比现在更优秀，崭新的生活也一定不负你所望。曾记得，北方的梧桐在秋冬萧瑟，也不要忘记，它在春夏蓬勃向上的无穷绿意！

平静与惊喜并存的新生活

李昀龙

不知道从何说起，想来想去觉得分了几个部分，就一部分一部分谈吧。

一、奇妙的山东之旅

踏上前往山东的高铁，说实话，心里是有期待也有惶恐的。期待是期待新的生活，遇到新的人、新的事；惶恐是惶恐未知的城市、未知的变数。总结来说就是：一个社恐人的全新冒险。出了济南站，平心而论，我大失所望。这个城市我最先看到的地方——高铁站，其让我思索这里到底是山东省省会城市还是某不知名小县城，心理落差不小。

搭乘直达校区的大巴，又一次落差，座位很挤，也许和我比较胖有关，座椅给我一种三十年前的既视感，但是想想，家乡西安算是个基建狂魔了，对比下来，有落差就有落差吧。进了校门，其实还不错，图书馆是十分醒目的，犹记得校区遥感影像里最突出的也是图书馆——书籍堆放的高大建筑。"这就是未来四年的学习地了"，顺着路走，做完核酸检测，在一群热情的师哥师姐的欢迎中，来到了我在山东的第一个"家"——一个两平方米的小床。

这个我在山东的"家"，依山而建，双龙山之间，有一种山中宫殿般的既视感，每天沿着坡路走上走下，偶尔则会发现秋日里树枝头间的松鼠；春日暖阳下，天颐广场人工湖中几条鱼游弋泛起的微波，虽然夜半时分常常吹起"妖风"，却也让我体会到大学生活的新奇。于是乎，我也有了常在校园里一个人走走停停的习惯，周末晚上拎一杯奶茶，听听天颐广场上音乐社举办的小演唱会，一时兴起也会加入广场舞大军中舞动。这第二家乡的学习生活新奇而又有趣。

127

二、父母老了

这其实是在不经意间发现的。一开始是在高铁上，我看着窗外飞驰而过的田野、山川，回头想起身，父母已经在座位上睡着了。母亲的头发已经花白，父亲额头的皱纹已经刻在上面，无法消除了。

在宿舍安顿好了之后，我决定，准确来说是父亲提出的，到校门口去拍张合照，我搂着比我矮了一头的母亲，站在校门口，努力挤出一个微笑，我知道这一别是半年无法相见。我自幼是跟随母亲的，第一次离开家，而且是如此远的距离，不舍那是自然的。拍完照，准备回宿舍，父母虽然和我挥手告别，但一直看着我走进去，直到我的身影消失在树丛拐角，他们却还驻足原地，只是他们不知道，我躲在拐角的树后，看着他们在这个陌生的地方也是手足无措，母亲好像哭了，转头用手偷偷抹眼泪，父亲在旁边陪着，我一直看到他们走出校门，消失在我的视野中……

大概是十二月中旬的一天，晚自习结束后，父亲发来了微信消息，说他工作调动了，到了后勤处，我从没想过小半辈子一直在第一线的父亲也会退居二线，我不知道怎么回复他，就说："后勤好，至少没那么忙了，休息的时间多了……"

因为性格不合，我从小和父亲沟通得很少，加上他工作原因，一年到头回家次数也是掰着指头就能数得过来，上了大学，头一次和父亲交流，却发现这个我印象里一直要强的男人，有一天也向时间低头了，岁月不饶人，多年劳累，腰椎间盘突出和膝关节疼痛一直折磨着他，以前他年轻，忍忍就过去了，近几年却时常要缓半天才舒缓一口气。

子欲养而亲不待是一个不争的事实，只有自己真的不陪在父母身边了，才察觉出来他们身上岁月的痕迹。

三、青柠味儿的青春

青春算是一杯果茶，如果一定要说说味道，我品尝到的是青柠味，酸涩中隐含一丝丝微甜，喝一口，咂摸咂摸嘴，还有回甘，只需一口，终生难忘。

我的十六岁、十七岁、十八岁，在平凡普通中度过，没有什么轰轰烈烈的经历，没有引以为傲的成绩，只是在每天学校与家的两点一线中随波逐流了三年，也许上天看我乖，让我来到这里遇到如此特别的人。

一切开始于一场普通的心理健康的团建活动。

只记得最后的游戏是"老鹰捉小鸡"，站在我前面的女孩子，穿着白色卫衣，扎着精致小巧的丸子头，因为身高差，思来想去，我双手抓着她的肩膀，她也很有趣地说感觉自己是被我给拎着跑的。后来就很有意思了，我打开班级群，想着她的样子，然后一眼就从众多名字中发现了一个很特别的，于是便赌了一次，勇敢地加了她好友，幸运的是我没有赌错。我生平第一次遇到如此有趣的女孩子，会因为睡着错过了消息发一大段"啊"，会明明看到要套话的提示却毫无防备，天真、单纯。她很爱笑，却总说要高冷；参加活动被评委说笑得很甜，却对性感风格抱有执念……每天和她分享日常趣事，互道晚安，渐渐地成了我们之间的默契，熬夜到十二点只为第一个说一声生日快乐，有着很像的经历，都对古城浓厚的底蕴情有独钟……慢慢地，我心动了。

寒假里她做手术，摘掉了眼镜，但术后恢复让我们坚持了近两个月的每日互道晚安中断了，也就是从那时起，我发觉自己好像真的已经离不开这个女孩子了。可是却只能悄悄把这些情感隐藏起来，只希望可以一直下去，不要有任何变故了。大概两个星期后，我们再次恢复了联系，但我却收到她的一个问题："其实没必要每天都发消息，对吧？"那一刻，我感觉仿佛要失去她了。

而她给我发这条消息是因为中间发生了一个小插曲，我曾在自己的QQ个性签名中写道："她眼里有星辰，一眼万年。"可我知道她并不喜欢我，所以我决定不把我的感觉告诉她。

她也有烦心事，我能帮上的时候都尽量帮忙，在她需要一些安慰的时候试着安慰，但总是要小心，不能暴露自己的那个秘密。我们几乎无话不谈，知道了彼此很多秘密，但我最大的那个秘密，却一直瞒着她。她曾经说散伙终是常态，我们也没有例外，但我也说散伙虽是常态，努努力，没准会有例外。

129

　　我一直都明白，我们可能终会散伙，但我也在努力延长这一段友情，这个对我意义非凡的女孩，我还能陪你多久呢？也许有一天秘密终将暴露，但我不后悔，为了认识你，我赌上了所有运气，我不奢望太多，但愿我们能就这样平静地走下去。

　　来到山东，这一趟旅程奇妙而又新奇，平静的生活中充满了意想不到的快乐，我这第二家乡啊，未来的三年，期待着更多的美好，期待着遇到更多人，期待着自己能在这里有所收获。

辅导员评语

　　破败的老城可能给你的印象不甚好，不过没关系，岁月蹉跎中谁都会老去，父母的臂膀也不是一直坚韧，城市也一样，但，时间却给它留下了最难忘的印记。有时真的也许会恋一个人，爱一座城。愿你在寻觅生活的时候记得一点，青柠的甜和酸是相对的，有些爱是不需要说出口的，遗憾是人生常态，彼此成为星光已足矣。

三千里路云和月

赵紫涵

　　2021年9月3日，我独自一人拖着行李箱，在经历了惊心动魄的延误又备降的七个小时航班之后，跨越三千公里从西南边陲到了遥远的北方，遇见山东师范大学。

　　说实话，进入山师并非我本意，它于我而言更像是一场意外，是一场先于我一直以来的梦想的意外。捡漏七千多名很幸运地进入山师，被调剂到三年都没碰过且毫无兴趣、毫不了解的地理专业，被迫放弃一直以来就有并坚定到甘愿为此复读的传媒梦想，这三件事我分不清哪个更让我开心或是难过或是遗憾。我带着它们，就这样迷迷糊糊地进入了山师，意难平又难掩期待。

因为之前有过进入不如意学校没能及时调整好心态导致后来满盘皆输的惨痛教训，所以这一次我不打算再给自己设限，进入山师是一个好的意外，事已至此我也希望给它一个好的结局。这是来山师的第一天我看着校门时对自己说的话。

在我看来，想要快速融入一个新学校，并在这里找到归属感，最好的方式就是加入一些社团组织。所以在结合兴趣和能力之后，我先后参加了记者站、青志协、海报小组、篮球队、排球队、图书馆志愿者的面试和笔试，最后成功成为青志协、海报小组、排球队的一员。加入青志协最不容易，我经历了一轮笔试加两轮面试，前前后后忙活了两周，很累，但是是我想要把爱意传递出去。感谢报到那天外乡人独自来到这里遇见的第一份温暖，加入海报小组算是自己不灭传媒梦的一点点小私心吧；打排球是我一直以来的一个习惯，从小学初中的篮球队到高中的校女足再到如今大学的地环排球队，我热爱着体育竞技与团队氛围带来的归属感，当然挥洒汗水也不失为一种很爽的解压方式，它让我感到幸福和安心，这是我加入新学校必做的一件事。所幸，除了是个跑步废物之外，我的其他体育能力还不错，一路走来也算是集齐了三种不同的球服，收获了一大帮合拍的朋友。

加入这些组织和队伍让我的大学生活变得充实也有意义起来。平日里下午一上完课我就会和因球队纳新结识的老乡一起去训练，汗水与欢笑调节了一天的学习疲惫感。大家因热爱运动聚集在一起，有种大家庭的氛围感，是队友也是朋友。在青志协工作算是让我成长最多，最快速适应大学生活的一段经历，它教给我在大学这个算是小型社会的环境里该有的一些为人处世的道理，教会我该如何去争取机会、团队协作、去表达自己，教会我写新闻稿策划案、制作微推等技能，也提供了平台让我得以去组织和参加一些公益活动，认识不一样的人和事，体现自身价值。我很感谢它，也希望自己在接下来的日子里好好工作，不忘初心，不虚此行，永远怀有善意，与青志协一起成长。

上半学期在锻炼个人能力的方面，自觉还算不错，突破自我加入了三个不同性质的组织，学会了多种技能以及团队协作沟通交流。但在作为一个学生最重要的本职工作——学习上，我确实没能做好，没有投入更多的时间和精力去学习专业知识。因为云南省还没有实行新高考制度，所以我是以理科生的身份来到的地理科学专业，上一次接触地理已经是三年前的事情了。先入为主，我就觉得自己在专业课上是很难听懂的，是落后于其他人的，对专业课十分头疼和逃避。但事实也不完全如此。客观来说，高中没选择这门课程确实在基础知识上会比其他同学落后一步，课上讲到某些与高中内容重合的简单部分时老师也会略过。差距虽有却也并不是不可弥补，是我自己先选择了放弃选择了认输，日渐消沉，课上得过且过，课下也不及时弄清楚不懂的方面，才会让这差距逐渐扩大，形成了期末的两极分化。

山师的学习生活其实与我想象中的大学生活并不相同。因为是复读生，大学除了来自自己的想象也来源于当时身边已经读大学的同学朋友们。他们都说，大学能给你更多的自由度，外面世界也有很多不同于我们西南小地方的精彩，忙与闲是个人选择。一直以来我都是个极其理想化的人，真正想要做的、想要成为的好像除了我自己没人能让我改变。对传媒的执拗换来了我这一年高考的成功，也换来了意外进入山师突然没有了方向的迷茫。经过这一个学期，我逐渐明白，真的没有几个人能够把热爱变成生活。最好的调剂就是，先把生活过好了，攒足资本再去追求热爱。

在想明白这个道理之前，我遇到了两个人。正因为她们，我才重又点燃了心里的火焰，不再像无头苍蝇似的颓败乱撞，找到了自己大致的方向。第一个人是我在老乡群认识的姐姐。很巧我和这个姐姐居然能是三重身份的校友，同样的高中，又先后去了同一所学校复读，最后命运般地又都选择了山师，为此我们特意约了一个周末见面。那天，我和她聊高中、聊复读的日子、聊最近的生活、聊来到这里的选择、聊当时摸不着边的困惑，她理解、包容、温柔的话语真的给了当时因为地域、文化差异而非常孤独的我莫大的安慰，她不经意间流露出的坦然且坚定的磁场也吸引着我，要成为像她一样有着强大力量的温暖的人，坚定安然、不慌不忙、清醒明白地去走，找到适合自己的频率，和步调一致的人去追寻喜欢的事物，认真生活，爱上周围的一切，爱上济南。再后来，我慢慢减轻了焦虑，努力积极去应对每一件事，就是在这个阶段我遇到了第二个人——小张。准确来说，我的大学生活在认识她之后就改变了。她很优秀，在自己的专业里、在通讯社里都是，是能够带给我正向情绪的一个人，和她在一起我感到很开心和放松，我非常享受我们可以一起玩也能互相鼓励着学习的氛围。她活得很让我羡慕，就像世界上另外一个我，也是从她身上，我再一次燃起了希望想要告别碌碌无为，再一次找到了自己的方向不再颓靡。希望我们多多努力，下半学期都能有为对方骄傲和高兴的时候，在自己的路上步履不停不留遗憾。

这个学期总的来说颓废又幸运。刚开始三分钟热度似的忙碌于社团和学生组织，新鲜感过后开始正式上课的日子，又没能控制好自己的心态和情绪，疏于学习，在大家去图书馆的时候躺在宿舍摆烂。日积月累一个学期过去，给自己大一上交出的答卷差强人意。但也幸运，多愁善感的人能在学期快结束时得到负面情绪的排解，明确了自己愿意去努力的路，再一次给到自己期望。尽管已经耽误了一个学期，但我想，以后的日子我一定会告别无意义的焦虑，活成自己想要的模样，成为自己想成为的人。

三千里路云和月，我有我路向，我知我方向。愿此生尽兴，赤诚善良。

辅导员评语

跨越千里奔赴的也许不是你心中的山海，但它可能是多年后回想起来的一场惊喜意外。在这里你可能会有遗憾，但一定又有如数家珍般的成长与爱。你对热爱的理解更加清晰，对身边难得的伙伴也更加珍惜，生活和学习催促你我不断成熟，而你心中的月光永远年轻赤诚！

只此青春

王丽婷

走到了寒冬的尽头，下完了最后一场雪，我的大一生活已经过去了一半。在这一百多天的日子里，感觉也算是经历了人生很小部分的酸、甜、苦、辣。既然是对生活的记录和总结，不必夸张地应付，直抒胸臆就好，说点肺腑之言，毕竟我向来是有话直说的性子。

进入大学，可以说我用了两个月，也可以说我用了12年，不必再提高考或是过去的种种，站在大学的校门前，这就是人生新阶段的起点。

酸

我是个异乡人，像学校里少部分外省同学一样，不出意外的话我们的四年青春都将在山东师范大学度过。山东南下两千四百公里的海南岛，是我魂牵梦绕的家。在山师的日子，我真的太想家了，每天都想给父母打电话，睡前不翻翻相册好像就睡不着，或许晚上会梦到摇曳的椰树，拂过脚趾间清透的海水，馋那碗加了灯笼椒的炒粉……想想蛮心酸的。

"小时候，乡愁是一枚小小的邮票，我在这头，母亲在那头……"想家从来不是件丢脸的事，想家才不是什么小孩子的天真脆弱，想家也不代表着不独立不自主。我倒是越长大越想家，越懂得漂泊在异乡游子的愁思，也才发现之前根本读不懂余光中。

不过从遥远的南方小岛来山东读书，我感到很幸运，见识过世界的万千，才能更好地为家乡的发展奉献一分力量。

平日里少不了同母亲聊起山东，聊起齐鲁大地的风光和它辉煌厚重的历史，南北两千五百公里，隔着两代人的心，更隔着千差万别的自然文化差异。

干燥！十月份后恨不得每隔半小时就涂一次润唇膏，跑完800米分分钟咳出血。冬日室外冷风割骨头，室内门窗紧闭，透不过气。一天的气温变化无常，中午还穿着大短袖去打球，晚上可能就裹着羽绒服在自习室瑟瑟发抖。在几乎遍地北方人的校园中，充斥着粗犷豪迈的独特腔调，这在舍管阿姨和食堂大叔身上尤为明显，而我的口音独自可爱。洗澡也是个大问题，且不说浴室建在隔壁楼负一楼，南方气候湿热，日日洗澡除汗解燥，北方气候干燥，常洗澡反而破坏皮肤屏障。记得常去的那家麻辣拌，老板总笑着调侃南方菜咋没味儿啊，我也笑着回嘴北方咋弄啥都爱勾芡啊……还有绕不开的甜粽肉粽和咸甜豆腐脑，总成为我和伙伴们茶余饭后的话题。

点点滴滴，都在改变我18年来的习惯。

甜

怎么说大家也是经历过几次军训的人了，想必没有几个人会喜欢军训。巧了，我也不喜欢，但每每是军训最令人难忘。烈日下的反复灼晒，才显得十分钟阴凉处的休息时间更加宝贵；艰难挤出来的空闲时间练歌，才显得表演时整齐划一的队伍更加壮观；教官的批评和指正，才显得七天的情谊更加真诚。军训训一次少一次，这样的日子往后再也没有机会体验到了。

交到了好朋友这件事，是老天赏糖吃，或许是想齁死我，才让我碰到性格三观一拍即合的好姐妹。我们真是两个女人一台戏，给两个马扎，聊到天黑不是问题。在我的观念里，朋友在精不在多，远在异地他乡能交到这样的朋友是我的福气，我的电动车后座永远为她留着。

大学不似中学，中学大家一处就几年，班级集体氛围会更强。我们地理类尚未分流，年级几百号人将在半年后又再组建成不同的班。但在短短的半个学期里，我们班给我带来了无限的惊喜与甜蜜。备战合唱比赛的那段时间里，看着平日排练时松散的队伍，我原本毫不抱希望，只求不要最后一名。但那晚似乎每个人都拿出了十足的劲儿，歌声中有藏不住的凝聚力，下台时望见老师毫不吝啬地勾起四十五度嘴角，我就知道这奖是稳拿了。

一顿聚餐，一扫疲惫。大家一起呼喊着庆祝，角落的啤酒按箱垒放着，那帮文科男还挺能喝的嘛。我尝试着多喝了两杯，想着感受感受大山东酒文化的豪壮，哎，难喝！可是苦酒入喉，心里却有说不出的甜。

苦

大学生胜似大学牲。

记得高中老师嘴边总挂着这样一句话："现在努力，等上了大学就轻松了。"还得是我大一学子用亲身实践的半年来告诉学弟学妹们，错到沟里。每天逃不开考虑吃喝、拉、撒、穿，小脑袋都没时间想什么情情爱爱，课程忙起来就是教室、食堂、宿舍三点一线，手机屏幕新开的一页已被各大app攻占，有的要刷视频，有的要打卡，有的要定期完成任务。温室的花朵无法忍受频繁的风吹雨打，偶尔我还是会抱怨两句，在日记本上留下我苦涩的怨言。

"宏德明志，博学笃行"这是我们山师的校训，学校纪律严格，在宿舍卫生和早操方面更胜一筹。让我蛮苦恼的是，本人曾经因为自己的愚蠢的侥幸心理栽过跟头，被扣了不少分，后悔不已。下学期我一定要严格遵守校规校纪，没有规矩不成方圆，我更不能在同一个地方摔倒两次。

辣

只此青春，半年时光挥手即过，有时候恍惚间忽然意识到自己已经是大学生了，属马的我正朝着二字头的年纪走去。每个人都是如此复杂，小时候希望自己能快点长大，长大后又祈求时光过得慢些。以前总想摆脱日日穿着的蓝绿校服，现在偶尔走过高中校门，看着青春活力的他们身着校服，竟忍不住要偷偷落泪。流去的是时光，是青春，人永远只能向前走。

在当代的快节奏潮流中，人们的兴趣被竖屏的短视频消磨着，我发现自己好像也对很多事情失去了耐心。小时候最爱读书的我，上了大学后竟是一本课外书都没碰过，就连看电视剧都是追了一两集就想看结局。同时那颗胆小要面子的心，让我错过了不少参加校园活动和体验新鲜事物的机会。连对待热爱的羽毛球也渐渐冷漠，抽屉里大一新生赛的奖牌蒙上了灰尘。每当别人问我有没有对未来做过规划，我总是毫不犹豫地回答："老实本分的人民教师，教地理！"我很害怕，原本十分喜欢地理的我，会不会也逐渐失去那份初心呢？

不忘初心，牢记使命。我希望它不仅在下学期长在我的心里，更希望一辈子烙进我的骨子里。

辅导员评语

只此青春……只此青春！？人不可能永远十八，但永远有人十八，你有你的酸甜苦辣，我有我的酣畅淋漓，海南岛的微风细浪时时会与你耳鬓厮磨，齐鲁的烈酒入喉也许会让你辗转反侧，但都是爱，都是青春。你怀揣一颗用力跳动的心，来到了这里，遇见了一群人，去爱上一门学科，去追寻你正滚烫耀眼的青春吧！

庠序新篇，异地新旅

李雪燕

结束了三个月的暑期欢乐时光，我怀揣着激动的心情，从南向北，来到异乡，开启了我的大学新生活。而现在一个学期已经过去，我用半年的时间，浅浅地体会到了大学生活的精彩纷呈和与众不同。

头一次自己出远门，头一次到异乡，头一次到一个全是陌生人和陌生景色的地方……这么多头一次让我有了成长的恍惚感。拒绝了父母兄长的陪同，连出租车都没有独自乘坐过的我打理好行装乘上飞机，历经两个小时，只身一人从南方的小海岛来到北方的泉城——济南。走下飞机，已然是不同的城市、不同的景色。

我的家乡有着抬眼可见的蔚蓝色大海，大街上随处可见诸如福鼎肉片、光饼、四果汤的传统小吃。环岛公路穿过吱呀作响的临海风力发电机，海风徐徐，吹进海边人家的石头厝里，渔民在夜里撒下渔网，期待着第二天的丰收……四季在这里并不分明，仿佛只剩下冷热两季。我在这里成长了十七年，在第十七年的夏天，我来到了另一座可以是被称为我的第二故乡的城市。这座黄河边上的城市和我四面傍海的家乡截然不同，在这里我见到了前所未有的景观，体会到了不一样的风土人情。

我的眼中充满了对新鲜事物的好奇，仅在地理书中学习过的南北差异真实地展现在我面前。

这里四季分明。夏天，绿树成荫，夏末的凉风吹干了旅人脸上的汗珠，深绿色的叶片稀疏作响。秋天，树叶转黄，一片片落下，绿色渐渐消失，凉风缓缓输来冷意。随后就是最令我激动的季节——冬天。我像每一个非供暖区的人一样，观察着宿舍里的暖气片，伸手感受它的温度，享受着它带来的温暖，并为它带来的干燥所困。终于数着日子到了初雪那天，一大早我便带上早已准备好的"装备"去迎接我人生里的第一场雪。地面上盖着薄薄一层雪，仿佛撒在蛋糕上的糖霜，底下是一层被打落的黄色树叶。空气里透着冰凉的气息，手冻得发僵发疼，但我对雪的热情不减。等到雪渐小时，地上已经是一片厚厚的积雪了。我以雪为材，在雪地里进行了创作。雪后初晴，在阳光下，雪地发出点点亮光，白色的世界被点亮了。路上行驶着带"雪顶"的汽车，行走着和湿滑路面"斗智斗勇"的人。在这个冬天里最令我自豪的莫不过是未在与湿滑路面的"斗争"中打过败仗。不仅仅是分明的四季，这里也有着我从未见过的天气现象，如霜、霾、沙尘暴、倒春寒，等等。

为了探索不一样的风景，我曾与伙伴到泉城各处去游览。见到了紫薇口中的大明湖，湖中绿波荡漾，木质游船置于湖水中央，垂柳随风飘动，游人来来往往。我们还在去往千佛山的路上偶遇一位山东大学的退休教师，老爷爷热心地带我们到达千佛山景区。只有游览过了千佛山才能明白千佛山这个名字的真正含义。卧佛、坐佛、金色大佛、佛像石窟、半山腰上的庙宇都让我感受到了佛教文化的魅力。一边观佛一边逐级而上，终于是和好友或拖或拽地爬上了千佛山山顶，微风拂去了全身的倦意。四处望去，是或高或低、错落有致的楼房，颇有"一览众山小"之感。

不仅如此，我还浅尝了未曾亲眼见过的特色美食。早已久仰大名的山东大葱、钙奶饼干自然是不会错过。我也尝试了闻所未闻的糁汤，并最终成为学校食堂糁汤窗口的常客，还有将主食与小吃相结合的淄博烧烤也令我食指大动。值得一提的是，这里大多以馒头为主食并且不带例汤，这对一顿饭一大碗汤的我来说是个巨大的挑战。在不同地区饮食习惯的碰撞下，我经常与舍友们互相交流，大家分享着不同的饮食习俗。饺子蘸什么？或番茄酱或醋或蒜。冬至吃什么？或饺子或汤圆或咸食。馄饨或大或小，豆腐脑、粽子或甜或咸。还有万能的饺子，可以在各个节日中出现。

但在面对这些不同的地域文化时，我同样也面对着学习、生活上的转变。

早在高中时期幻想高校生活时，我就已明白，在不久后要开始的四年生活中，我需要面对的是更多的艰辛和磨炼。远离父母，独自生活，我必须做到独立。偶尔的一个深夜，我辗转难眠，思念着一千多公里以外的家，思考着我的过去、我的现在、我的未来。我回忆起从前的我。从前的我，是一株家养的花，禁不起风吹雨打，在父母的庇护下成长，时而张扬地亮出身上的尖刺，顶撞、叫嚣。我联想到现在的我。现在的我，独处异乡，似乎是在努力改变着什么，伤感突至。我展望未来的我。未来的我何去何从？拥有着一份什么样的职业？过着什么样的生活？我想了很多，夜深无眠。

有时，走在绿树成荫的小路上，看到四周的人和景致，匆匆忙忙的早八人，闲适漫步的情侣，安静雅致的银杏林，喧闹的篮球场……无一不让我感受到了年轻蓬勃的气息。在这座校园里，我们可以尽情地展示自己的才华，释放那颗年轻的心。多种多样的组织、部门，丰富多彩的活动，无一不让我心驰神往。自由地加入社团、组织、部门参与活动，这是高中时期不能做到的。于是早在暑假期间，受到多种多样文创产品的吸引，我报名参加了学校团委青年媒体中心的暑期实习活动。制定推送策划，制作推送封面，绘制文创产品插图和漫画，对于我来说都是新鲜事物。这让我明白了一篇推文产生的背后，是作者、编辑和设计努力的身影。设身处地地体会到了运营公众号的不易后，我会更加用心地去阅读其他公众号所推出的内容，会去细细揣摩推送制作人藏在图片和文字背后的深意。在青媒工作的过程当中，我也学会了许多，如使用PS软件及其他绘画软件。不仅如此，我也曾在I-TAL团中进一步了解了PS软件的使用，也曾参加119消防月活动学习消防知识，也曾与全班同学一同在合唱比赛中歌唱伟大的党和祖国……

但对于在校生来说，学习莫不过是头等大事了，可是我的学习是茫然的，没有方向的。高中的学习方法在大学已经不再适用，我如断了线的风筝四处摸索。每天随同学坐在教室，但对于老师讲的话如掠过耳旁的风。也许是被突然到来的高校自由的生活冲昏了头脑，也许是因为生活上不受人管束，我开始随心所欲、自我放飞了。身受手机的支配，放在床边的书却是许久也没有拿起来过。有时悲伤或压力突至，便随意放肆一把。我似乎迷失了自我，仿佛生活中已没有了学习。当刺目的成绩单出现在我面前时，心中十分懊悔，深知自己当做出改变。

跌跌撞撞，一个学期就这么过去，2021年下半年仿佛很漫长。我经历了许多，完成了人生中的一场大考，开启了人生的新篇章，做到了我不曾想过的事。回首望去，一切皆在繁花烟云中。往事已定，未来一切皆有可能，愿能在繁花中灿烂，烟火中辉煌。

辅导员评语

初来乍到，这里的雪是陌生的浪漫，这里的糁汤是踏实的温暖，你在这座不熟悉的城里悄然行进，丰富的技能慢慢为你镀一层金，无眠的夜也让你清醒地思考人生，自由是所有人不可抛却的渴求，希望你能在约束中寻觅真正的自在天地，在努力后收获一个无悔的人生。

青云路之济南

方　敏

"我思故我在"，我认为每个人每天都需要去思考。而从开学至今，我致力于找到最好的生活平衡点，所以也一直在思考与总结，我享受独自思考的时刻。回首过去的一个学期，写下这篇"三千字"，潦草记录我这一个学期的各种印象较深刻的思考与总结。

被山师录取，雀跃又忐忑，而没能进第一专业物理还挺意外的，这可能会成为我一生中的一个很大的遗憾。当然，既然进了第二专业地理科学，就随遇而安，希望意外能变成惊喜。

在军训过程中，我们的尹教官说，不想我们走他走过的弯路，所以总是给我们讲道理和经验："能一次做好的事就不要做第二遍。""是金子总会发光；是金子到哪都会发光。""要抓住机会啊，有些话我们不是没有原因就说出来的，其实是在提示、暗示你们，所以要'听话'。""学会辨别。"……在尹教官那里我收获了很多，很感激能遇上这样的学长教官。

从报道那天的火急火燎，到选择加入社团时的无措，再到在自律检察中心面试中的极度紧张失态……这一系列的事情都让我深刻地认识到自己遇事时总会慌张，在不熟悉的人群前、优秀的人面前容易露怯失态，这真的是我一个极大并必须要改正的弱点。当自己准备充分、有足够的经验经历，就不至于遇事慌张；当变得足够优秀，便不会遇强即怯。

因为喜爱，我加入了院排球队。我很开心每天都有球打，每天都能享受运动后的舒畅。因有兴趣和热爱支持着，所以更有动力、更欢乐，我练得很勤奋，十分享受也怀念天还热时在露天球场练球练到汗流浃背的感觉。当然刚开始时，要拾起本就不太好的球技也有难度，尤其是把与有思想、有温度的对练小伙伴换成冷硬的水泥高墙，刚开始总是不行，后来才慢慢地能连着颠几个球。努力后成功的甜蜜使我倍感幸福。后来也遇到过小瓶颈期，以至于出现厌烦的心理，而后我决定先调整一下，放松一天，结果就真正进步了，有了球感，真的很快乐。所以当遇到瓶颈或一些难解决的事而烦闷时，不妨先停下脚步来沉淀，再以更好的心态来突破它。打硬排让我痛并快乐着。这样持续努力、一点点突破、慢慢进步的节奏真是舒心又踏实。

在学习方面，总结后，我得出了结论。我的安排不够合理，对于有难度的高数和重要的英语，平时应花更多时间在它们身上，专业课则需要注重理解，最后考试周更应全力以赴去冲刺。而对于总觉得时间不够用的情况，我想，时间是挤出来的，把不该浪费的时间充分利用上就会充实很多。也许人的差距就是这么出来的，年轻人就该积极向上。写到这，我就想起我总是把很多时间花费在浏览手机的各种不必要的信息上，例如刷小视频等。但是我们看到的，都是别人的生活，我们应该更注重充实自己的生活。而且，相对于虚拟世界，我们不是更应该注重现实世界吗？

学校是个大家庭，有来自五湖四海的同学，大家的差异迸发出别样的火花，很有趣。我也是出了省才知道南北差异有多大，像是南方有北方所没有的木薯，有不同于北方糯玉米的甜玉米……当然啦，差异也会造就矛盾，但是，有摩擦就有磨合，我们也会在这过程中成长。万千世界中，我们跨越0.00487的概率和彼此相遇，应当珍惜来之不易的缘分。

有人说"读万卷书，不如行万里路"，对于体会南北差异、两地差异这方面我深以为然。

作为一个地地道道的广西南宁人，来到山东济南来念书，我第一感觉便是这里的山很"秃"，在从机场到学校的路上看到这里的山时，这一想法一下就跃入我的脑海中。我们那边很少见到石头山，都是生长着常绿植被的土丘陵。

其次，便是两地的干湿差异大。我印象极深的，是乘飞机回家的那天，我忘了擦护手霜，手有点干裂，而在回到南宁后，那些裂痕却全数消失不见了，毫不夸张，南北干湿差异真的极大的。我们南方还会有"回南天"，到那时地面、墙面都会"流汗"，到处都湿答答的，晾晒的衣物可能一个多星期都不会干。而在济南，就不会有"回南天"的说法。

再就是饮食差异，我永远记得第一次在一餐吃的那碗馄饨，咸得我刚吃了几个就难以再下口了。这边的饮食普遍都更重口味（偏咸），而我们那边相对清淡，辣的、甜的菜也更常见……这边有很多饼，比如馅饼、煎饼果子之类的，却未见我们那边常有的甜糯糯的糍粑，在济南读书时真是想得紧了。最后，便是这边多食面，而我们那边则多食米粉，尤其在这边我都未曾看到我们那边的扁粉，只能看到米线。

和很多同学一样，我们都是第一次这么长时间地离开家乡，难免会有思乡之情。我一直都知道自己的家乡——广西很美，我也诚挚地深爱着壮美广西，它孕育了我，也是我的心之所向，也是我的归宿，无可替代。世界很大，但我也只是出去看看便回家。来到一个陌生的城市，接触一个陌生的环境，我心底对家乡的炽爱酝酿出浓郁的思乡之情——想念终年青绿的南宁，想念南宁的米粉（老友粉、螺蛳粉、生榨米粉），想念南宁酸野，想念家乡的人和事物……当然，有些东西也不是在济南不能尝到、做到、看到的，但和在家乡总归是不一样的。

老师们常说，出了学校，你就代表了学校；出了省你就代表广西……没有亲身经历过某事物的人们，总会从"有经验"的别人的口中去了解它。所以，我的言行表现也很重要。直至现在，很多很多人对我的家乡广西仍有很多误解甚至是偏见，所以我很愿意也希望能多宣传大广西的美。但是呢，我也是出来才发现，自己对广西也是知之甚少，很惭愧，也进行了反思，我应该主动去更多了解自己家乡的；而当我们身在济南，也应主动去探寻济南的美，不枉自己曾在这。上学期，我出校逛的次数屈指可数，值得一逛的地方也才去过大明湖、宽厚里和大学城，这的确需要深刻反思，青少年不该这么懒，该多出去走走。

最近关注了"天才少女"谷爱凌，她曾说过："我现在做的事情都是有兴趣才去做的。"我也觉得，建立在兴趣之上的努力更容易成功；"我学习时百分百地学，滑雪也是百分百地滑。"我想，这大概是她成功的原因，做一件事就以百分之百的投入去做。

努力使自己更优秀吧，"华丽"返乡，做"漂亮"的贡献。

辅导员评语

看得出来，你对自己的家乡广西有着非同一般的深厚感情，那么，愿你能够在济南苦苦耕耘，然后学成归来，为你心心念念的壮美广西做"漂亮"的贡献，为你无可替代的归宿创造应有的价值。勇敢迈出第一步，如你所言，难，但会成为你辉煌人生的起点。

我的大学在济南

陈 洁

这一年的夏天，我很庆幸我填报了一个离家几千公里的学校，这次离家是我正式走向独立的开始，并且让我更自由地体验了一个全新的城市。

第一次独自乘飞机到一个如此遥远的城市，对我来说，济南是一个完全陌生的地方，而且在此之前我也没有去到过任何一个北方的城市，我对济南仅有的印象也就只有老舍的那篇《济南的冬天》。

当真正抵达济南的时候我心底生出了一种预感，我大概很难爱上这座城市。从机场到学校花了三个多小时，时不时堵车，红绿灯还特别多，公交车走走停停，慢得让人心烦意乱。第一天就体验到了不如意的交通，所以我对济南的初印象确实不好。公交车窗外的远山上没什么翠绿的植被，一座座山丘都是秃了头的，这和我们南方的山大不相同。在南方，山上布满了葱绿的植物，在烟雨中有浓浓的云雾缭绕，充满了生机和绿意。看了北方的山我心中只生出了一个"荒"字，怪不得写文章的人总用"萧瑟"来描述北国。

终于到了山师，下了点小雨，明心湖上烟波飘渺，微风吹动了湖边的柳条，一派婀娜动人的景象！校园绿树环绕，清新优雅，独特的博物馆也让人眼前一亮。报道时我得到了志愿者们很多的帮助，你知道，一个独自远行的人如果收到了一些善意的援助真的会感到巨大的温暖，于是在学校收获的小幸运让我和之前的不愉快和解了。

极大提升了我在山师生活幸福感的一件事就是我斥"巨资"购买了一辆"小电驴"，这让我获得了更多睡懒觉和慢悠悠进食的时间，能精准地踩点上课。重要的是我还幸运地骑电动车进入过济南园博园，像我那样自由地骑电动车穿梭在济南园博园的人应该也没有几个吧，我窃喜着呢！那时正好开着很多粉色和白色的波斯菊，偶尔有微风吹来，小花海掀起波浪，我把车停在路边，咔嚓！这一刻的风景定格在我的相机。到了湖边，我看见岸边的柳条垂到湖面，起风时轻轻撩拨着湖水，水面泛起浅浅的波纹。我耳机里放着周杰伦的音乐，没有人的时候我就大声跟唱，骑着电动车用蛇形走位在园博园穿梭，迎着风，看阳光下动人的树木花草。

周末计划去到的第一站是趵突泉和大明湖。在泉城当然要看泉，趵突泉公园里的泉都是清澈见底的，水里的鱼真有一种"皆若空游无所依"的感觉。当时是蒙蒙细雨的天气，但公园里的水流没有任何浑浊的感觉，即使水很深还是清亮透明的。当我看到真正的趵突泉泉眼的时候，感觉特别神奇，就好像有人在地下安装了一个水泵一样，泉水不断地涌上来，形成了三个白色的水球。我趴在围栏上还能看到大大小小的气泡不断从水底涌上来，这是我第一次看泉。那儿还有错落的参天的古木，还有红墙绿瓦、水榭楼台，那天正好细雨如烟，让人以为误入了江南。游完趵突泉出来，我坐了门口大爷的小花车来到了大明湖。那时荷花都谢了，只见了满湖的荷叶，希望我下一次再来时大明湖会开满明艳的荷花，好让我体验一番乾隆邂逅夏雨荷之时的人间美景。

晚上我去到了曲水亭街，那儿好像能让我窥见一些老济南的影子，热热闹闹的人间烟火气，让人觉得济南是一座中古的小城，是离嘈杂都市很远的地方。晚上的曲水亭街格外迷人，灯光和水影交互，小桥流水旁的人家种了很多花草，开的最好的当属月季，淡黄的、粉的、红的，娇艳极了。偶尔会看见一两个大爷搬个小凳在门口聊天或者下棋，画素描的大叔正在给一位年轻妈妈怀里的小宝宝画像，还有个老头正在街口悠然地吹着口琴，在这里遇见的人和景色都充满了济南独特的市井气息。我好像知道了老舍所描写的"有睡着了的大城楼，有狭窄的古石路，有宽厚的石墙城，环城流着一道清溪，倒映着山影，岸上蹲着红袍绿裤的小妞儿"那个境界了。说到济南的街我还去了宽厚里，那儿其实更有商业气息，有很多小酒馆和酒吧，人群熙熙攘攘。我去了一个我初中时期第一次看大冰的书时就想去的地方——大冰的小屋，那天的驻唱歌手唱了周杰伦的《晴天》，我开始想念中学时期的我们，那时我们相互传阅大冰的书，神采奕奕地谈论未来的旅行，那时的我不会知道我后来会一个人来到山东，真的到了书里无数次提到的"大冰的小屋"。

随着气温降低，我真正感受到了济南的秋天。济南的秋天和我见过的任何一个城市都不一样，我从没有见过一个城市的树叶黄得如此整齐，山上还会有大片的红叶，真的就像秋天的童话。我趁着济南的秋色去了一个充满禅意的地方——灵岩寺，寺前有两棵千年银杏，银杏叶金黄得像是如来的佛光，地面和台阶上已铺了厚厚一层银杏叶，大家都弯腰捡拾自己觉得最好看的叶子，树叶被秋风吹得簌簌地响，风大的时候，像几百只蝶飞落。在灵岩寺我不止看到了属于银杏的秋景，还看到很多大大小小的佛像，仿佛菩萨都活灵活现地出现在我眼前，就像他们都在与我对话。我虔诚地许愿，我知道菩萨一定会听见我心中所求。整个空气中都是秋和禅意，我随手拍的照片让南方的同学们羡慕不已，纷纷让我把秋天邮寄给他们。于是我到学校后就去买了信封和邮票，把千年银杏的叶和我的祝福寄往远方，让他们可以触摸到济南的秋意。

济南令我着迷的还有它独特的文化气息，我想把山东博物馆评为人生必去的博物馆之一。从战国到清朝，一件件文物仿佛给了我一个连接历史的纽带，虽然我不能触摸到，但当我看着文物上的花纹和裂隙就能想象出它是怎样的质感。几千年前的东西现在在我眼前，而几千年前它又在谁的手里？它身上是否有没有人知道的故事？这种感觉真的很神奇。山东博物馆旁边就是山东美术馆，我第一次感觉自己离艺术这么近，稀奇古怪的雕像和有关各个时期、各个地区和民族的画作带给我无限遐想。印象最深的是一个名为"超然楼"的设计，这个楼的模型是建在地面上的，上方有一面斜放的镜子，我们坐在地面的楼上从镜子中看我们好似坐在危楼之上。山东美术馆真的新奇又有趣。说起文化气息还不得不提济南中山公园的旧书市场，那儿到处是成堆成堆的旧书，纸板上写的是"十元三本"或者"五元一本"，守摊的老人坐在木板凳上听着收音机里放的小曲，有时会听到来买书的人和大爷讲价，山东话听起来有趣得很，还有些摊子没有人守，只是贴了一个收款二维码。在这种地方走一遭，会染上一身的书香气。

在济南度过的这第一个学期，虽然我没有谈到恋爱也没有认真地去交朋友，没有加入所谓德育分丰厚的社团，成绩也平平无奇，但我的大学生活在我眼里依然闪闪发光。那些我一个人去过的地方、看过的风景会让我的灵魂变得更加丰富和有趣。那么，希望我在接下来的大学生活中，该学习的时候认真学习，其余时间就去更多地方、读更多书、看更多电影，继续做自己喜欢的事情并享受其中！最后，很感谢我的大学带我认识了济南。

辅导员评语

"我们来到这个世界是为了看这个世界，花怎么开，水怎么流，太阳如何升起，夕阳如何落下……"是啊，每个人都有自己的生活节奏，在满是功利的人类社会里，驻足每一个落日余晖、街边花草、流水小巷、旧铺书摊，熙攘的人群中有了你的身影，济南这座城的过去和将来，也许会因此留给你独特的记忆。

回眸啊，再去仰望

邓稀文

"就这样长大了啊！"是我在高三成人礼那天发的朋友圈文字，每天二十四小时不多也不少，但是就这样一天追着一天，小时候觉得很远的十八岁很快就到来了。我那天给父母写了一封信，其中有着记忆犹新的故事和道不尽的感激，但因为自己还在高中的校园里，所以没觉得自己真正长大。后来高考很快到来，成绩很快就出来，大学很快就报考结束，甚至投档成功的消息也不经意间在手机上显示，和同学们聚了又聚……现在想想，这已是半年前的事情，我没有办法像诗人、文人那样描绘我感叹的时光流逝，我只会说时间过得好快，或是引用一些好词好句，习主席曾感叹道："岁月不居，时节如流。"

"上了大学就彻底放松啦！"学校门口的家长这样讨论着，不知道是在安慰孩子还是慰藉替孩子着急的自己，那不过是为了让孩子再咬咬牙坚持过那段艰苦的时光罢了，谁都知道学习是个长久的过程，但是给孩子一些精神上的希望或许能走得更远，就像是告诉他生活不止眼前的苟且，还有诗和远方。我知道上了大学之后还会面临考研的压力，还要面对社会上那些从未预料到的各种事情，或许诗和远方是可以自己定义的吧，或许那些艰苦努力、看似苟且的时光也可以绽放光彩。

"大家好哇！"各种活动推动着大家互相认识，我们遇到的同学来自全国各地，那些在电视上看到的各地景点，或许就是他们成长的地方。最先认识的舍友就是家人了，我们一起吃饭，一起买生活用品，一起讨论高中有趣的事情。女孩子嘛！当然还要讨论喜欢的男生、学院的帅哥啦……我们就像一个坚不可摧的小集体，干什么事都要黏在一起，遇到事情一起面对，我们慢慢地成为彼此在这所学校的坚实后盾。后来慢慢接触到班级，互相也都慢慢了解，我们的微信群名是"我曾四处徘徊，却发现四面都是你"，真的好喜欢这个名字！我印象最深刻的就是合唱比赛了，这个活动我们准备了很久，空闲的时间我们一直在排练，其实一开始大家都不怎么敢唱出声，我们看到别的班多种多样的表演形式，也会有一点点的气馁，所以我们拼尽全力试一试，尽量把效果做到最好，最后我们的大家庭获得了二等奖，我们真的唱得超级棒，每个人都唱出了精神气和力量，虽然我知道大二的时候我们可能会因为分班而分开，但我们都会在这一年时间里很认真维护我们这个家庭，让大一的生活温暖又丰富多彩。

"我是喜欢唱歌和弹钢琴的小邓。"我在游戏中这样介绍自己。从小到大我都被家人完完全全捧在手心里，他们支持着我做我喜欢的事，培养我各方面的爱好。因为是走读生，所以每天都由爸爸接送，很少一个人出门，就连和同学出去玩也没有自己一个人去过集合地点，更别说是自己坐车去别的地方了。第一次真正感受到自己的确是身在他乡是在军训期间的教师节，那天晚上我们到教室看最美十佳教师的直播，我看着山东卫视的节目，突然发现我真的不是在离家很近的地方了，济南到开封的距离不是生个病给老师请假就能让妈妈来接我，这里和家离得远到以小时为单位而不是分钟。后来我们被开学各种繁杂的事情包围，变得忙碌了起来，所有的环境我们都要一点一点去适应，第一次拿着手机进教室，然后把手机放在手机袋里再去上课，每天都要自己去买一日三餐……那天我和舍友一起去超市补充日用品，我站在货架旁边仔细挑选着洗头膏、洗衣液、卫生纸、沐浴露等，我发现这是我以前接触不到的事情，感觉自己就像一个家庭主妇，平时都是妈妈作为主力挑选这些东西，甚至大多时候是妈妈自己去超市买回来的。现在这些事情需要自己去做了。我们也开始选择划算的东西，那些我们以前考虑不到的问题一一浮现的时候，我们才敢直面自己长大的事实。

不过我很庆幸，身为山东师范大学地理与环境学院的一名成员，我遇到的同学和老师都很好，他们就像是我的家人一样。我也没有后悔成为地环青志协的一名小成员，平时我们会做一些给大家宣讲的PPT、美化校园以及宣传知识的活动。总之，和大家一起工作的感觉很有成就感也很幸福。

上半学期过得真的很快，这是我大学生活的八分之一，或许就是我在这个校园里的八分之一了，我坐在家里慢慢地回忆，我的辞藻不华丽，只是简单的语言，那些我表达不出的幸福，或许就在我描述的故事里。有的事情可能模糊地忘记了，但也有记得非常清楚、印象非常深刻的事情，是值得一辈子去怀念的事情。回眸后，让我有了再去仰望的勇气。

辅导员评语

对于每一个渴望活在青春年少里的人来说，高中，的确是可以用一辈子去怀念的日子。回眸过去，你在开封的某所高校里默默努力，收获着身边人的支持和鼓励，放眼当下，你在济南的这所大学里熠熠生辉，去追寻人生中的爱与被爱。那么，希望你的眼中永远澄澈明朗，永远在花一样的年纪里留下仰望星空的模样！

纵通南北，齐鲁之约

吴　睿

岁月不居，时节如流。一转身，大一上学期已经画上了句号，但经历的事情有些繁杂，令我不禁落笔写下些什么。

半年前我刚走出高考考场，刚告别灯火通明的高三教学楼，刚告别可敬可亲的高中老师，而步入大学校门的我离开温暖的广东珠三角，开始独自在外省生活、读书，迎接疲累而必经的军训，逐步认识新的班集体、来自五湖四海的同学……山东师范大学的长清湖校园于我而言，从最初的陌生到现在的初步了解。

犹记得2021年9月4日晚上，父母送我上宿舍楼，第二天他们便要启程回家。我本来心绪平静，只是对未知的生活稍感紧张。可在母亲转身离开前拥抱我的那一刻，我竟有些许鼻酸，出于作为新晋成年人的自尊和骄傲，我竭力忍住涌进鼻腔的酸涩，直到母亲淡出我的视野。我并不像初中刚住宿那样想家，相反，我并不是很想家，只是觉得少了许多依靠，须得更进一步地学会独立了。

初来乍到，不适应的地方其实是渗透在生活的方方面面的，程度也因人而异。我适应能力较强，而到外省读书也能让我长见识、开阔眼界，所以我的心态还算不错。不过，对自小生活在广东珠三角的我而言，习惯了清淡、新鲜的食物，偏咸、偏油的鲁菜让我的味蕾良久未能适应。鲁粤的食物偏好也大为不同，我目前仍不能像山东舍友那样日日以吃大饼为乐趣。学校饭堂里的美食是比较多样的，但还是有着浓厚的北方饮食特色，比如面食居多——烙大饼的店铺随处可见；包子、馒头、饺子也随处可见。对于我这个南方孩子来说，面食只能是尝尝鲜，而不习惯多吃、常吃。

刚来到山东师大，最令我印象深刻的，就是山东师大的天地书声图书馆，那样的宏伟，即使是在漆黑的夜晚，通明的灯火也充盈着整座图书馆，天地书声楼像是漆黑的夜里、无垠海面上的瞭望塔，为万千学子指引前方。

我很高兴、很庆幸我的学校拥有一座高质量的图书馆，自小我便对图书馆有着一份特殊的喜欢，父母常常领着我进偌大的图书馆，可由于那时的我身高不够便只能在一楼的儿童区阅读。我小学时的语文老师本是一个途径我家乡的旅人，却对我家乡的图书馆一见钟情，便决意要"停泊"在这里，进而遇见她的爱人，组建了温馨的家庭。而如今我来到山师，成为一名山师学子，为山师感到自豪，因为这座天地书声图书馆便足以彰显山师浓厚的学习氛围。

有的时候我也会羡慕身边那些家在省内的同学，毕竟家在附近，回家是一件相对简单的事，他们需要适应的新事物相对于外省的学生更少。我是广东人，初来乍到，首先要适应山东的气候，照顾好自己的身体，毕竟生病也只能自己找办法解决，俗话说"人生地不熟"。但是，从另一个角度来说，我并非特别羡慕省内的同学。我很自豪我能独自出家门经历一段半脱离家人的生活，我想去外面的世界走走、看看，刺骨的寒风雨雪、炎热的骄阳烈日都是我人生里的独家记忆，日后等我和在广东念书的同学相聚，我的经历毫无疑问更为丰富。雏鹰总要勇敢跃离悬崖才能学会飞行，如果时光倒流，回到过去，我相信我依然会选择到外省读书，尽管每个人都会对舒适区产生依赖。

在大学里，我身边的同学都来自不同的地方，大家的生活习惯、思维方式都大为不同，这对我来说是非常有趣的。我可以在寝室和舍友谈笑时学上两句各地方言，身为广东人的我在不知不觉间学会了北方普通话的口音，来了仅仅一个月，微信里的语音解锁竟然已经识别不了我的音色！甚至有山东的舍友调侃我，说我说话有一股京味儿！而后与刚认识的山东本地同学交谈，其竟然没能听出我是个南方孩子，甚至夸赞我的普通话标准！

生活中的趣事更多。比如刚来山师的我去饭堂吃饭，让阿姨帮我盛一些黄瓜，我从小的习惯是：青瓜和黄瓜是两个品种。而在山东，青瓜就是黄瓜。阿姨指着好几个菜问我，我都急得摆手，幸好我的山东舍友前来解救我于"水深火热"。再比如，开学初总能碰到推销的，不管是在宿舍还是在路上。

在宿舍的多数是年轻的女子，普通话比较标准，而在路上的就不同了，我甚得大妈"宠爱"，前来找我的多数是大妈，叽里咕噜一通游说，浓浓的山东味儿，我愣是只听懂了几个字。我只好慌张地摆手说："阿姨我没听懂……不了，不了……"阿姨们听后就悻悻地走开了，通常这个时候与我同行的舍友们已经笑得极其放肆了。

在一个字、一个字写下这份期末总结的同时，我心里的大学、未来的轮廓似乎一点点清晰了起来。我来大学究竟是要学到些什么？我只是为了考研、成绩？我来上大学是来"镀金"的吗？或许每个学生都有自己的看法和追求，与我相似的或许寥寥无几，但是我觉得大学是一个不断提升自己的平台和阶段，不只是狭义的提高成绩，而是多方面发展自己，我可以不用大众意义上的"出彩"，但是我要知道自己在做什么、所为为何。

在上了大学之后，我发现自己容易"亦步亦趋"，一种孤独感油然而生。我看见身边的同学有的急于结伴、有的火速谈上恋爱，但是我却更习惯一人行，两个人未必不比一个人孤独。做一个特立独行的人，是我快乐的基本保障。

在大学里，许多事情都需要自己独立解决，生活和学习怎么协调、怎么安排也只能自己完成，老师是不会有精力关注每一个学生的。少了老师的督促和推动，我只能学会自发地、主动地学习，把学习完完全全变成自己的事。也许大学的培养目的就是把学生培养成一个更为独立、自主的优秀社会公民吧！

虽然大学生活的第一个学期过得懵懵懂懂，但确乎是有意义的。这个学期权当作探索了，后面的几年我要不断改进和反省。希望在大学四年里，我能过得有意义、有收获、有成长，不忘初心，不迷失方向，心志坚定地成长。

辅导员评语

广东与山东，一南一北，举手投足间皆是有趣的自然与人文差异，这里的人不分青瓜和黄瓜，但却与你一样，对图书馆有着独特的偏爱。你喜欢来到省外"冒险"，收获人生的"独家记忆"，喜欢独自一人徜徉，做一个特立独行的人，那接下来，就按照你的意愿去努力行进吧！心志坚定，不失方向，济南，定不负你所望。

师大，乘梦启航的地方

段雅菲

从江西到山东，跨越了1058公里的距离，我怀着对大学生活的憧憬来到了山师。我是来自江西的地道的南方姑娘，来到山师，我不仅感受着大学新生活带来的新奇感，还体会着第一次到北方来对万事万物的好奇感。但是到校没几天，没想到我就遇到了许多"困难"。

第一件事情就是学校发的银行卡我没有在老家激活，本来这件事可以直接在学校里解决，但没有想到的是，我的身份证消磁了！所以在学校里我办不了，需要我到校外去。第二件事情就是学校贷款的事情，江西省的贷款是直接发放到我银行卡上的，但是我需要在截止日期前到英华楼把资料盖好章。也就是说，我还没有融入这陌生的环境里，环境就逼迫着我要学会自己"单打独斗"了。那时候的我手足无措，觉得自己就像刚放飞的雏鹰，羽翼才刚刚长出来，就要出去捕食了。但好在最后在家人以及老师的帮助下，这些问题都迎刃而解了。尤其是我的辅导员唐老师，从建新生群以来，就一直耐心地回答我的各种问题，帮了我很多。

我的军训生活就这样在多种"困难"中开始了。除了每天的正常训练外，我印象最深刻的就是晚上的"拉歌"比赛了。这一项活动是我以前从未经历过的。大家齐心酣畅淋漓地喊着我们的口号，把对方学院比下去的感觉真的让我开心和骄傲。七天军训过后就是正常的上课生活了。正常的大学生活与我的幻想还是有些区别，我没有想过我们还要早起早读。但每当站在寒风中听英语听力时，一抬头就可以看到皎洁的明月、光秃的枝丫，还有天边紫色的霞，心情在那一刻也变得愉快。大家一起努力的样子更让我觉得大学不是放松与玩乐，而是另一种开始。在学院的安排下我们还有晚自习，晚自习的黄金两小时确实是我最认真的时候了。

　　除去早操和晚自习，学校每天的课不多，但每一节课的时长很长。大一上半学年体育课一直是我的重点攻克对象。我选的是健美操。健美操配乐节奏快，做的动作多，且需要肢体配合好，而我总是记不住动作，所以经常跟不上拍。但是我没有因为难就放弃了。平时我认真学习动作，临近考试周的时候，我和我小组的同学抽空就练习，最后在期末取得了一个还算不错的成绩。而关于专业课的学习，自然地理学的课外实习最是新奇了。李老师把我们带到校园一角，让我们观察裸露出来的土壤剖面，把课本上的知识应用到真正的环境里，不但能让我们更好地理解知识点，更能让我们把知识牢牢记住。

　　山师食堂里丰富多样的美食，牢牢地抓住了我的胃。地处山东，食堂里的面食特别多。山师大骨面，我百吃不腻。它的面条筋道，盖在面条上的料充足好吃，再多加一个卤蛋，点缀在旁边，不愧是网红名面！还有二餐的美食街，每个铺子窜出的香味，让人难以抉择，每餐吃什么，是我一天中最难解答的问题了。

　　除了按部就班地上课、生活，社团纳新的活动也非常吸引我。我第一个面试的部门是记者站，那也是我人生中的第一次面试。之后，我就光荣地成了一名小记者。后来我还参加了其他的学生会面试，但很遗憾，没有通过。进入部门后，师姐们就是我的指导老师了。我特别喜欢小崔师姐，她总是特别耐心地回答我的问题，教我一些摄影的技巧，还会认真评价我拍的照片，时不时地鼓励我，这真的让我信心大涨。之后我还报名了通讯员纳新的考试，我特别高兴自己可以通过，这样之后就可以不断地锻炼自己的文笔，可以直接接受专业老师的指导了。

　　越来越熟悉校园之后，我就会到处逛逛。学校真的很美。尤其是喷泉广场的两个小湖。湖周边都是柳树，微风一吹，枝条扬起的样子吸引了一大批摄影爱好者为之驻足。我还乘车去过千佛山校区，千佛山校区虽小，但它颇具古色古香的建筑，让人流连忘返。除了在两个校区，十一假期因为回不了家，我和小伙伴还去了济南的市中心。"四面荷花三面柳，一城山色半城湖。"这句诗用来形容济南，真是非常贴切。我与朋友游了趵突泉，看到三个泉眼涌出泉水的模样，觉得非常奇特。出了趵突泉景区后，我们又去逛了黑虎泉。

济南，与我印象中的北方城市真的不一样，满眼望去到处都是绿色，偶尔恍惚间我好像回到了江南小镇。

时间如白驹过隙，一转眼就来到了考试周。这是作为大学生迎来的第一次考试，而在考试前，我们不知道什么形式考，也没有所谓的往年例卷可以看。老师大致划了范围，我们就开始背。从早背到晚，一天当三天用。考试正式开始后，我们也发现，大学考试的试题没有高中的复杂，只要把老师讲的重点背过就可以合格了。

一个学期就这样过去了，我很幸运地遇到了一个很好的班级和一群很棒的舍友。在各班级的合唱比赛中，我们班级的同学们齐心协力，相互鼓励。在赛前网上有拉票的环节，我们铆足了劲拉票，最终得到了人气奖第一名！

我亲爱的舍友们，每个人性格都非常鲜明。"工作狂"副班李同学，在忙着学习的时候，还要处理各种学生工作。团支书彤彤和"小社恐"笑笑是追星达人，搞笑段子手。小宁同学是运动狂魔，参加了各种体育社团。数学爱好者格子，热爱数学，是我们宿舍的数学小老师。我们差异很大，但相处在一起却非常融洽，一直是一个有爱的小家庭。

总的来说，大一上学期让我感受到了高中到大学过渡的一个过程，让我从高中快速走出来，慢慢融入大学生活。考上大学后，我们不应该放纵自己，更应该努力，努力去学习新的知识，提升自己。山师，是我高中生活的一个结点，亦是我大学生活的起点，山东济南也将成为我永远不会忘记的地方。远行1058公里来到这儿，想对自己说一句话：命运对勇士低语：'你无法抵御风暴'。勇士低声回应：'我就是风暴'。"

师大，是我，也是我们大家一起乘梦启航的地方。

辅导员评语

相逢师大，幸甚至哉。身在他乡也会遇见温暖的人儿，不是家人的他们也十分亲厚，集体的生活欢乐不减，学习的时光倍加珍惜，嗦一口劲道的大骨面，偶尔和湖边的杨柳聊聊天，不经意间被这里的一切所感染，也许，我们下一次相逢还会互道一声：好久不见！

被光照亮，也要成为光

陈夏洋

2021年9月3日，第一次自己出远门，第一次自己在机场过安检办登机手续。当爸爸妈妈送到机场要回去的时候，我内心还是激动的情绪远远大于不舍，但谁能想到两三天后的军训能让我如此想念家！在从机场到学校的路上，跟司机聊天，听他说南北方的差距，听他说我们学校后面的山到了秋天就全是金色的，而冬天则是白色的，这让我这个南方小孩很期待！而我的大学生活也就在这满满的期待中开始了。

到学校之后的前半个小时给我最深的印象就是：怎么有这么多长得一样的楼！那时候我还和一起来的同学调侃说这么多楼以后上课都找不到地方。带着我们去宿舍的师姐也好温柔，一路上跟我们介绍我们路过的楼还有一餐二餐的美食。

到宿舍楼之后，我艰难地把两个行李箱搬到了五楼。到宿舍之后才知道还要自己挂蚊帐、铺床，住宿经历为零的我面对这一切不知所措。最后还是大家一起来帮我，才挂起一个歪歪斜斜的蚊帐。第一天就觉得大家真的都太温暖了。508宿舍也在2021年9月4日全员到齐。我们分别来自山东、福建、安徽、吉林、西藏，我们一起在十二点的时候唱生日歌，一起拍奇奇怪怪的照片，在拧不干衣服的时候两个人一起转一件衣服，一起打水、吃饭、拿快递……

第一次体验公共澡堂！这是南北方学校的一大差距了吧，其实这也是我当时填报北方学校的一大担忧。尤其是军训期间没办法错峰洗澡，每次排队都从地下一层排到了一楼走廊。刚开始还能和室友一起拿着脸盆边排队边聊天，到后面随着军训强度的加强，就觉得每天排队洗澡是一种煎熬，又想到之前在家洗澡的方便，所有情绪加在一起也就愈发地想回家，故而宿舍一度被思家的氛围环绕着，不过我们都坚持下来了！现在想起来也还是会佩服那时候的自己。那些以为坚持不下去的事情到现在都成了回忆啦！

军训结束后除了正常上课，对我们来说最重要的事情就是各个部门的纳新宣讲面试。从军训期间就有很多学生会部门和各种各样的社团来进行纳新的宣传，听完这么多的宣讲后，虽然我每个都不大知道是做什么的，但是又觉得都好有意思，都好想去参加。当然，尽管很感兴趣，但也不能盲目加入，所以后来我就在纳新群里自己了解，也找认识的师哥师姐询问。最后我选择加入了记者站，最大的原因就是自己喜欢拍照。在之后的相处中也发现身边的师哥师姐都很好，都是很温暖的人。即使出现问题也不会责怪我们，而是很温柔、有耐心地教我们如何解决。不仅如此，他们还在学习上为我们提供了很大的帮助，会跟我们分享上课的材料，会以自己的经历来给现在的我们提建议。现在不禁觉得自己当初的决定真的太对了！在记者站的第一个学期收获颇丰，不但学会了如何拍新闻稿的图片，而且也学会了写各种各样的新闻稿，从刚开始的一看到写稿任务内心就很抗拒到后来主动想写稿，这就是成长。看到自己第一次写的新闻稿被发在学校官网上真的超级有成就感！

社团骨干纳新的时候我参加了木心摄影社的面试。不得不说，参加过记者站的面试后就一点都不紧张了，所以而后也顺利加入了社团。在木心摄影社认识了很多有趣的人，也学到了很多技能，以及为人处事的方法。所以很幸福能加入这个大家庭。

大学生活跟高中不同的就是多了如此多的丰富多彩的活动吧！但是最重要的仍然是学习。而欣慰的是，期末考试我取得了还算不错的成绩，不过还是希望自己能在接下来的学习中继续提升，努力做到最好！

最后，恭喜我这个南方小孩在第一学期看了三次雪。一次在立冬，一次在平安夜，还有一次在期末放假前一天。不得不感慨济南的冬天怎么这么浪漫。堆雪人虽然很冷，但却很好玩，所以大家一直都对其很热衷，只要一下雪，学校到处都是小雪人。这才是冬天该有的样子吧！

身边都是很温暖的人，自己也要努力成为像他们那样温暖别人的人呀！要朝着有光的方向前进！

向阳而生，逐光而行，你真的很幸运，可以在自己所热爱的领域里发光发亮，温暖自己，也照亮他人。初入大学的画面在眼前展开，不论社团、班级还是寝室，每一帧都有你发自内心的微笑，谈及学习，你应该默默为自己骄傲，就是这样一种向上生长的力量，激励我们，彼此成为光！

循梦而行，向阳而生

张洁羊

坐在电脑前，伴随着指尖在键盘上跳跃的嗒嗒声，时间似乎真的可以随记忆倒流，回到了有点手忙脚乱却又带着无比期待的心情的开学第一天。

脑海里像是打开了一个大匣子一般涌现各种各样的记忆，我细细品味，觉得用"第一次"这个词语来形容我的大学初体验最合适不过了：第一次独自乘搭飞机去到外省求学、第一次参加一次辩论赛、第一次加入学生会、第一次玩雪……"第一次"的背后蕴含着的或许是"充实"一词，又或许是"挑战"一词，这段"第一次"的经历将成为我成长路上浓墨重彩的一笔。

远离家乡1600公里是一个什么样子的概念，在我收到山师录取通知前我未曾思考过这个问题，但当我看着中国地图试图衡量家里与学校的距离时，发现这已近乎跨越了大半个中国。这儿是南方，那儿是北方，这儿是我土生土长适应的地方，有着已经完全摸透规律的气候季节变化，有着闭上眼睛脑海里就能浮现出来的回家的路，有着吃多了嫌腻但吃不到却无比想念的家乡美食，而那儿呢？一切都是未知的，于我来说尽管满是不舍与留恋，但也是充满了无限憧憬的挑战。远赴1600公里的一个不曾熟悉的外省，也意味着给了自己一次去感受更大更多样的世界的机会，于朝气蓬勃的我们而言，我们就像是一颗颗蒲公英的种子，无论飞到哪儿，都能找到新的朋友、新的梦想、新的一片属于我们的土地。换一个陌生的城市，多一些经历，多一些挑战，多一些眺望，继续努力，继续成长，我们成长的足迹也将更丰富些。

打开大学生活的第一项挑战便是独自从家里到学校，这遥远的路途我只能一个人一步一步地去完成。当我坐在飞机上透过窗户看着我离家乡那片土地渐飞渐远时，离别愁绪渐渐将眼泪填满我的双眼，可我克制着，想要用憧憬、勇敢、好奇这些情绪来掩盖那份离别，这背后支撑着我的力量或许是"我已经是一个大学生了"这样的信念感，我应该要独立起来了，我应该学会自己去面对困难了；又或许是"循梦而行"这四个字一直铭记在我心中，时时提醒着我，我在逐梦，我离梦想又更近一步了。当我顺利到达学校时，发现其实没有那么难，这一路，我不仅仅收获了成长，突破了自我，更是为大学生活拉开了一个美好的序幕，一个好的开端也让我对未来在山师的大学生活充满期待。

军训，这是我大学的第一课。军训的前一天晚上教官便给我们开了一个小会，他铿锵有力地说道："除了呼吸，其他任何的动作都需要打报告。"短短一句话，就让刚刚踏入大学大门的我感受到了严肃与严厉，当时的我心里正默默地想着我要努力去体验它、适应它，不留遗憾地完成大学的第一课。但是当一次又一次在坚硬无比的水泥地板上站军姿，一次又一次重复训练摆臂，一次又一次用不太协调的肢体、又害怕出错的心理去完成每一次训练时，我发现当初想要努力去体验它的想法早已被腿脚酸痛的感受所掩盖。可当晚上休息和其他营队拉歌联谊的时候，我突然觉得在这样一次有着军训严明的纪律和清一色的迷彩服，有着山师运动场上的日升与夜晚的清风，有着高亢激昂的军歌对唱，在最好的年纪打开一场与山师的相遇，是最合适不过的初次见面方式了。在一次次口令里，品尝大学生活的五味，也让我意识到未来的生活就和军训一样，是辛苦与享受，是汗水与收获并存的，最后以一个"优秀军训生"的称号完成了我入学的最后一次军训，也算是一个不留遗憾的结果了。

"每一次抉择，都期待一场苦尽甘来。"在多姿多彩的社团机构纳新时，我选择了加入学生会。在我做出选择前，我已预料到它会占用我的时间，会增加我的压力，但我还是坚定地选择了加入。因为我想试一试，想去充实自己，因为我在等待一场苦尽甘来。最后通过笔试和面试，我顺利地进入了学院的学生会，去了一个工作比较严肃、重要、细致的负责竞赛的部门，在这里我认识了一群优秀的师哥师姐和小伙伴们，在一个积极向上的大环境里，我们互相帮助，传授经验，齐心协力为同学们服务。这份工作无疑让我的大学生活更加的充实和有意义，在一次次或大或小的任务里我的能力得到了潜移默化的提高。

"辩论"这一词让我首次产生兴趣是在电视节目《奇葩说》里，我也一直敬佩站在辩论场上的每一位辩手，他们站起来和对方进行激烈的对抗时，似乎每一个人的身上都在闪闪发光。大学的我也成功体验了一番当辩手的感觉。每一次辩论前都需要查阅大量资料，因此看待事物的多角度性，对不同看法的包容性在每一位辩手身上体现得淋漓尽致。我虽然只打了三场，却已深深地感受到打一场比赛背后的艰辛以及站上赛场时的那种无助与胆怯，因为在你知识储备不够充足的情况下很难去临场反应攻击对方，这也让我明白了什么叫作"不打无准备之仗"，没有一个胜利是可以轻易得到的，背后付出的是别人看不见的努力。或许这就是扎根，这就是沉淀，为的是冲破土壤发芽的那一天。

这半年的生活，我不仅仅是来到了山东师范大学，我更是来到了一座城，来到了"四面荷花三面柳，一城山色半城湖"的泉城济南。这儿离家离家人很远很远，每逢佳节我常常会羡慕朋友圈里在离家很近的地方上学的同学，对爸妈的想念一瞬间涌上心头，可未来四年，我都将在这里度过，我想我应该把她当作我的第二个"家乡"，所以我要像爱我的家乡一样去了解、去感受这座浪漫的城。节假日里和舍友们一起去一睹水光潋滟的大明湖，一起漫步在满是烟火气息的曲水亭街，一起登上解放阁眺望这座济南城……每到一个新的地方都会满怀欣喜地拍下一些照片和远在家里的爸爸妈妈分享，告诉他们女儿在这第二家乡过得很好，很快乐，也有了很多新的体验。我想，这也是在离家近的城市上大学的同学羡慕我的地方吧！

时间无情，它飞快流逝，时间亦有情，总会在流逝的同时留下关于一些人与事的痕迹，化作永存的回忆，可回忆不仅仅是用来咀嚼过去的，它更是推动我们前进的力量。回首过去一学期，虽然我没有碌碌无为，无所事事，但却仍然没有达到我所期待的样子，会有克服不了自己惰性而拖延的时候，会有想得过且过的时候。我希望未来的我，时刻将"循梦而行，向阳而生"这八个字铭记心中，慢慢地改掉现存的坏习惯，带着梦想，面朝太阳一直坚定地前行，把从军训里学到的精神，从辩论赛里感悟到的道理一同带上，他们不仅仅是一次弥足珍贵的尽力，更是一笔无法用金钱衡量的财富，亦是能量、初心、动力。生在竞争如此激烈的时代的我们，成为循梦而行的前进者，向阳而生的奋进者，方能成就更好的我们。

下一学期会更好！

辅导员评语

"尝试"，需要莫大的胆量和底气，跨越千里来到山师，对你而言，本身就是漫漫人生途中的一声惊雷，以一个"大学生"的身份重新面对生活和学习，等一场淋漓的风雨，也许是为了"运动场上的日升和夜晚的清风"，也许是为了辩论场上的"唇枪与舌战"，总之，循梦而行，一直追，就一直无悔。

千里外的美好探索

江生梦

从录取结果出来的那一刻起，我就对山师的大学生活充满了向往，虽然没有被我最喜欢的专业录取，但地理也是我比较感兴趣的专业。通知书也充满了惊喜，设计精美独特，详细的报道流程让人很安心，还有图书馆的介绍等，这让我更加期待开学。

军训是新生开学的惯例，但因为延迟开学，我们的军训时间少了一周，军训虽然很辛苦，但也很欢乐，教官很幽默，同学很友好，有师哥师姐们表演，老师也会时不时地来看望我们。这期间也有让我迷惑的时候，就是师哥师姐们对各个组织、社团的介绍，每个都很诱人，哪个都想参加，但又不知道自己到时候忙不忙得过来，所以一时不知道自己该加入哪些社团……

军训结束那天我们就领了新书，这也意味着大学的学习生活正式开始了。对于不太自觉的我来说，上课和上自习交手机这项规定简直是为我量身定做，上交手机之后我能静下心听课。早晚自习也可以静下心来规划一下未来。

当然，一个学期下来，最终还是要通过期末考来测试一下学习成果的，而一张试卷打醒了我，让我在临近期末的重要时刻不再浑浑噩噩，虽然最终成绩没有挂科，但并不高，所以下学期我一定要端正学习态度，加强自律，好好学习。

大学生活中总得有几个自己交心的朋友，在大学里和自己最亲近的人莫过于自己的舍友，因为几个人天天都在一起，六个人不多也不少，生活中很多琐碎的事都靠舍友帮忙，就像我们班好多事情都是以宿舍为单位管理，虽然大家性格各异，但总有共同爱好，带饭时会记得谁不吃香菜，谁不吃葱花，谁不吃辣，在离家很远的地方上学，不方便与家人倾诉的烦恼就向舍友说说，虽然有些时候会出"馊主意"，但总比闷在心里好。最感动的是在我打篮球赛时她们五个人都去为我加油，虽然拍了我很多丑照；有人参加辩论赛时，我们都会报名去观看她们的雄辩时刻；有人主持时，我们也会疯狂发"主持人小姐姐好美"的弹幕；有人过生日时我们会提前偷偷准备惊喜……总之，在学校里宿舍就是我的小家，舍友也是我的家人，我也很荣幸成为我们宿舍的快乐源泉。虽然家离学校三千多公里，但在宿舍里我感受到了北方舍友热情豪爽中的温柔，南方舍友温婉中的霸气，虽然我们只相处了四个多月，但我们总觉得已经遇见了很长时间。即使假期回到自己家里，我们也还在每天联系着，分享着自己家乡不同的文化，大家都羡慕厦门的冬天很温暖，羡慕我们云南五颜六色的花……

从云南到山东，文化和饮食差异还是有的，连气温都因将近11°的纬度差而产生差异，我们的主食都以米饭为主，但北方的主食多以面食为主，不过四个月就胖了三公斤的我肯定没让肚子受过委屈，谁让我们学校是著名的"山东吃饭大学"呢！食堂多到名字数不过来，菜品很多，面条也很好吃，一餐吃腻了吃二餐，价格还很合理。除了饮食，差异比较大的就是气温，特别是今年的秋天格外的短，学校里的大树早已秃头的时候，家那边还开着花，银杏叶才刚刚黄，袄子也比以前的厚了很多，不过家里室内室外一样冷，而这里的宿舍比家乡暖和，这是我第一次见的暖气片的功劳。最激动的还是下雪天，虽然从小到大我见过三场小雪，但那都不值得一提，11月份的那场大雪属实给我激动坏了，人生中头一次见那么大的雪，连融化都需要一周，之后也下过小雪，但远远比不上第一场，不得不说北方是真的冷。

大学生活是多姿多彩的，各种活动和技术都值得去参加及学习，因为我比较喜欢运动，所以选了排球队。这可不是件容易事，每天都要去训练，虽然以前接触过排球，但那都只是皮毛，进入排球队，就从最基础的颠球开始。一开始觉得很枯燥，手臂颠得又紫又肿，但每次只要有点进步就会很开心。现在的我不仅球技有了很大的进步，手臂也不肿不紫了。师哥师姐们也很好，会耐心地教我们每个动作，会鼓励我们，安慰我们；队友们也很暖心，每次都互相关心，共同提高。这个过程虽然累了点但我很快乐。

大学是人生的关键阶段。第一次离家很远；第一次不再把高考作为终极目标；第一次不再只背诵理论知识而是结合实践……但走出校园踏足社会后，大学生活又变成了最后一次，在这个阶段里，我会认真把握每一个第一次，也会好好珍惜最后一次，在离家几千里外的地方慢慢成长，把握当下，不让自己后悔。

辅导员评语

　　不得不说，与云南相比，山东在某些方面的确是有些逊色，它不及你家乡的花开得久，也不及你家乡的气候温柔，但它带给你的，却刚好是一场期盼已久的飞雪，刚好是一群活泼可爱的人。大学生活还有很多值得去探索，如你所言，"认真把握每一个第一次，好好珍惜最后一次"，把日子过得简单充实，把自己活成想象中的样子。

和解过往，奋斗未来

宋亚丽

时光匆匆，岁月荏苒，大学的第一个学期，就这样悄然地在憧憬与新奇中飞逝而过了。在这半年里，我告别了高中生的稚嫩与懵懂，逐渐有了大学生的稳重与独立；我开始对未来的生活充满期待与向往；我学会了自我审视、反思与总结，并从中吸取经验与教训，不断前行，和解过往，奋斗未来。

回顾自己走过的路，我深刻地感受到自己身上的优势和不足。自小至今，我一直都是一个愿意努力的人，我明白努力不一定会有相应的回报，也明白有时后天十倍的努力也难以超越一个本身具有优势的人，但相比自暴自弃，我更愿意无怨无悔。我曾是一个在大事面前总掉链子的人，无论小考、中考，还是高考，每次我都会不出所料地考差。以前总在抱怨为什么命运如此不公，我明明已经如此努力了啊！后来才发现，有相同经历的，何止我一人。于是，我接受了事实。所以我在做每一件事之前，都会付出更多的努力，因为我明白"求上得中，求中得下"。

如今上了大学，虽说压力不如高三那么大，但身边努力的人还是非常之多。图书馆和教学楼走廊里，随处可见的勤勉读书人，他们让我知道，大学既不是游乐场，更不是养老院。在这个人才济济的地方，若是不努力追赶，在玩乐中失去自我的方向与动力，那也只能沦为平庸之辈。

大学第一个学期于我而言，虽然有些许慌乱和无措，但基本上能掌握好学习和生活的节奏。由于上学期对专业的学习方法和态度有些偏差，以至于最后一个月的复习让我痛苦至极。这时，我才明白平时的积累是多么的重要。两门专业课的擦边而过，激起我心中强烈的危机感。加之，我选了一个自己不太喜欢的专业，这也令我无所适从。当然我也深知，这并不能成为我学不好它的理由，一切还是因为我自己不够努力和认真。自第一次上课，我就一直有着转专业的想法，我大致了解过转专业的要求，对于我来说确实很难，身边很多人都劝我不要做无谓的挣扎。的确，连我自己都在怀疑自己。就这样，我一边急于证明我的能力，一边却又把生活过得浑浑噩噩。有时还会为自己开脱：明明只有把这个专业学好才有机会转，而自己本来就不喜欢这个专业，却还得硬着头皮去把它学好，既然我都有能力学好，我还转它干什么？可是我的内心却依然悄悄地企图这一次成绩能够不错，我拼命地背书，最后发现临时抱佛脚并不能让我有多大突破，现实给了我一记重重的耳光，打醒了我，更鞭策了我。成绩已成定局，但不代表我的结果不能有突破，虽然概率微乎其微，但下一次的我，绝不会再放纵自己，无论怎样，自暴自弃都是不对的想法，就算无法转专业，也要努力在自己的领域争取属于自己的光！

大学的课程和学习方法的确和以前大不相同，难度的加深，数量的增加，教学方式的改变，让我的学习之路变得困难重重。从前总有老师督促我学习，每个月都有考试来检测是否有退步，而大学只有一个期末考。这就要求我们在课下的自学能力要提高，否则就很容易在不知不觉中被其他努力的人默默赶超，正如一句话："学习如逆水行舟，不进则退。"就比如地理课，它并不像数学和英语一样，基本每个星期都有相应的题目去练习和背诵，而地理作业很少，虽说考的是上课讲的，但是由于不布置作业，随时间的流逝，知识也从我的脑袋中滑走。因此，要想学到真正的知识和本领，除了拥有勤奋刻苦的学习精神之外，还要适应大学的学习规律，掌握大学的学习特点，选择合适自身的学习方法，课前预习和及时的课后复习也必不可少。

大学的学习既要掌握比较深厚的基础理论和专业知识，还要求重视各种能力的培养。因此，我积极报名班干部的竞选，也报名了大学生创业孵化基地职位竞选，但是都落选了。一方面是由于我准备不足，另一方面也是因为我本身能力的欠缺。我习惯屡战屡败，屡败屡战，一次次的失败确实打击到我的信心，可是我从不惧怕失败，勇气才是一个人难能可贵的精神，只要失败没有打得我爬不起来，那么它就会成为我某一次成功的垫脚石。即使没了这个机会，我也依旧会寻找其他途径去提升自己，于是在学习之余我还加入了一部分利于自己能力培养的社团和团队。基于自己的兴趣，我对这些活动有着浓烈的兴趣和精力，在声乐团和舞蹈队中我得到了更加专业的指导，也让我将这种兴趣变成了一种能力，在舞台上发光，在掌声中得到肯定。成为一名电台播音员，让我有了一个地方寄托自己的情感，也学到了一些剪辑的能力。皮卡丘运动社团让我感受到运动的快乐，流光化羽汉服社让我感受到汉服的魅力，棋牌社让我在学习的空闲之余得到莫大的乐趣……丰富多彩的课余生活不仅提高了我的能力，更让我交到了很多的朋友。

如今社会更需要的是团队精神，因此社交与合作就显得必不可少。我是一个较外向的人，学习上遇到不懂的题或是生活中面临一些困难时，我都会寻求他人的帮助，与他们相互探讨互相帮助，组织安排的工作我也会同他们合作完成。在与他人相处期间，我不仅发现了自己某些方面的优势，更发现了自己存在的问题，这是很难能可贵的，因为我们有时往往可以一眼看出他人的问题，却很难发现自己本身的缺陷。只有在发现问题的同时努力改正问题，才能使自己得到完善和发展。而我身上比较大的问题就是有些偏执，对自己的想法太过于执着，难以被改变，因此我慢慢在试着多倾听他人的想法和观点，在不断试错中完善自己。当然，我最大的缺陷，还是我的拖延症，总是秉持着不到最后绝不开始的想法，于是我有的工作和任务都完成得很潦草，虽然说紧迫的时间可以提高人的效率，但是却很难保证有好的质量，所以对于这一点，我一定努力改正。

在校园中所体会到的师生情怀也让人难忘。仍然记得进入大学第一天时热情的师哥、师姐为我们引路，给我们答疑解惑，提出建议，知无不言，言无不尽。舍友之间相互帮助，和睦相处，会给过生日的人送上心意，在欢乐的氛围中相互学习，共同进步。导员也十分负责任，给我们提出宝贵的建议，督促我们学习，帮助有困难的同学。山师精神让我在这个陌生的环境中倍感温暖，一直以来，我得到了学校和老师的帮助，无论是冬日暖阳行动，还是助学金，抑或是导员家访时的关心，都给予我的学习生活莫大的帮助和支持。我真诚感谢所有帮助过我的人，我会珍惜这份善意，将永不忘记，尽自己所能努力学习，将这份善意以另外一种方式传递下去。

回首过往的点点滴滴，我百感交集。这个学期以来，经历太多的欢乐、悲伤、焦虑与痛苦，但我想，每一次痛苦都是一种磨炼，每一种经历都是一种成长。在往后的日子里，我仍然会继续奋斗下去，发扬自己的优点，改善自己的缺陷。克服困难，以更好的标准要求自己，增强信心，保持乐观的态度，树立正确的人生观、价值观，积极参与班级学校的活动，尽力让自己的生活更加充实饱满，和解过往，奋斗未来。

我相信，明日之我，胸中有丘壑，立马振山河！

辅导员评语

少年不能与"丧"为伍，本该流汗的年纪就要去追赶烈日。过往，也许不尽人意，懂得和解是第一步，付诸行动是关键一步，不论结果与否，相信你都会感谢当时清醒的自己，有勇气，有力量，有果敢的决心，在大学的黄金时代里，遇见明日更耀眼的自己。

与山师初识

顾千一

时光荏苒，转眼间大一上学期就过去了，高考结束的那天下午仿佛触手可及。回顾这匆匆走过的一学期，有许多收获，也发现了自己的不足。从一开始对于这个陌生的校园的好奇，到一点一点熟悉这里的各个角落；从与来自天南海北的同学的尴尬初识，到结交一群一起欢笑、一起奋斗的朋友。大一上学期可以说是一个充实而又精彩的学期。

还记得刚刚结束一个"疯狂"的暑假的我，在不舍与期待中一路向北，来到济南，这是我真正意义上的第一次离家远行，之前虽也有过长时间离家生活的经历，但基本都是住在亲戚家，和在家也并无太大区别。而这一次，来到完全陌生的环境，一切都从零开始，对我来说实在是不小的挑战。

军训

虽然已经是九月，但阳光的威力丝毫不减，光是在外走走，豆大的汗珠就止不住地往外冒。不过，军训的意义其实就在于此，大学是我们迈向社会、独立生活的一个缓冲期，我们必须学会自立。宋代文豪苏东坡曾言道："古之立大事者，不惟有超世之才，亦必有坚忍不拔之志。"古往今来，成功的大门从来都只向意志坚定、艰苦奋斗的人敞开。

军训时，我认识了不少和我一样来自外省的同学，我们来自天南海北，从小沐浴着不同的文化，但大家都十分乐于分享，给别人介绍自己的家乡，以及各种别具特色的文化习俗。在这样的交流中，我也变得不那么拘谨，逐渐适应这个陌生的"家"。

学习

大学的学习与高中的学习完全不一样。大学的学习更多的是一种自主学习。高中时，老师和家长会不停督促我学习，可是到了大学，一切都不一样了，我必须要严于律己。大学的课程很难，课时又很短，老师们常常两三节课讲完一章的内容。因此，课堂上的我常常在记笔记与听讲之间手忙脚乱。说到学习，就不得不提到我们学校的图书馆，之前在外面看，只是觉得雄伟，可当进入其中，才知道什么叫作"书海"。"天地书声"的藏书之多令人震撼，一方面是数量多，另一方面是种类多。这里时时刻刻都充满了良好的学习氛围。不论是备战考研的大四学长，还是和我一样刚刚入学的大一新生，每个人都在为自己的目标拼搏。

来到山师的每一位同学都是各省市的高手，我院更是如此，大家的学习热情始终高涨。无论我去得多早，教室前排的座位总是坐满了看书的同学。每次下课，也总会有同学向老师提问，身边有这样一群好学的同学，我也不自觉地被带动起来。

专业课不似想象的那样简单，大学的地理与高中的仿佛不是一门学科，知识点多且杂，不少地方还较难理解，没有办法，只能一遍一遍看，反复思考，直至搞懂。

除了专业课外，我还有其他必修课要学。高数最令我头疼，许多概念晦涩难懂，一不留神就留下漏洞，新一学期必须痛定思痛，恶补高数。

生活

大学的生活和高中时代相比，真是丰富了不少，有各种各样的活动。军训刚结束，我就去参加了院篮球队的选拔，原本并没有抱太大的希望，但最终非常幸运成功入选。之前，我都是和朋友们随便打着玩，但是加入地环男篮之后，每周固定的高强度、针对性的训练让我有了不小的提升。在篮球队中，我认识了很多热爱篮球的同学，他们不知疲倦训练的精神也时时刻刻激励着我，让我督促自己变得更强。篮球队里的师兄们也十分照顾我们这帮"菜鸟"，他们乐此不疲地帮助我们，给我们解答训练时的种种疑惑。有时，他们还会给予我们学习与生活上的指导。

10月份，我参与了入学以来第一次全院的大型活动——迎新晚会，我报名成为灯光组志愿者。刚开始，我对灯光一窍不通，多亏了师兄师姐给我讲解该怎么做。晚会当天的工作十分紧张，一整天我都待在体育馆内帮着搭建场地，调试设备。当天晚上，每个节目都精彩纷呈，看着自己打的灯光为每个节目营造了合适的氛围，我心中也不由得产生了自豪感。之后我们又迎来了合唱比赛，第一次合唱验收时，我们班的表演不尽如人意，但没有一位同学放弃，大家加紧练习，终于在最后的表演中大放异彩，得到了所有班级中第二高的分数，这是每一位同学努力的成果。

来山师之前，山师，或者说济南，对我来说是一个完全陌生的环境，远离家乡，远离朋友，远离一切我所熟悉的事物。不过，我很快适应了，身边的同学都很友好，大家每天都十分和睦地相处，互帮互助，很快就打成一片。来山师之前，家人总是担心我在这会不会吃不好，不少亲人甚至以为我来这会过上一日三餐都是白面馒头或者煎饼卷大葱的生活。但他们错了，山师不愧为"山东吃饭大学"，在这里，我能吃到中国的每一个角落，无论是哈尔滨的烧饼、香港的叉烧饭，还是南京灌汤包、武汉热干面，舌尖上的中国，应有尽有。

虽然我的家乡也算是北方，但是当我真正体验到济南的冬天时，我才理解什么叫寒冬腊月。虽然在家时我也偶尔看见雪，但济南的雪完全不同。还记得那天早上，我一早起来，看见窗外一片白茫茫，还以为是眼花了，可当我下了床打开窗户，扑面而来的寒气让我立刻神清气爽。我迫不及待地换衣服出门，外面的世界已经完全被白色覆盖。虽然刚到宿舍楼底时差点劈叉，但这丝毫不影响我对这银装素裹的喜爱。走在雪上，我不禁感叹中国的幅员辽阔，仅仅是相邻的两个省，气候就如此不同，在这之外还有广阔的天地等着我去探索、去感受。学习地理刚好就可以帮助我了解这片土地、这个星球。

我所在的班级是个团结友爱的班级。我是个恋旧的人，很难融入新群体，但班级里的每一位同学用他们的热情融化了我与这个集体的隔膜。大家总是努力为班级做贡献，也正是这个原因，我们获得了合唱比赛最佳人气奖。来到这个班级是进入山师后最幸运的事，接下来一个学期也希望大家多多指教。

新学期，旅程又将继续，春光正好，万物可爱。

山师，你好！

辅导员评语

同学，你好！山师初印象，于你或可佳？离开家乡来到这里，一路惊喜，一路摇曳生姿。军训时的汗流浃背、篮球队的相互关照、灯光组的精彩自豪，以及图书馆的卷帙浩繁……每每提起，是否已成了你心中的大学模样？人生旅程还在继续，与山师的交流且慢慢来，你说这里是"家"，那我们也理所应当成为相伴而行的"家人"，一同向着春光，蓬勃生长。

路漫漫其修远兮，吾将上下而求索

刘雨析

回想一下，高考完刚上大学的片段仿佛就在昨天。时间过得很快，一切过得如梦似幻，充满着不真实感，在这不真实感中的真实，大概就是我做的事情和变化吧。

最大的成长变化应该在思想方面，可以说我也算是成熟了些许，有点大人的样子了。

首先，我遇到了一个很好的英语老师。第一次见到她时，我就注意到了她儒雅的气质，"腹有诗书气自华"应是如此。每次上课她都会时不时地给我们穿插一些道理：怎样看待善恶、怎样学会拥有自己的思维，不随波逐流、怎样教育自己的小孩、怎样当一个好老师、怎样对待爱情、怎样学习……我很爱听她讲的哲理。有一段时间我很迷茫，听了老师的课就会好很多。我学会了从不同的角度去思考问题，对于自己的一些疑虑，也可以开导自己、回答自己了。所以我打算未来也成为一个像她一样的老师，但我腹中没有诗书，希望未来可以充实自己多读书，也算是一个美好愿景吧。

其次，经历了大学生活，我自己也想明白了一些事，虽然肯定还有不足，但视野、思维方式确实不一样了。以前的我大概是颓靡吧，现在"颓靡"只是有时候会偶尔出现，我觉得还挺正常的，毕竟生活中肯定会遇到大大小小的困难，不过颓靡之后会很快振作起来。平常心大概是我现在的心境了，原来是满不在乎，现在变成了平常心，心态变好了，也不会钻牛角尖，我觉得还不错。自己买东西，自己洗衣服……这让我感觉我像个大人了。以前所有的一些恐惧已经不存在了，比如说自己买饭，这在以前我可能还有点胆怯，现在只是愁不知道吃什么；再比如穿衣打扮，以前去商场买衣服我都不敢发表自己的意见，但现在我会自己选择喜欢的款式了。

最后，还有舍友对我的影响。来自四面八方、思维方式不同的六个人同住一个屋檐下，思想难免会碰撞出火花。我既学到了温柔待人，也学到了直爽果断；既保留了我自身的慢，又学到了快；既学到了一些处事的方法，又学到了一些生活技能。就比如我的一个舍友，她每天都充满精力，每天都要把自己收拾得干干净净。我很喜欢，但有时候我又会很"丧"，懒得弄一切，而她则教会我，生活一定要有希望、要有盼头才会有趣，才会过得有意义。我也希望成为她那样富有朝气的人，把自己的事情打理好，永远对生活充满热爱。生活的意义在于每处小细节，比如扎头发，比如洗衣服，比如穿衣打扮。放假前她还对我说别忘了要精致，我笑着回她你也不要太急。她有时候总是过于急躁了，所以我们互相学习、互相影响，我觉得这也是集体宿舍的好处之一。

对于学习，刚开始的时候，我对于大学的学习方法、学习内容等还不甚了解，期末考试后，才算有点明白门路了。大学让我养成了自主学习的习惯，养成了规划自己事情的习惯，虽然以前有个亲戚告诉过我："成长就是脑袋里要想事情。"当时我还在想，人脑子一直想事情好累，怎么样才能做到一直想事情？上大学以后，不用培训，我自己就会了。在完全独立的环境，自己想事情是最基本的素养，想完事情就要去干，行动力很重要。

多看书，书可以答疑解惑，书可以开阔视野。这一从小就被灌输的道理，我仿佛现在才真正领悟。我准备先看看哲学方面的，再看看专业方面的，最后再看自己感兴趣的。

如果可以的话，我还准备去蹭蹭感兴趣的课。大学时光丰富多彩，有充足的时间去多看看书，多拓展一些知识技能。

再来说说我的记者站经历吧。报名记者站不光是因为舍友们都报了，也想着记者可以露面，可以采访，需要跟人沟通，所以想要锻炼一下自己。被录用了之后，我发现记者站的工作的确带给了我很多，它可以提高我的写作水平，还可以让我提高拍照技术，之前我并没有对摄影有太大的兴趣和了解，但我在记者站工作一段时间后掌握了一定的拍照知识和技能，而且，我觉得我喜欢上了拍照，明白了摄影的意义——摄影可以留住生活中的美。

假期的生活快乐而又短暂，短暂的休整，与家人、朋友相聚的团圆与欢乐，都是美丽的回忆。

时光飞逝，人总会成长。我会带着热爱与希望生活下去！

辅导员评语

成长，不是一瞬间的事，不过是厚积薄发罢了。你的进步令人欣慰，思想上的成熟远超过其他，温和对待身边的人和事，安静思考自己的目标，学会独立做事情，遗憾常有，谁也不能摆脱，那就在未来的勇敢试错中积攒经验，丰富人生吧！

福建小黄山师历险记

黄楠

不知不觉我已经在山师生活、学习半年有余了。还记得第一次走进山师的校园，是在一个炎热的夏日午后，在一次次寻找文渊楼和宿舍楼的迷路中，我搬着大包小包的行李，爬上了宿舍楼五楼，开启了我的大学生活。

实话讲，大学生活确实很快乐，我也足够幸运。

军训结束，正式开始上课以后，我跟着自己的兴趣爱好报名了一些部门及社团的面试，虽然有一些被淘汰了，但是也学到了很多东西。还记得在参加第一个部门的面试的时候，我走进小教室，看着底下坐着的七八个学长学姐，大脑一片空白，在等候期间想的自我介绍全都忘记了，最后只能强装镇定地说我来自福建莆田，之后说的什么我已经不记得了，而我也不出意料地被淘汰了。吃一堑长一智，后来的面试我就有些许经验了，起码能流畅地表达自己的想法，结果或许差强人意，但是过程很快乐，我能看到自己的进步，就很棒。

很幸运，我拥有融洽温馨的宿舍氛围，我们是舍友，是朋友，更像是家人。有来自山西晋城勤奋用功的一床、山东烟台可可爱爱的二床、贵州绥阳一二次元来回横跳的三床、山东青岛大方贴心的四床、甘肃武威美丽温柔的五床，还有我！一个神经大条的搞笑女。我们每天一起上课，回到宿舍一起休息，天南海北地谈天说地，什么话头都能聊起来，而后一起美美地进入梦乡。第二天又会在各自忙碌中开启元气满满的一天。

作为宿舍里的老幺，我在开学后不久就迎来了我的十八岁生日。那天，我给自己买了一个不大不小的蛋糕，和我可爱的舍友们开启了我的十九岁。后来他们跟我说，那时候刚认识不久，因为我没有提前跟她们说我过生日的事情，所以她们没来得及给我准备礼物，一直都觉得不好意思。尽管没有礼物可收，但我仍觉得很棒，因为被人惦记的感觉很棒。

当然啦，成年人的世界里不只有快乐和幸运，也有一些无可避免的差强人意。直接点说，我的高数挂科了。在查成绩的那个下午，我感觉天都要塌了，房间里的灯没开，我的世界也在一片暗夜中。而作为一名班委，我感觉这更加不应该。可是，结局已定，我能做的就是弥补，我不能再沉浸在懊悔痛苦里，我要认识到自己的不足，吸取经验教训，争取明年重修合格。我相信，只要我摆正态度，今后努力学习，下次一定会考好。

这半年受益匪浅，在寒假期间，我跟不同的朋友、家人交流了上大学的心得体会，也见到了一些人生不同的可能性。我们都还年轻，所有的经历不管好的坏的都是宝贵的财富，未来还会有无限可能。所以，不管当下的境况如何，都不要忘记抬头看看眼前的璀璨星海。

新元肇启，万象更新，愿新年胜旧年。2022心无褶皱，行至春光。

辅导员评语

"被爱不能当饭吃，被爱能让人好好吃饭！"看得出来，你是一个被爱簇拥长大的女孩儿。干干净净的社交圈、温柔可人的好朋友、幽默风趣的侃侃而谈……其实，生活没必要刻意追求起起落落，你早已活成了许多人渴望的模样。"润物细无声"的春雨有人知晓，你也一样。

第四辑

泥犁拔舌自担当

学生干部成长篇

　　科技迅猛发展的时代里，我们作为当代大学生自出生就崇尚自由洒脱，具备独立创新的思维意识。而有这样一群人，他们拥有更出众的领导才华，更果断的执行力，他们是普通学生的同时也肩负着更多的责任义务。他们植根同学、依靠同学、代表同学，想同学之所想，急同学之所急。面对同学困难，他们勇往直前以赴之；面对老师任务，他们殚精竭虑以成之。身份的不同使他们以奉献诠释着青春，成为你我眼中有温度、懂情怀的服务者。他们便是师生间不可缺失的桥梁——学生干部。

　　"千淘万漉虽辛苦，吹尽黄沙始到金。"在次次磨砺与服务中，他们成就了更璀璨的自己。

以我之力，筑我之愿

任海新

大学，学之大者，欲先大学，必先成人。

——题记

经过六月的洗礼，我终于迈入我所向往的山东师范大学。时间如白驹过隙，转眼间我从初入校园的无所适从到现在逐渐了解和适应山师。从读书声朗朗的文渊楼到名师荟萃的文澜楼，再到和谐温馨的兰苑宿舍楼，在这半年，我遇到了有趣负责的辅导员老师、知识渊博的授课老师、帮助照顾我的师哥师姐，也遇到了热情温暖的同学们，他们成为我大学成长影片中不可或缺的角色。

大学是我人生的崭新阶段，也是十年寒窗间令我无限向往的地方，是高三奋进全力冲刺的动力支撑，是哥哥姐姐朋友圈里多彩的文艺活动，是家长老师从小念叨的"轻松无人管的天堂"……但是，当我真正迈入大学校园并深入了解后，才发现这与我想象的大有不同。"自律"一词被反复提起，却早已失去了心无旁骛的劲头。曾经不顾一切拼搏奋斗的身影渐渐消散，取而代之的是松懈与懒惰。大学需要的是自控力，是我们不断学习的自我认知，是面对挫折与困难的无畏和重新站起的坚毅勇敢，是渐渐长大表现出的对家人报喜不报忧。我们正走向憧憬的未来，道阻且长，行则将至。

在这半年里，收获许多的同时我也反思了我的不足。

作为学生干部，需要用端正的心态来对待每一项任务，"态度决定一切"。很荣幸可以竞选上团支书，从我成为班级团支书起，我的初衷就是不要辜负同学们的期望，恪守我的职责，高标准完成任务，服务同学们的同时也要更好地带领同学们。当我位于不一样的位置，我想的便应该是全局，要更好地协调好班级成员，但是我有时会思考我的做法是否能够照顾到同学们，反思自己是否合格，也会询问同学我的做法是否合理，听取他们的意见和建议，努力提升自己的能力来完善细节，继而在这项职务里突破自我，收获新的自己。

通过这半年任职的经历，我认为学生干部需要具备耐心、细心、谦卑心和责任心。在完成任务的过程中，遇到复杂繁多的情况总是不可避免的，每当这时耐心则会凸显它的作用，我们要分好轻重缓急，从而提升自己处理众多事情的能力，以做好掌舵者的角色。宋玉《风赋》有言："风起于青萍之末，浪成于微澜之间。"学生干部要做好一件事情应当关注好每一个细节，"事无巨细，事必躬亲"。假如团支书没有注意团日活动或者团课内容的细节，会影响活动的正常进行，进而拖慢进度，不能真正起到党团思想政治教育的作用。谦卑是中华民族的优秀品质，要以谦卑和不断学习的姿态向同学和老师请教，以谦卑心踏踏实实地完成手头的任务。面对班级同学，切不可有所谓"官架子"，学生干部是服务同学、辅助管理班级的角色，谦卑待人、热情积极不仅有利于各项事务的正常推进，促进班级同学更好配合，更有利于班级团结、和谐氛围的形成，凝聚班级力量。不仅如此，团支书还要通过思想教育来促使同学们拧成一股绳，向好向善进步。最后，责任心具备与否是学生干部能否做好的决定性因素。处于学生干部的位置，负责任是不可或缺的，责任心是前提更是主要矛盾。今后我会更加努力做到上心负责，合理分配精力，以期达到最佳效果。

学生干部应当树立正确的政治导向，培养优秀的道德素养，提升自身知识科学水平，培养良好的心理素质。其中重中之重的是正确的政治导向，自觉拥护中国共产党的领导，践行社会主义核心价值观，树立坚定的政治立场。作为团支部书记，更是要有高度的政治敏锐性，紧跟时事，主动学习党的方针政策，学习贯彻党的各种精神，并将其转化成前进的动力，提升思想道德水平，以身作则地带动班级思想建设。学生干部要做到言行一致，认真负责，争做表率，做到正直、公正，能吃苦耐劳，脚踏实地。"君子慎独"，要努力养成一丝不苟的工作作风、认真对待自己的工作和任务，提高完成效率，以积极向上的精神面貌真诚对待每一个人每一件事。有计划有秩序地安排各种事项，主动分析，大胆创新，提升语言组织能力、调研分析能力和组织领导能力，并且用心学好自己的专业知识。学生干部还应该有良好的心理素质，用坚强的信念和向上的心态影响周围同学，能细心发现同学们的情绪波动，询问了解具体情况，及时开导来避免特殊情况的发生。物有甘苦，尝之者识；道有夷险，履之者知。学生干部工作考验我的综合素质，我要担起自己肩上的担子，坚守初衷，不负众望，与同学们一起共赴美好！

"大学从中世纪发展到今天，已从社会的边缘走向社会的中心。现代大学既是传授知识、培养人才的高等教育机构，又是创造知识、服务社会的中心。"大学自是当以学习为重，同时积极参加文娱活动提升自我思想内涵，培养更好融入社会的能力。我应该把握好自己的定位，明确自己应该走向哪一条路，未雨绸缪，抓住机会。"仰以观于天文，俯以察于地理"。大一上半学期的学习生活里，我感受到了地理的博物与精彩，从数不胜数的岩石到各种各样的景观，从在天际遨游到感悟地理现象。地理科学专业使我扩大眼界，丰富了思想内涵。刚开始学习大学知识，虽然付出了汗水，但没有掌握好自己的学习节奏，也没有及时回顾温习，对时间的安排不太合理，导致学习吃力没能更好地掌握专业知识，这是我的错误我也会及时修正。大一，正是应该打好基础的时候，不可以掉以轻心，要提高学习效率，在新开端养成良好的学习习惯，不做感动自己的假装努力，保持对未知的好奇和求知欲。"心之所向，身之所往，求学之旅，桥都坚固，道路都光明。"这半年是我在山师的第一个半年，我应当始终保持眺望的目光，敢于克服前进道路上的困难，用永不服输的探索意志坚持下去，用一颗"不等待"的心，真正做到"当日事当日毕"，"黑天鹅"是可以从我们的书本里飞起来的。

大学时代的我们，有着大好年华，有可以让我们追求梦想的大把机会。坐而论道，不如起而行之。"为了寄予厚望的自己，为了光辉灿烂的未来，他们努力奔跑。少年奔跑的时候，耳边有风声、加油声，还有心跳声。"

辅导员评语

　　"君子坐而论道，少年起而行之。"身为团支书的你必然承担着更多的责任，也一定会收获超于他人的经历，我们都是在苦苦经营自己的同时，关心着一个班级、一个团体的成长，写下话语是自我激励，着手实践是价值实现，希望未来如你所言，用一颗"不等待"的心，认真体味大学这几年的光辉灿烂。

乘风而来，山师你好

李膳彤

　　时间就像黑暗中突如其来的那道光，不经意的那一刻，物换星移。十八岁的仲夏在高考最后一门考试收卷铃响起的那一刻悄然而逝。或得偿所愿，或抱有遗憾，踩着满怀回忆又兵荒马乱的独属于十八岁的夏天的尾巴，在远离家乡的新的校园，我们开启了另一段未知却又充满吸引力的人生旅程。

　　大一上学期对我来说是一个在陌生环境和模式下进行学习及生活的摸索阶段，在一个学期的探索和适应下，我收获了很多，当然，也有很多不足值得反思。

　　首先，在工作方面。

　　本学期伊始，在军训期间我有幸担任了班级负责人，负责一些班级事务。由于一开始对接的部门比较多，需要下发和收集上交的材料也很多，加之刚入学对学校的布局并不清楚，和同学们也没有那么熟悉，因此工作开展起来并不那么顺利，也耗费了很多时间和精力。当然，正是因为有这两个礼拜的历练，在正式上课后，很荣幸被选做团支书的我，在处理工作事务中也更加得心应手。

　　大学团支书，这一职务起初我并不清楚要做些什么以及该怎样去做，虽然初高中也担任过班干部，但那时的任务更像是老师的小助手，而大学团支书则在班级中起到了不可替代的作用。后来我慢慢明白，作为一名团支书，首先要学会的就是以身作则，要时刻注意自己的言行举止以及行为形象，为班级里的同学起积极的带头作用。其次，要能主动承担责任，勇于及时改正自己的错误，认真负责地去完成老师安排的工作，主动关心同学，在必要时刻为同学们提供帮助。最后，要与班级同学维持友好的关系，和班长协调配合，明确分工，共同管理好班级的各项事务，使班级同学变得更加团结，将集体的力量凝聚起来，变得更加强大。

比起领导大家，这一职务更多的是服务于同学。成为学生干部是一种荣幸，也意味着比其他同学多了一份责任，少了一些空余时间。生活、工作、学习，三者间如何平衡也成为需要我仔细斟酌摸索、不断实践的问题，回顾这一学期的团支书工作，我认为我还有很多不足，在下半学期的工作生活中，我将认真反思并弥补自己的不足，提高工作效率，更好地平衡工作和学习的关系。同时更加认真地策划班级活动，提高同学们的积极性，活跃班级气氛，增强班级凝聚力，带领班级再上一层台阶！当然，我也有许多收获，比如了解了很多此前不曾接触过的工作，学会使用很多办公软件，以及，收获了同学们的支持和喜爱。在大学里，每个人都是我的老师，每个地方都是我的课堂，大学不只是学习的地方，也是锻炼提高个人素质的地方，这一个学期的团支书工作，将会成为我人生旅途中浓墨重彩的一笔，也是不可或缺的一段宝贵经历，我坚信，在未来的日子里，这段经历将会带给我许多人生财富。

其次，在学习方面。

学习是学生的天职，时代的责任赋予青年，时代的光荣属于青年，尤其作为新时代的新大学生，我们应该深刻认识到，要肩负起历史使命，坚定前进信心。在学习环境和模式上，大学与高中是截然不同的。没有了老师无时无刻的监督和家长随时随地的督促，大学生的学习时间除了上课时间外是完全由个人支配的。刚来到大学校园时，我感到无所适从，时间经常转瞬即逝，总感觉自己是在虚度光阴。不过，经过几个星期的适应，基本上能够充分利用自己的时间。由于我高中时期并没有选择地理，所以在刚开始的时候我很担心自己会因为知识的缺漏而跟不上老师讲课的进度，无法消化课本的知识。但随着课程的进行，我发现高中的地理知识和大学的地理知识侧重点并不相同。以前我并不喜欢学习地理，但经过一个学期的地理专业知识的学习，更全面、更深入地了解地理学后，我发现了许多未曾探寻过的神秘区域，对现在的专业产生了浓厚的兴趣。

最后，在生活方面。

在人生的前十八年，我都生活在父母的悉心照顾下，并没有自己独立生活过，衣服给妈妈洗，房间也由妈妈打扫。上了大学后，这些都需要我自己完成，此时我才知道父母平时照顾我们有多么的不容易。大学的独立生活让我养成了良好的卫生习惯，提高了独立意识。大学宿舍是集体生活，此前我从未体验过集体生活，因此在开学前还有些担心自己不能适应，担心自己不能很好地处理与舍友的关系，但一切担心都没有发生，反而遇到了五个温暖又善良的女孩子。在这里，我度过了人生中第一个没有家人在身边的生日，但室友为我提前准备好了蛋糕，给了我一个大大的惊喜，在激动之余，也不免感动，感动于在短短的一个学期中，收获了这样真挚温暖的友情，511宿舍就像一个大家庭，互相扶持，共同进步。大学就相当于一个小型的社会，作为一个步入社会的缓冲，我们可以从中学到好多的东西，也会收获许多星光。

在上一学期里，我学到了太多的东西。这是我在以后生活、工作中所必需的。作为新时代的大学生，我们应该感谢大学里相对宽松的自由学习环境，给了我们这么多的自由伸展的空间。虽然，故事的最开始对我而言并非是童话般心满意足，但当故事情节缓缓向下发展，遗憾和不满并没有纷至沓来，年少热烈的友情、珍贵的工作经验、认真负责的老师，就像济南三月份仍会到来的飘雪，都成为我不曾预料过的惊喜与收获。也许，我应该感谢有一盏红灯为我而停留。

岁月之羽掠过时间的河，不过一片浩瀚星海，我们在岁月斑驳深处，聆听到理想绽放的声音。人们常说，过去的事像一张黑白的照片，但我相信，在多年后我回忆起这段岁月的那刻，所有的色彩都将回归。

辅导员评语

越是纷繁复杂，越要士气昂扬；越是艰难困苦，越要坚定信念；越是关键时刻，越要严慎思实。跨过这个坎，或许就会柳暗花明。学习、生活、工作，打不倒你的终将使你更加强大。要一直在路上，一直在前进，你脚踏实地的一个个脚印最终会通向理想的彼岸。

春暖花又开，为梦济沧海

李雅琦

犹记2021年盛夏，我心情复杂地从邮递员手中接过录取通知书的那一刻，有对高中三年圆满落幕的欣喜，有对未知的大学生活的满满期待，也有对即将离家的不舍……总之，我还是发了个朋友圈，来纪念这人生中颇具纪念意义的一瞬，接受了来自亲朋好友的祝福。

无休止的考试，一模、二模、三模，周考、月考、期中考，它们填满了我2021的上半年。曾在高考目标栏里小心翼翼地写上了"山东师范大学"六个大字，但一次次的模拟考成绩却告诉我，别妄想了，你的成绩还远远不够。但值得高兴的是，我没放弃自己。我曾很多次在冬日寒冷的早上，走进空无一人的教学楼，沿着楼梯，开启每个楼层的灯，成为第一个出现在教室里早读的人……最终，我如愿以偿了，来到了这所心心念念的学校，读了最喜欢的地理专业。倍感幸运的同时，我也想感谢当初一直坚守目标的自己。

很幸运遇到现在的班集体。开学前一直有听家里上大学的哥哥姐姐们讲，大学里的班级同学，可能只在上课时会见见面，平日里几乎聚不到一起，彼此间很像陌生人。但我们班的凝聚力好像更甚于高中的班集体。我们一起进行了两次班级团建活动，每个人都为团建出谋划策；我们经过无数次在寒风中的排练，在合唱比赛里拿到了二等奖的好成绩；我们每个人都积极转发推文，使我们班在合唱比赛中拿到了最佳人气班级奖……

有幸成为班级的副班长，我很感谢同学们和老师对我的信任，感谢他们给了我为同学们服务的机会。副班长，我并不把它当作一种职位，而是一种责任，它的作用是团结和凝聚班集体，"干部"对于我来说只是一个机会：一个可以为同学服务和锻炼自我能力的机会。因此，在当上副班长的第一天起，我就知道自己该承担起班级的各项事务，同班长和团支书一起，为建设良好的班集体而努力，做到全心全意为同学们服务。做第一次班级团建的策划工作、带大家排练合唱、为合唱比赛剪辑班级介绍视频……虽然在此前有过当班干部的经历，但初高中的班干部都只是管管纪律而已，所以在刚接触这些事情时难免手足无措，常常碰壁。但经过这一个学期的锻炼，我的工作能力有了很大提升，感觉得心应手了许多。但我也清楚地意识到了自己的差距，今后我一定要以这个身份时刻鞭策自己，让自己更努力一些，取得更好的成绩，不辜负老师和同学们的信任。

大学是一个小社会，不能只一心扑在学习上，也应锻炼提高自己的为人处事水平和实践能力。因此我也顺利通过了学生会的笔试和面试，成为组织部的一员。进组织部前，我对组织部的工作内容了解得并不是很清楚，后来通过工作才发现组织部承担了很多琐碎的工作，工作量大且都很注重细节，因此会经常开会开到很晚。这半年我做过很多工作，印象最深刻的应该是第一次做周历总结，那晚删删改改到了凌晨一点半，才把文件成功发送到了各位老师和部长的邮箱里，当时非常不能理解部门严格的格式要求，认为只要内容正确便可以了，但当如今已经能基本熟练地使用Word和Excel，并时不时可以帮别的同学改改格式问题时，好像也能理解师哥师姐的良苦用心了。学生会的工作虽占用了大量的课余时间，但这些工作也提供给我服务老师、服务同学、提高个人能力的机会，因此这并不算损失，相反是一笔宝贵的财富。组织部里的师哥师姐都很热心。临近期末时他们会倾囊相助，毫不吝啬地把所有考试经验都分享给我们，将能找到的所有复习资料都发给我们。平日里，陪我们修改文件到深夜的人也是他们，他们每次都尽心尽力地为我们指出错误，却没有丝毫的不耐烦……很高兴能认识这些优秀的师哥师姐。

这一学期收获满满，但遗憾也很多，比如期末考试。对于期末考试，从出成绩的第一天起，我就一直在反思自己。反思自己的上半学期是否过得太过安逸，没有紧迫感。从上半年无休止的考试和日夜不停的备考中解脱出来，没有了家长和老师的督促和监管，我是不是全然放松了自己？放松了对自己的要求？第一次经历大学的期末考试，明白了平时师哥师姐一直跟我们说不用害怕期末考试，它真的没那么难到底是什么意思。确实，的确不是很容易就挂科。但我不应仅仅满足于不挂科，相反，不挂科该是我的底线，而在此基础上，我应该努力做到最好。我想起高中的时候，为了理想的大学，每日学而不疲，是因为有目标，有信念在支撑着。而如今的我好像没有清晰地定位自己的目标，没有想过四年后该何去何从。学生会的工作确实忙碌，确实占用了很多学习生活时间，但这不应该是我成绩不好的理由。我们学校公众号里常推送的优秀的师哥师姐，大部分也都是学生会成员，他们有丰富的课余生活，但不妨碍他们成绩优异，我应该多向这些优秀的师哥师姐学习。

"人生这条路很长，未来如星辰大海般璀璨，不必踌躇于过去的半亩方塘。那些所谓的遗憾，可能是一种成长；那些曾受过的伤，终会化作照亮前路的光。"上学期的遗憾是由自身懒惰和不够重视造成的，因此我也不必妄自菲薄，只吸取教训，在未来不留遗憾便好。

比你优秀的人还比你努力，这不是内卷和内耗，而是提醒和砥砺。天上尘，地下土。选择什么样的方式，就会拥有什么样的人生。真正的优秀不是别人逼出来的，而是自己和自己死磕。高考是起点而非终点。我想自己的大学四年，该远离坏习惯，心怀感恩，加倍努力地学习。下学期，不只是下学期，未来的几个学年，我会吸取大一上半学期的教训。平衡好学生会、班级各项工作和学习的时间，做一个时间管理达人。

总之，通过这一学期，我已适应了大学生活，让自己在新的人生旅程里有了一个好的开始。最重要的是，我吸取了上学期的很多经验，总结了考试失利的原因，明确了接下来要走怎样的路。相信在下一学期里，我不会再像上学期一样毫无计划、毫无目的地学习。对于下学期要进行的英语四级考试和期末考试，我会提前制定好计划，尽早开始准备。在工作方面，我也会一如既往地细心、认真，尽量不出任何纰漏，努力为同学们服务，做老师的得力助手。

辅导员评语

沈近思有言：草木不经霜雪，则生意不固；吾人不经忧患，则德慧不成。学生干部的责任感是根基，态度是保障，能力则是动力。你从学生干部工作里积累经验，从学生会工作中提升能力，这些都有力地帮助你更好地胜任这份工作。既然有了方向不妨制定更加详细的规划，百尺竿头更进一步。

人生如逆旅，我亦是行人

孙耘赫

我的大一上学期足以用"丰富"二字形容，如同一锅胡乱熬煮的杂味汤，酸、甜、苦、辣只有在尝过之后，细细品味，方才自知。写下这段文字并非因为任务，更多的是相信多年之后回头去看这段经历，我仍能从中悟得些许为人处世、追求自我的道理。

莎士比亚曾在戏剧《暴风雨》中写道："Where of what's past is prologue."（凡是过往，皆为序章。）我非常喜欢这句话，在我看来，话中所包含的不止有对过去所发生之事的豁达，更有对未来将要发生之事的期待，蕴藏的是一种雄心壮志，一种不断奋进的姿态。刚踏入大学的那一刻我亦怀揣着这种心情，那段时间的我是热情充满活力的，大学中的一切都让我觉得是如此新鲜，和高中紧张氛围所不同的自由、种种丰富的活动都是我未曾接触过的，为了提高自己，我加入了学校的学生处、学院的宣传部、足球队，竞选了班级的班长，认识了许许多多有趣可爱的人，也是这些让我感觉生活可以如此生动。

值得去回忆的真的太多太多，学校学生处里每一位师哥师姐都十分的尽职尽责，平日里他们幽默风趣，工作时又严谨负责，哪怕有时我在半夜拿着刚完成的工作制图给他们看，他们也会认真地指正我的错误，并且督促我去修改，甚至愿意第二天拿出自己的时间来教我如何提高工作的效率，我想这都是值得我去学习的地方。学生处给我的感觉是奇妙的，它的工作繁杂严格，工作压力很大，但处里的每个人却都如同亲人一般温暖。每每回想起，最先冲入我脑海的并非是工作的繁重，而是与他们共事的温馨愉快，或许这就是我难以割舍这份工作的原因吧。

在大一上学期我得到的最大的锻炼莫过于担任班长这个职位，刚竞选上班长时我是非常欣喜的，但在这种感情过去之后又不禁思索我是否有能力去担起这份责任，统领好班级大大小小的事务，但无论如何自己都应尽职尽责，不辜负老师和同学们的期待。在这期间我收获了三大心得：其一是考虑事情要站在全局，要顾及大家的感受，不能意气用事。刚开始给班级同学下达通知时，常因为考虑不周导致很多同学在收到通知后不太明白，再来询问我。很多时候在做之前如果能站在多种角度去规划考虑，形成周全的想法，那么许多问题便会迎刃而解；其二是要学会充分利用好身边的资源，调动起大家的热情与力量，不要试图把事情全揽在自己身上。最让我印象深刻的是班级第一次团建活动筹划，当时的我觉得如果全由自己去把控、去构想、去实施，会稳妥许多。但事实上却变成自己没有好想法还总觉有多般不如意，反复修改致使拖延，又让自己身心疲惫，抱怨不堪。最后还是我的一个师哥点醒了我，他说你要学会调动好身边的人，发挥好班委们的作用，统筹规划，各自分工，大家一起商量一起努力，把他们变成你的合作者、和你站在一队的人，这样工作才会变得既省力又能做得让大家心满意足，而结果也确实如此；其三则是把握时下的局势形成自己的判断，并做应该做的事情，不要怯场。记得在合唱比赛彩排前，我们的排练效果仍不是很好，很多同学都未调整到最佳的状态。若这样上台，恐怕我们班级的成绩并不会出彩。当时的我看到这般情况决定在上场前给大家打打劲儿，第一次在这么多人面前讲话，心里颤个不停，但讲出的话却是铿锵有力的，而大家的精气神马上便好了很多，在比赛中我们也取得了一份优异的成绩，对得起大家多日的努力。

在大学能争取到这些锻炼的机会，遇到这么多亲切可爱的人是我最大的幸运。从中我所得到的提升是无法言说的，对我个人来说是笔宝贵的财富。每每想起这些事，心头往往是温暖幸福的，可能这就是我大一上学期中的"甜"吧！"甜"揭开了我大学生活丰富鲜活的一面，我的人生也踏入了一个新的阶段。

但有"甜"自然也有与之对应的"苦"，大学所经历的挫折与磨砺与往日是不大相同的。我想我可以用三大类简而概之——工作、生活和学习，每一部分对我造成的困扰和体会都是完全不同的。

因为我既加入了许多部门又担任班长，往往在舍友清闲的时候，我却时常要在教室间来回奔波，又或者是在敲打着键盘，起初的我还怀着热情，但在日复一日的循环下，渐渐的，这份热情被蚕食消磨，有时我的舍友打趣道："如果社畜有样子的话，那一定是长你这样。"我嘴上虽会回怼过去，但心里有时却不得不承认自己真的太累了，现在处于假期清闲的我回想当初不禁思考，在这里我得到了什么，又失去了什么，当初我又为什么会这样去做。可能一方面是为了提升自我，本着自己应当多去锻炼，因而参加了这么多组织，从另一方面来看更多的是自己贪心的表现，自认为能够抓住一切，高估了自己的调控力和执行力，忘记了鱼和熊掌不可兼得。假若自己在做出选择的时候能够给自己留有更多周旋的余地，恐怕也不至如此。但既来之则安之，既然选择干那就应该好好去做，在工作中的我所缺乏的是一种持之以恒的热情和对时间的把握调控力，希望在新的学期，自己能够总结上学期的经验教训，让自己变得更加干练。

在生活上我所遇到的困扰更为简单直白一些，我是第一次住校也是第一次真正意义上离开父母去生活。必须承认，我有时是一个拖沓的人，常常愿意把事情拖到最后去做，很多时候这种行为对我都造成了不小的困扰，在宿舍有时因为自己的东西太多而不愿意去收拾选择第二天再去整理干净，为此也被导员老师抓住过，"一屋不扫何以扫天下"，我自己应该对其反省。与此同时，我也经历了人生上第一次骨折，做了一次手术，住了两周院，或许当自己独自一个人徘徊在异乡的医院时，才最能体会"家"的含义，那时的我躺在病房里无比思念自己的父母，思念自己在家的那段时光，正应了《屈原列传》中的那句话"人穷则反本，故劳苦倦极，未尝不呼天也；疾痛惨怛，未尝不呼父母也。"可人总是要学会长大，总会离开父母一个人生活，今后我所面对的路可能比这还会更加难走，但也总归是要走下去的。就如罗翔老师说过的："我们拥有权利去选择该怎样生活——以超越生活的某种信念而去生活，唯有这种行为，能够告别暂时的失望。所以你可以把这种失望看成另一种失望，矢志不渝的盼望，因为这种矢志不渝的盼望，我们可以忍受一切路途中，暂时的灰心与失望。"

最后再来谈谈大学里让我感触最深的学习吧。大学的学习和高中是完全不同的，是一种完全自律的学习，没有人会去主动要求你该去怎么样，一切全凭自觉。我必须要承认自己在这方面还不够成熟，缺乏自律、缺乏坚持、缺乏自我约束力。刚踏入大学时我可谓是雄心壮志，下定决心一定要做出些什么，但走过一学期后回头看自己，显得那么可笑，自己在期末的手忙脚乱足矣证明自己一个学期过得是多么不合格。学习是学生之本，不管为了什么都不可本末倒置，学习需要的是持之以恒的坚持和不懈的努力，闲时偶尔去图书馆磨会洋工，那不叫学习，那只是一种自我安慰，是一种想给失败后的自己找个看似已经努力的借口罢了。考试前的几天里我通宵熬夜背书，但最后考试的结果却不尽如人意，这可能就是对我所做无声的嘲讽吧。或许我可以用右手骨折来掩饰自己的失败，但以后的我只会不断去找借口安慰自己，久而久之，后果不堪设想。既然已经发生了，还不如去想想该如何补救，亡羊补牢为时未晚。所以我总结了上学期自己的不足之处：一是自己缺少执行力，往往制定了计划，却因为种种原因一拖再拖，导致自己没有系统地去学习；二是自己缺乏恒心，没有坚持去学习，常常分神去干其他事情；三是总为自己的懒惰找借口，在手骨折后，总以自己不方便写字而不好好学习，最后导致落下了许多功课，酿成大错。

学习之路还很漫长，我不该如此懈怠，这次考砸未尝不是一件好事，它给予我警醒。与其纠结于过去不如放眼于未来，想想自己接下来的路应该如何去走去做，怎样才能打一场翻身仗，做到绝地反击！

关关难过关关过，前路漫漫亦灿灿。在新的学期里，愿自己能始终保持热爱与期待，不管前路如何困难，都能坚定地走下去，敢想、敢做、敢拼、敢闯。凡是过往，皆为序章。怀揣着这种心态去追求更好的自我！

辅导员评语

你的大学日程是满满当当的，身兼数任，这就更需要平衡学习和工作之间的时间、精力，合理分配，更需要全神贯注地投入，以提高二者的效率。在获得的经验与教训里提高工作能力，及时反思、修正方式，划分工作任务，起到学生干部的统筹规划作用。相信未来的你定能吸取教训，灵活处理各种事项，并能够成就新的自己！

寻觅彩虹的日子

赵 晴

时光匆匆，转眼间我们过完了大学的八分之一；回望过去，我们满怀期待地走进山师大门。心想：在山师我们将开启新的人生旅程，在山师我们将有新的任务和使命，在山师我们将会成为更加优秀的自己。

在高中便将山师作为自己的目标，喜欢地理，想要成为一名合格的教师，因为喜欢所以努力，最终我成功被山东师范大学地理科学类专业录取，在那一刻心中有欣喜，也有期待。课桌上的它终于成为现实了。

进入大学后，真正的大学生活和自己想象中的大学生活有重合的部分，也有截然不同的地方。人们常说，进入大学就相当于进入了半个社会，人情世故、生活学习都要靠自己。独自一人拖着行李远离家乡之时便是独立之时，没有谁会去催促你学习、参加活动，更没有谁会去悉心照顾你的生活起居。尼克·胡哲说过："这世界上根本不存在'不会做'这回事，当失去所有的依靠时，自然就什么都会了。"

经过了短暂的军训，在其中有洒下的汗水，也有大家的欢声笑语，一次次的晚会，一次次的站立，一次次的齐步走都让我感受到了大学生活的酸甜苦辣。

在军训期间我们时间安排得十分紧张，不适应大学如此大的校园，要进行自己从来没有接触过的选课，要适应大学的学习和生活……这一切全都压在自己身上，那段时间的我有诸多的不适，但总是默默地告诉自己：我一定可以，一切都会越来越好。在以后的大学生活中一定会遇到各种困难和问题，这时我应该做的不是逃避和抱怨，而是迎难而上。奥斯特洛夫斯基曾言："人的生命似洪水在奔流，不遇着岛屿、暗礁，难以激起美丽的浪花。"我们的生命就是如此。唯有经历苦才能知道甜的味道是多么的美妙。

"敢于尝试是一个人敢于挑战自我的表现，敢于尝试是开启成功大门的钥匙，好运就在尝试中。"步入大学标志着新的开始，新的开始就要有新的尝试，在大学里学习依然是第一位的，但不只有学习，还要积极参加各种活动来提高自身的综合素质。我做出了加入青志协的决定，在收到自己被录用的信息时心中无比的激动，而这也意味着自己多了一份责任。濮存昕说过："志愿者是我一生的角色。"我们同样可以用一辈子来做志愿活动。"被需要是一种幸福"，帮助需要帮助的人，让他人感受到温暖是一件多么幸福美好的事情。我相信人性本善，当做善事的时候，人们会不自觉地感受到快乐，当做有意义的事的时候，人们会感觉到满足。每次活动都会让我有不一样的收获，看到不一样的风景，这些乐趣仅有参与其中的人才能体会。虽然需要无数次地修改策划案，需要用自己的课余时间进行各种志愿活动，需要做很多体力劳动，需要协调好各种事情，甚至需要从早晨起床到晚上连轴转，可能会遭到质疑和不解，但在这个过程中我学会了很多，收获了很多，加入青志协是我永远不会后悔的事情。它是我未曾有的尝试，是我人生中值得怀念的一部分。

"我们在变化中成长，如果我们拒绝了变化，我们就拒绝了新的美丽和新的机遇。"大学的课堂和课程完全不同于高中，课堂人数多，上课时间长，讲课速度快，大学老师不会像高中老师那样熟知每个人的性格和学习情况，大学学习需要靠自己。自主学习能力是一个人能力的重要体现，只有学会自主学习，才能不断提升自己。最开始我并不适应新的上课模式和课程，感觉没有清晰的目标和自己的学习方法，感到迷茫和困惑，但是就是要在不断地适应和改变中成长。慢慢地，我能够知道怎样去学习大学的课程，知道怎样利用每段时间，大学生活也变得充实起来。作为学习委员的我也成了各科老师与同学们交流的桥梁，做好自己的本职工作，不辜负老师和同学们对我的信任就是我最需要做的事情。

韦伯斯特曾说："人们在一起可以做出单独一个人所不能做出的事情；智慧+双手+力量结合在一起，几乎是万能的。"即便是到了大学我们也有自己的小集体，大到山师，小到班级乃至宿舍。没有人是一座孤岛，可以自全；每个人都是大陆的一片，整体的一部分。大家来自五湖四海，说着不同的方言，有着不同的生活习惯，但相同的是，大家都来到了山师，来到了地环学院，来到了同一个班级，有幸遇见，未来可期。合唱比赛是整个班级的第一次大型团体活动，在比赛前我们班委选定了歌曲，为了做出最好的效果，每个同学也都在努力着，作为班委的我更加希望自己的班级可以成为最亮的那一颗星。虽然冬天的室外很冷，但我们都有一颗为班级争光的炽热的心。我们一下课就会到台阶上一遍遍地练习，不断改正不足的地方，也许我们没有其他班级那么多花样，但是我们的声音足够有气势，我们的笑容足够有感染力，我们的感情足够丰富……最终，在我们班级所有成员的共同努力下，我们获得了两项大奖，也是唯一获得两项奖的班级。在最佳人气奖竞争十分激烈的时候，我和朋友想尽各种办法能争取一票是一票。在路上，甚至餐厅中，我们向其他人介绍活动和我们的班级，做完后我们两个人都不敢相信我们竟然如此勇敢，这份勇气来自集体，是集体荣誉感推动着我们向前。我们是班级的一分子，班级优秀我们才能优秀。

班干部是每个班级必不可少的存在，也许会是最忙碌的那个人，也许有时会力不从心，但也是那个可以为同学们答疑解惑、获得同学们认可的人。我选择了站上讲台竞选，选择了处理各种事务，选择了每天比别人充实一点。竞选学习委员时，导员说大学的学委和初高中的学委有很大的不同，很多事情都需要学委来处理，但这更加坚定了我当学委的决心，因为这样我就可以更好地锻炼自己的能力。在自己的职位上把需要自己做的事情做到最好便是最好的结果。

高中时间紧张所以不会经常组织团建，但我们每天都在一个较小的空间里共同活动。而大学不一样，同班的同学单独在一起活动的机会并不是很多，于是团建就有了它的意义。我们班进行了多次团建活动，我作为班委也会积极参加每一次团建活动的策划，我们珍惜每一次聚在一起的机会，我们的宗旨就是让同学们吃得开心、玩得开心，拉近友谊。每一次的团建活动都能让我了解到更多的同学和有趣的事情，正是这一次次的团建拉近了同学们之间的关系，提高了班级的凝聚力。

在高中时就对大学的期末考试有所耳闻，都说只要专业选得好，年年期末赛高考。自己在不知不觉中经历了第一次大学期末考试，在考前自己整理了各科的资料，只有自己认真整理一遍才能知道自己哪里还有欠缺，哪里需要努力。因为各科知识很多，时间又很紧，所以必须规划好每天的时间，做好复习计划。考试前和考试周，我的身影都会出现在图书馆，每天早出晚归，只是想通过自己的努力获得优异的成绩。有很多次感到心烦意乱，有很多次感到身心俱疲，但这都阻止不了我复习的脚步。当不想复习的时候，听一听其他人的背书声，看一看其他人奋斗的身影，便又重新燃起了斗志。期末那段时间既感觉过得很快，有时却又感觉很漫长，在考场上时间过得飞快，因为自己完全沉浸于试题中；每一科考前的复习又很煎熬，因为需要一点点地记住重要的知识、掌握答题技巧。作为学习委员，在学习上当然也要起到带头作用，希望自己在之后的大学考试中能不断地突破自己，争取取得更好的成绩。

回顾大学第一个学期，忙碌而又充实，平淡而又快乐，留给我的是美好的回忆。人生就是需要一点点地积累，需要一点点地尝试，大学是我们人生中的一个重要阶段，不能仅仅满足于自己的一点点进步，而是需要持续"学习"。

新的一年开启新的希望，新的空白承载新的梦想，我们都是有梦想、有追求的人，不能因为路途艰辛且遥远就放缓前进的脚步，应该具有"越是艰险越向前"的精神。追求梦想的最佳途径便是脚踏实地，徐特立曾说："现实生活中人人都有梦想，都渴望成功，都想找到一条成功的捷径。其实，捷径就在你身边，那就是勤于积累，脚踏实地，积极肯干。"一步一个脚印，踏实做好每一件事情就是对自己最大的负责。

总结过去是为了更好地开始，在寻觅彩虹的日子里不断完善不完美的自己。昨日已经逝去，今日应当珍惜，明日必定光芒万丈，更好的自己一直在前方招手。

辅导员评语

忙碌而充实的大学生活让你变得充盈起来，不仅是在个人知识水平的提升，还在思想方面的成长。你做到了敢于尝试、自主学习、团结奋进，大学也是一次拉开差距的阶段，要继续坚持你的良好习惯，把优秀作为常态，将自己的根深深扎入知识的沃壤中，三尺讲台会是你梦想的归宿。

再赴新征途

宋文婧

查到高考成绩的那一刻，我无法自控地热泪盈眶。当这一瞬间发生在自己身上，一切难以言喻的情感却又那么容易解释，即使只是几个数字，却又不是那么简简单单的数字，直到那一刻，我才感觉到，我即将迈进另一个大门，踏入一个新的征途。

小雨绵绵牵出了离别愁绪，天刚蒙蒙亮，雨稀稀拉拉地下着，我也向着离家越来越远的地方前进着。因为要借用亲戚的车，所以开学前最后一个夜晚并不是在家里度过的，更是因为其他的一些不可抗力因素，我的大学生活，从一个草率的下午开始了。

尽管不是完美的开始，但接下来的生活为这个开始雕琢了别样的精彩。

班级负责人，短短五个字，将我的生活都改变了。高中三年，虽然成绩不算差，但是到不了优秀，所以没有当班委，甚至连组长也不是。而如今，负责人的工作确确实实压在肩上，而我也深知任重道远。所以我会把其当作一种责任，同其他班干部一起，为建设良好的班集体而努力，全心全意为同学们服务。

大概是因为有负责人这个身份加持、壮胆，也可能是同学们太过积极的氛围带动，我在军训会演时和其他五个同学一起跳了舞，虽然只是简简单单的几个动作，但也是我十八年来第一次在观众面前跳舞。刚开始我只是为了撑场面，但是看见大家都在认真地练习，只为了能有更好的表演，我意识到了自己的问题，所以为了不拖大家后腿，我也加入了努力练习的队伍中。

自律监察中心，一个严肃与友爱并存的大家庭，从第一次的工作我便发现，并不是像某些人说的那样，新成员只是跑腿而已。每个人都会去完成真正的任务，是坚决不允许马虎和出错的任务，每个人都需要积极主动地去承担工作和责任，并不存在什么替补和后备，所有人都是要带着武器上真正的战场。每周的例会也总能使我受益匪浅，师哥师姐每次都耐心地指出问题并且会教给我们如何更好地解决。

当然，现实中会发生更多突发的状况，我对于这些事情的处理还不够灵活多变，大部分都是在依靠师姐们的帮助，对此我做出深刻反思。在日常的工作中我也总会出不同小错，但是与刚进部门时不同，现在的我可以冷静地去思考，去面对，研究解决办法。虽然这个学期我已经能够独立完成一些工作，但是我深知自己的不足，也深深地感谢师哥师姐们以及同伴们的引导和帮助，我会继续在工作之中磨炼自己，保持严谨态度，发扬长处，弥补不足，在接下来的时间里继续努力。

在这半年里，我见识到了许许多多从未有过的新事物、新制度，经历了很多第一次。首先，第一次参加班委竞选，并首次当选副班长。其次，第一次拿到了话筒，在合唱比赛的表演里，我单独朗诵了三句诗："我不去想是否能够成功，既然选择了远方，便只顾风雨兼程。"现在这三句诗已经深深地刻在我的脑海里……

副班长、自律监察中心的一员，已经真真正正成为我大学生活的一部分，我会一直为此感到骄傲，也会不辜负这份骄傲，有得有失，有苦有甜，下学期要继续加油！继续在这个新的征途上加油前进！

辅导员评语

你在磨砺中发芽，在风雨里开花。你将学生干部的担当与责任始终扛于肩上，为班级尽心尽力，不辞辛苦，不辜负同学们的期望，踏踏实实地管理和服务班集体，是一名合格的学生干部。时间的齿轮不断向前滚动，愿你坚守信念，珍惜韶华；练就过硬本领，刻苦学习，全面发展，掌握真才实学。

凡心所向，素履所往

王　硕

时光荏苒，岁月如梭。从9月5日入学以来，四个月的时光转瞬即逝，转眼间大一上学期已经结束。通过大一上学期的学习生活，我成长了很多。从高中生到大学生身份的转变，从青岛到济南新环境的适应，都给我带来了全新的感受和体验。在即将要到来的大一下学期之前，我对自己这一学期的得失做一个小结，做得好的方面我会继续保持，不足的地方我将会改进，并以此作为我今后的行动指南。

这一个学期以来的大学生活还是比较轻松的，但作为学生，学习仍是第一要务。和高中时相比，大学更多侧重的是自主与自觉。午后的图书馆看似单调，却正是智慧与沉静的美妙碰撞，迸发出的将会是升华与进步的积淀火花。

在进入大学之前，我的内心非常忐忑，因为我属于比较慢热的类型，想要适应并迅速熟悉新环境并不容易，同时也比较担心人际交往，怕舍友来自全国不同地区，相处过程中容易出现问题。更是有对未知生活的恐惧，不知道该如何进行大学生活。但当正式进入大学之后，我的这些忧虑和恐惧逐渐被打消。从西北甘肃到西南贵州，从中部山西到南部福建，还有作为东道主的山东，在地图上连成一个矩形的我们，相处过程出乎意料的简单、融洽。四个月的集体宿舍生活有笑，有摩擦，有并肩刻苦，有潇洒夜游……生活的细节在这样几近透明的角度让彼此不断深入了解，相互协调，学会包容，不断尝试着磨平自己的棱角，去适应这样一个虽短暂却温馨的小家庭。

进入大学之前，我不断告诫自己要努力提高自己的社交能力，多参加社团，多交朋友，改变自己内向的性格。于是在百般纠结与选择中，我报名了地环青志协和微信小编，最后成功通过面试，成为新成员。

作为外联部的新成员，要学习的事情有很多：各项活动的安排、如何缜密地写出一份完整的策划案、人与人之间的社交，对我来说都是新鲜而陌生的，是需要从头开始学习的事项。身为"社恐"，虽学习过程道阻且长，但一学期以来，收获依旧是不小。我参加了青志协举办的许多活动，譬如"盒乐不为"爱心回收活动、舒适骑行活动、常春藤七彩课堂活动，还有增进同学感情的茶话会。通过参加各项活动，我不仅学到了各种知识，也学会了为人处世的方法，认真负责的态度，更让我明白了志愿服务活动的真谛与意义。"奉献、友爱、互助、进步"这八个字是每一个青年志愿者秉持的精神与原则。在青志协这个温暖的大家庭里，我结交了一群可爱的同学，认识了为我们答疑解惑的师哥师姐，为我大学适应期铺筑了相对平坦的道路。在活动中，作为组织者，锻炼了我的实践能力，作为参与者，为我的大学生活增光添彩，使校园生活更加多元化。

在新的一学期中，青志协必将还有更加精彩的活动等待着我们的组织与参与，希望我能够保持积极性，在活动中结交好友、提高素质，并将"奉献、友爱、互助、进步"的青年志愿者风范广泛传播，将我们的爱心洒遍校园，将我们的微笑献给社会。

微信小编是我自己很感兴趣的一项工作，当师姐来招新宣传的时候，我就决定报名参加了。如愿通过面试成为新成员后，师姐发了一篇文章以及排版方法让我们试做一下练手，这时我才发现原来一篇公众号推文的背后是有那么多的辛苦与不易。刚开始上手，编辑网页和公众号后台都不熟练，处处都要询问师姐，问题多得连我自己都不好意思了，但师姐一如既往地耐心教我们，每一处细节都告诉我们应该点哪里，怎样才能做到预计效果。在历经"千辛万苦"做出来第一篇公众号推文之后，有一种种下种子看着它一天天长大，终于结出果实的成就感。

除了参加了青志协和微信小编的工作，我也成功当选了心理委员一职。当初竞选心理委员，是缘于自己对心理学比较感兴趣，对心理委员一职也有一点好奇，同时也很希望能通过这个职位为大家解决一些心理上的问题，切实地帮助同学们。而且我深知自身能力并不很强，任务过于繁重的职位可能反而做不好，因此心理委员一职便是我的最佳首选。在一学期的工作中，我深刻感受到，心理委员也不是个轻松的职位，平常要负责转发学生会下发的通知，帮同学提交作品，并做好日后的反馈工作。但身为班委，我想我应该肩负起为同学服务的任务，并时时刻刻为同学们着想。在帮助同学的同时，担任心理委员也锻炼了我自己，收获了许多心理方面的知识。我也相信，只要我们共同努力，我们的班级就会更上一层楼。

在学习上，刚开始由于对学习方式的不适应，学习效率很低下。不过，经过一段时间的适应之后，对学习时间、学习方式都有所习惯，学习状态渐入佳境。

已经过去的一个学期，是不断探索、不断充实自我的四个月，在许多方面我收获颇丰，潜力有所提升，眼界有所拓展，思想有所升华。但与此同时，我的缺点也逐渐显露出来：在学习上不够刻苦，不论是从日常表现还是最终成绩上都能够体现出来；社交能力仍然需要提升，这样才能方便日后的学习、工作；缺少身体锻炼，良好的身体素质也是一个人持续发展的关键所在。

总之，对于我来说，这一学期是很快速、很宝贵的，也会是留给我印象最深刻的一个学期。因为在这一学期里，让我学会了像一个成人一样看待问题，学会了设身处地地站在他人的角度思考一些问题，并快速成长起来。

在今后的学习生活中，我会不断努力，不断超越自我，积极履行作为一个学生干部的职责，锻炼自己，体会人生！

辅导员评语

推敲文章的一字一句，琢磨志愿者活动的一点一滴，传递班级同学的一纸一画。学生干部的工作里你投身热爱和职责，不惧挫折与挑战，坚定恒心韧劲。在大学里，是主动向外扩散枝丫的时候，你在各种活动要一如既往地保持积极主动性，把握细节的重要性，也要勇于试错，推陈出新，去开放自己的思维活力，给理想插上创新的翅膀。

笃行不怠，接续新篇

姬嗣龙

从带着对大学的憧憬与渴望，到逐渐熟悉与适应山师的生活。刚入学的场景仍历历在目，再回首，大学生活已经度过了八分之一。这一学期，有迷惘，有进步，也有收获。这是一个非常值得回味和考量的学期，从中汲取经验，获得教训，而为下学期写下更好的绪论，当然这也必然会成为大学生活中一个精彩的片段。

"弘德明志，博学笃行。"作为一名大学生，最主要的任务仍应围绕学习展开。可回望过去一学期，我大多时间其实并不在学习之上：其一，上课时间在线率相对低，一整个学期认真在课上学习过的也不过只有高数和地球概论，英语和近代史等科目反而更像在"摸鱼"，其他专业课课本甚至比较干净；再者，闲暇时间多在娱乐或其他事务上，不论上课或自习，一到时间便起身出门，宿舍里面更是少有学习的气氛。大部分专业课知识其实并不理解，但几乎都是不了了之。课下会耐心梳理难点的科目基本只有高数一门。这样下来，平时温习课本的时间较少，更何况新知识本就比较难理解。直到期末考试前夕，自习室里、楼梯口边、宿舍桌前、图书馆中，才出现我掌灯夜读的身影，也是作为一个学生应该有的样子……今后，我定吸取教训，好好学习，做好自己的主业。

学生要以学业为重，固然没错。而当迈进大学的那一刻起，我们就已经不再是高中时代的"学习机器"。大学，是施展个人才华的极佳舞台，也是培养兴趣、技能的理想基地。作为鲁能球迷，抱着对足球纯粹而又痴醉的狂热，我在入学前就迫不及待地加入了地环足球队纳新群，开学后也正式成为梦寐以求的地环足球队的一员。拥有强健的身体素质是参与各种活动的基础，尽情地奔跑在绿茵场上，拥抱阳光，享受快乐的同时也锻炼了身体。从迎新杯到校长杯，不论替补还是首发，每在一场比赛中洒下过汗水，便对足球没有辜负。在自己的队伍中和与自己志同道合的球迷，一起为主队喝彩，又何尝不是一件乐事呢？

球队训练固然会压缩休息时间，或与朝阳共出发，或与月光共此时。奔跑在高地足球场，柔风中与球共舞，因为喜欢，而从不感到疲惫。让兴趣指引自己选择活动其实是比较重要的，不应被动或跟风入社，做自己喜欢做的会很好地让天赋绽放。不仅运动，音乐同样充满活力。在山师大吉他协会中，我认识到了更多兴趣相投的朋友，有细心又热情的师哥师姐，也有互炫琴艺的好友。同一屋檐下，开怀畅聊，互领高见，其乐融融。

一学期的青年发展部志愿者经历也值得回味一番。与起初的印象不同，学生会给人并非是拘束严格的感觉，用平易近人来形容或许会更恰当一些。从集体组织笔试到进一步面试入部，再到进行一系列陌生的工作，中途有过想放弃，但等再回望的时候便觉得坚持是正确的。

诚然，在青发部中不仅从申请报告厅、打印文档等工作中熟悉了校园环境，还提高了为人处世的能力。然而，当本来就有任务要做，且学习正好繁忙之时，部门突然布置来整理照片、撰写通知、汇总奖项等大任务量工作时，可能会打乱计划，甚至还会因本就不熟悉的工作完成得不完美而被批评。总的来看，这其实正锻炼了我们如何协调时间、提高效率和分清主次的能力。

说起效率和时间，不由得回想起最难忘的班干部经历。从入学谈起，由于还未竞选班委，班级里面11个班委应对接的工作暂由我们3位临时负责人承担。对初入大学又不熟悉校园的新生来讲，这可以称作一个不小的挑战。当别人在下课后娱乐休息之时，迎接我们的还有整理入学资料，下发通知、文件等工作。本就还保持在假期中放松的状态，如何在不影响学习的情况下，干好手里的工作的的确确是个考验。不经风雨怎见彩虹，这个月的临时负责人经历亦是受益匪浅。用一句比较流行的话形容便是累并快乐着，从此以后我不仅有担任一名学生干部的决心，更有信心。

在此后的班委竞选中我如愿当选了团支部书记。大学里的班委跟中学时大不相同，既然承担了这个职务，便要负起相应的责任。随着持续的工作与学习，团支书的工作每次都算比较顺利地完成，但仍有很多不足之处需要发现并改正。因为日常事务比较多，时间经常冲突，我们很容易忽视细节方面的问题，这就导致我们不但没有很好地完成工作，可能还会引起同学们的不满。通过收取每周的青年大学习截图为例，为了提高效率，后续收取中，我们采取了以宿舍为单位的简便方法，在通知和催促中因焦急略显无礼的语句，势必会令大家感到不满。除此之外，开团课准备不足、通知不到位，团员档案信息整理出错，专题活动组织能力弱，因表达能力差而引起的误解等问题，都值得去认真反思，而在下学期工作中不会重蹈覆辙。

团支书的工作中，有因仓促应付而受到的教训，也有认真做好一项工作的收获，我想这可以称得上一段弥足珍贵的经历。想相对好地完成一项任务，并非是刻意提高速度而草率了之，应当学会的是怎样开展合作与合理安排时间。单枪匹马永远斗不过百万雄师，看似复杂的任务，在舍长的配合下，班委之间相互协作，抓住头绪，耐心进行其实可以化难为易。在刚刚担任这份职务时，我只会闷着头琢磨，而很少主动寻求帮助，这也使得各项任务完成起来都相对匆忙且草率。低下的效率让我慢慢明白了"众人拾柴火焰高"的道理。

在中学，包括刚刚入学时，我的性格其实非常内向。如何开好团课，怎样向同学们转达通知，以及怎样向师哥师姐们请教问题等，都是起初我比较敏感的事情。相应地，我在班级团建等主题活动中没有积极地表现，没有展现出一名团支书该有的责任心。在经过了一学期工作的锻炼，学生会的跑前跑后，以及迎新晚会、男生节、班级合唱比赛等活动后，渐渐地，再应对相同问题时我感觉也不再棘手了。既然是名学生干部，那就应当注重集体利益，展现出积极的一面，不论是在集体活动中，还是日常的班级事务，都要做好模范带头作用，为营造一个更好的班集体做出应有的贡献。

　　一学期悄然已过，但后面迎接我们的会更加值得期待。回望过去，行远自迩，笃行不怠，定谱新篇。"经验是埋在生活中的种子，沙漠中养不出牡丹来。"成功从来不是偶然的，是无数次经验中淬炼而成的，要勇于正视缺点，在不足中发现亮点，在收获中接续奋进。芳华待灼，砥砺深耕行而不辍，履践致远踔厉奋发，定当"直挂云帆济沧海"！

辅导员评语

　　处理繁忙的负责人工作的同时也让你更好地了解班级和学院的学生工作模式，这些辛苦的工作下有你对新班级的贡献，帮助你对后期的学生干部工作更加得心应手。突如其来的"黑天鹅"总是打乱原有的计划，这需要你快速反应、调整状态，尽快思考最佳处理方案，统筹各位班委的作用。你对自己的不足之处做出了反思，只要及时调整改进，你一定会把学生干部做得出色！

爱与被爱，找寻热爱

许　悦

　　起笔写过去一学期的总结，内心五味杂陈。四个月，离家一千六百公里，在写下"济南的冬天我来了"的期许之后，风尘仆仆飞往济南，开启大学的新征程，也经历了自己从未有过的人生体验。如果要形容过去的四个月，我觉得"在爱与被爱中找寻热爱"是最好的描述。

因对雪的憧憬，我从厦门来到了济南。当我经历一树金黄，满地落叶后，迎来了人生中的第一场雪。在雪上写上对远方亲人朋友的爱意，这些都是济南——这座有秋天、会下雪的城市带给我的别样体验。

初来乍到的南方人，还带着一股初生牛犊不怕虎的冲劲，莽撞地闯入了新环境。宿舍，一个夹杂南北方人的小环境，就是我跳入周边大环境的一个台阶。大家来自天南海北，顷刻间就好似一家人，舒服的宿舍氛围让我忘记了自己是异乡人。在我最迷茫的时候，宿舍的姐妹们安慰我；在我遇到棘手任务不知所措时，她们就是我的智囊团；在我忙于班级事务无暇顾及宿舍时，她们就帮我完成卫生任务。生活本没有一纸蓝图，更没有标准答案。真正认真生活过的人，会明白身边的人有多重要。有朋相伴的日子，即便是平凡，也过成了诗。

大学第一学期，我第一次通过竞选获得职位，与6年前当班长的心态完全不同。除了以微小优势当选的欣喜，更多的是忐忑不安。当选后的一段时间，一度觉得迷茫，没有了决定竞选之时忽视对手实力强劲的豪横，也没有了竞选之时站在讲台，面向同学们洋洋洒洒演讲时的自信，仅存面对一个个陌生任务降临时的不知所措。我将自己与其他班委对比，发现自己因为缺乏经验，组织活动控大局的能力不能满足一个合格班长的要求，也同样发现过多的感性使我优柔寡断，在许多事的处理上毫无效率。竞选之时微小的票数优势一次次成为我在遇到问题时胆怯逃避的借口，"如果当时不是我当选，他会不会做得更好？"的疑问频繁涌上我的心头。消沉在所难免，对自己的怀疑也从没停下过，但路仍要向前走，我依然要尽全力把工作做好。

暗自纠结了很长一段时间后，意识到不能再以这样的状态继续工作生活，于是我找到老师诉说了我的苦恼。我仍然记得他当时说："微小的优势也是优势。""很多人说女生当班长会比男生差一点，那就证明一下女生也可以做得很好。"老师几句话让我醍醐灌顶。离开办公室，走出学院楼，我的心情无比愉悦。我想明白了，其实有人在来到学校之前就已经技能满点，长袖善舞，耳听八方，行动力和决断力满分，判断力上乘。就因为这样，做一回班长，逼自己也好，总归在自己没有认真规划的时候，让自己有事情忙，让大学不会在日复一日的上课、考试、追剧中度过。来到大学是一个新起点，大家都一样，只要用心，没有多花点时间解决不了的问题。自己想成为一个什么样的人，就要付出什么样的努力，最终总会有收获。虽然现在的我依旧很笨拙，经常会为组织活动、协调现场、发布通知而苦恼，但是经历一学期后，我也逐渐成长，积累了经验。而让我最有成就感的是，我们班在年级活动中屡次崭露头角，取得名次，看班里的同学认真对待每次活动，就觉得自己的努力未留遗憾。

作为班长，我不仅从学习上帮助同学，在生活中也尽量关心他们，并认真记下了大家的生日，每有同学过生日，我都会守着生日零点为他们送上祝福，每次我也都会收到他们诚挚的谢意。相遇的本身就足够幸运了，何况我们还是能得到回应的爱与被爱关系。

班长事务之杂，管控范围之广将我的时间碎片化，大大小小的活动，除了相应的负责人，都会有班长的一份。上学期我愿称自己为全身心投入，责任在肩，就该认真去做好。但更重要的是，同学们的体谅、理解和配合。我不知道在他们眼中真实的我有没有达到他们的期许，但他们总把"班长辛苦了"挂在嘴边；他们也会因为自己的缺席和不上心影响班级进度，而跑来跟我表达愧疚；他们还会主动找我，询问我是否需要帮助。合唱比赛拿到第二名的那天晚上，我兴奋地睡不着，一遍遍重温我们的比赛视频。路过我们曾经排练的地下室，克服天冷、克服音响设备缺乏等困难的排练画面一幕幕浮现……眼眶不自觉地就红了。不论何种荣誉，都少不了整个班的人为之付出的努力。对他们说感谢，已经略显单薄，遇到这么一群人，遇到这个温暖的大家庭，足以让我感到幸运。他们的偏爱便是支持我不断前进的动力，也是我引以为傲的资本，曾经有其他班的班长对我说："你把你们班带得真好啊！"可我想说的是，这并不是我一个人的功劳，是大家团结互助的结果。所以，就算笨一点，慢一点，也没关系，我种下的种子终究会开出花儿来。

我将继续，在爱与被爱中找寻热爱。

反复的自我怀疑，让你在面对班级任务时开始变得不自信，逃避心理矛盾只会加重思想负担。心境的转变让班级活动变得容易起来，似乎风里都会带着催人向上、促人坚毅的力量。越来越得心应手的组织管理，成果喜人的各种活动，这些都是你成长的见证，春风吹起少年的意气风发，你可以的！

心有炽热，眼有星光

陈相妤

大学的第一堂英语课，老师教给我们的第一个单词就是"responsibility"，责任，那时还没有太多的感觉，但现在，我感受到了其中的意义。

我最大的感受就是我终于是作为一个成年人，在这个世界上生活，虽然生活费还是父母给，但我对身边的一切有了更多的责任和关怀，同时也对自己有了一份责任。

作为一个独立的个体，对自己负责。上大学后管理比较宽松，熬夜没人提醒早睡，早晨也没人催你起床，吃垃圾食品也没人提醒你注意身体，但是自我放纵是不可取的，放纵自我最终还是自食恶果。宽松的环境需要更高的自律，所以我努力学习，充实自己。欲戴王冠，必承其重，尽管前路未知，我仍然会竭尽所能。

作为女儿，对父母负责。我作为独生子女，而且父母年龄都比较大，在考虑我的未来时我必须将他们都考虑进去。这半年在外面上学，我所能做的就只有经常给他们打个电话，关心一下他们，放假之后回到家，我则会为父母做一点力所能及的事情。

作为班级一员，对班集体负责。作为一个班委，我深刻感受到了班集体的那种力量，尤其是当所有人都朝着一个共同的目标在努力，在奋进的时候，结果反而不再那么重要，更重要的是我们在这个过程中收获的团结的力量和那种大家共同凝聚出的勇气。

作为舍长，对舍友负责。舍长的责任，主要是保证宿舍的卫生环境和舍友们的生活质量。比如在有同学已经休息的时候提醒还没睡的同学不要说话，提醒喜欢乱丢东西的同学清理垃圾。在宿舍有习惯早睡的同学，因此我们商量制订了熄灯时间，提醒舍友早早休息。我每天早晨还要提前10分钟起床洗漱然后开窗通风、扫地拖地。其实早在之前也想过给大家分配值日表，但实行起来并不容易，所以我承担起主要的卫生打扫任务，舍友们则只需要打扫好自己的区域就可以，这样不但可以减少很多矛盾，也更容易保持好宿舍的卫生。一个宿舍的氛围对一个人的影响真的特别大，我希望在我的影响下我们宿舍的小朋友们会越走越好。

作为班长，对班级的每一个同学负责，对班级的事务负责。早早就听说大学里的班长不一般——不是一般的忙，虽然如此我还是毅然决然地选择竞选这个职位，因为我相信这样一段经历一定会为我的生命添上一笔明亮的色彩。当了班长之后我也真正体会到这个角色所需要承担的责任。从班级负责人到班长，是截然不同的感觉。从最初选课时同学们的各种疑问、发书时统筹与分配、合唱比赛两次改换歌曲的挫败和与同学们一起团结训练的快乐，再到每周和老师工作汇报，每月的班级户外团建去爬山、去做游戏，到后来网课无法录入的问题，一个接着一个，马不停蹄地一直在忙忙碌碌。但每当看到自己的劳动成果时，心中又充盈着融融暖意。我觉得作为一个班长最重要的能力就是统筹分配的能力。一个人是无法完成所有的工作的，如何将工作分配下去并督促大家完成是一件很重要的事。但是不是每一个同学都能够把问题想得周到、完善，这时就需要我们及时跟进、提醒各个班委完成任务工作。在这半年的时间里，不只是我，每一位班干部都有了自己的成长，或许我们都还有这样那样的不足，但我们都在努力地为同学们提供更好的服务，在一起奔赴远方。

学生会志愿者的工作也带给了我很多感触。我在秘书部做志愿者，很多的工作都关系到大家的学业问题，特别需要我们认真负责。我在学生会的工作其实一点都不轻松，特别到期末最后一两周的时候，别的部门的同学手里基本上都没有什么活了，开始着手期末复习，但是我这里还有一件特别重要的工作——补办学生卡和火车优惠卡。当时收学生证时正逢英语四六级考试，我收了大概两天才将所有的材料收齐，耽误了很多复习的时间。通过这一学期的学生会志愿者工作我发现很多问题，很多人包括师哥师姐们对一些本应熟知的问题并不了解，很多人都不知道自己的学业存在问题。这些事情也在不断提醒我，作为一个班长，要及时帮同学们了解关于自己学业和生活中的问题。

做这么多工作，说不耽误学习是假的，所以为了能做好学习和工作两方面，我牺牲了很多休息和娱乐的时间，但我觉得这一切都很值得，在工作过程中我不仅得到了能力的锻炼，也收获了很多志同道合的好朋友，奋斗是我们青春最靓丽的底色。

在今后的日子里我会更好地规划，心怀炽热，忙碌得有方向、有目标、有进步，为自己将来的职业生涯打下坚实的基础。

辅导员评语

责任与担当是成长的主旋律，这首乐曲被歌颂到学习生活中、学生干部工作里、与亲友的来往中。作为学生干部的你，对自己负责的同时更要对班级同学负责，你深刻地认识到了这一点，把责任贯彻到了一言一行中，善始善终，细心琢磨，继续保持这种优秀的品质。飞向憧憬未来的你，定会冲破束缚，做到自由洒脱。

行远自迩，笃行不怠

王 轶

光阴飞逝，转眼间结束了在山师的第一个学期，时间就如手中的细沙一样，从指缝中滑落。初进山师时的情景、开学报名时的经历还历历在目，感觉像是做了一场美好的梦，一切仿佛发生在昨日……

大学，多么美好的一个字眼，它是那些曾经在高考战线上努力奋战的少年们的梦。幸运的是，高考之前我在红色宣誓横幅上写下了"山东师范大学"的目标学校，已由梦变成了现实。那一天，本着对大学生活的美好憧憬，我步入了山师，开始了我的大学生活。大学的第一个学期过去了，从担任班级临时负责人到团支书的竞选，再到现在的寒假，似乎这一切只是昨天的事情。在新学校的半个学期里，我基本习惯了学校生活。紧张又轻松的气氛让我的生活过得充实。在这里，我认识了许多的新同学、新面孔，我们一起学习，一起成长，充实自己；一学期下来，我既有得又有失。

在工作方面，担任班级团支书让我学会了很多。在工作中，我保持着积极的心态去完成支部分配的任务，督促同学们完成青年大学习的工作、组织开展团课等，都大大增强了我的交流沟通和组织领导能力。在上大学以前，我憧憬着大学校园里各种各样的社团活动。当我加入大学生队伍里，我才发现原来社团的运作都是社团骨干的心血结晶，每一次社团活动都是经过同学们策划、修改、组织的。通过这一学期的切身感受，我深切地体会到，选择社团要根据自己的兴趣，有兴趣才会投入。而社团活动或多或少是会与学习发生矛盾的，如果是喜欢社团的活动，则需要放弃一些课余的生活时间。另外，上学期我加入了学生会，通过层层面试成了青年发展部志愿者，在此期间，我以一颗热情的心对待部门工作，保持高度的责任感。这些锻炼使我大大提高了适应能力、管理、组织和协调能力。我所在的青年发展部主要负责大学生竞赛，在部门里，我深入了解了大学生各类竞赛：大创、挑战杯、数模等，参加这些竞赛则会为我们今后的发展提供很大帮助。另外，部门组织的模拟答辩也让我对答辩有了初步的了解。但是在这个适应过程中，我渐渐发现自己心有余而力不足，团支书与学生会的工作都很繁重，在不断的权衡中，最终我选择辞退学生会的工作。从中我体会了取舍之道，正所谓"鱼和熊掌不可兼得"，"取"与"舍"常常是人们在面临选择时最为纠结的：欲望使我们希望取得更多，忙碌的生活又使我们觉得疲惫，希望舍弃身上的包袱。须知，有得必要有所为，必会为其所累。因此，取之有道，常常会有出乎意料的收获；取之无道，是谓包袱，负重而无益处，不如舍弃。放弃并不意味着失去一切，有舍才有得，在人生这道选择题面前，我们必须要学会放弃不属于我们的东西，才能获得想要的东西。

在学习方面，过去的我总是以一种玩乐的心态来面对学习，而现在的我则已经学会了用谨慎的态度对待它，因为大学里的知识都是为今后工作所用，所以我不能再像以前一样浑水摸鱼，得过且过。地球概论课上，老师反复告诉我们，一定要好好掌握知识，因为我们将来大部分同学是要当老师的，这些知识是要拿到讲台上教学生的，自己都掌握不明白，拿什么给同学们讲？她的谆谆教导我始终牢记于心，所以我尽可能熟练地掌握、运用这些知识。当然，在努力学习的同时，我也会加强实践，当工作与学习有冲突时，我会选择偏向于学习，因为学习永远是第一位的，这也是辅导员老师反复强调的。

在生活方面，我更加明确了独立自主、积极向上的生活态度，时刻遵守学校的校纪校规，和同学们友好相处，积极参加学校及班上组织的活动。通过了这半年的历练，我已经学会了如何去合理地安排自己的时间，学会如何更好地照顾自己，不再做只会整天待在家里衣来伸手、饭来张口的小公主。总之，待人真诚，把该做的事情做好，然后从实际出发，做人如水，做事如山，待人礼貌，善待他人，善待自己。高二有一段时间贪玩，班主任曾在我的作文练笔上留下这样一段批注："整体不错，再认真点，不要浪费了自己！"是啊，不要浪费了自己，这句话无数次激励了我，我想，无论何时何地、无论做什么事，都要尽心尽力，不要浪费了自己。不断提升，使自己变成一个德才兼备的应用型人才。

地理科学是一门文理交叉、偏重理科的专业，地理科学在社会发展中发挥着重要的、不可替代的作用，老师告诉我们，它有多元的研究方向：如人类关系、区域关系、区域发展的方向等；在实际应用上，我们可以利用地理学进行风险评价、社会稳定性评价。地理学一方面关系到国家的资源、环境、区域、城市等基础部门，它的理论对社会经济发展起到基本的指导作用。另一方面，它对国民素质的提高，对科学文化的发展以及对国防、外交、国家的管理也发挥着重要作用。在老师的介绍中我知道了曾经中国近代地理学大大落后于人，而新中国成立后，经过了几代地理人的不懈努力中国的地理学发展了起来，并且逐步赶上了世界地理学发展的脚步，中国现代地理学也为世界地理科学的发展做了很多有益的贡献。2020年9月22日，在第75届联合国大会一般性辩论上，习近平主席提出，中国的二氧化碳排放力争于2030年前达到峰值，努力争取2060年前实现碳中和。那么什么是碳中和？它指企业、团体或个人测算在一定时间内直接或间接产生的温室气体排放总量，通过植树造林、节能减排等形式，以抵消自身产生的二氧化碳排放量，实现二氧化碳"零排放"。碳中和正是地理学在环境保护方面的体现，为人类可持续发展服务，碳中和没有止境，前景非常广。见微知著，睹始知终，以此我也认识到了地理学的光明前景。

如何用地理知识说"我爱你"？"你是北大西洋暖流，我是摩尔曼斯克港，因为你的到来我的世界成了不冻港。""千岛寒流遇到日本暖流时，会温暖整片海域，正如我遇见你。"……这是在网络上很火的三行地理情诗，而这同样也是我想对"地理"说的话。热爱地理是一件幸福的事情，我喜欢千百种植物，感受四季的变化，想去世界上的任何一个地方……在地理中，我能永远得到最真实的平静与快乐。

新的一年就意味着新的开始、新的机遇、新的挑战，总结过去的得失，为了明天会更好。行远自迩，笃行不怠，我会不断地完善自己，迎接更加美好的明天！

辅导员评语

地理之于你，一撇一捺间充斥着热爱之情。我看到了你对地理了解的深入和对教师事业的向往，那就坚定信念学好学科知识，自主学习。能够适时做好取舍，以全身心投入其中一项，你会有更加出色的表现。新的明天在向你招手，在任何困难和风险面前都不要放弃、不要退缩、不要止步，百折不挠地为自己的前途命运而奋斗吧！

浩渺行无极，扬帆但信风

匡宇茜

高考结束，尘埃落定。而新的旅途才刚刚开始。在收到录取通知之前，我从未想过自己会学地理科学这个专业。作为一个纯理科生，我也从来没有想过自己的未来会与地理挂钩。怀揣着不安与迷茫，我踏进了山师的校园。在这半年里，我尝试了很多以前我不敢去做的事，也学会了很多新的技能，了解到了很多从未探索过的知识领域，从沉默、敏感、懦弱到开朗、敢于交流、表现自己，我觉得这算是一种蜕变吧。

在生活方面，对于自己独立生活这件事，我有些新奇也有些不习惯，因为在此之前我从未住过校。不过幸运的是，我与室友们相处得还算和谐，即使日常生活中难免有些小摩擦，但最后都能化解。宿舍是一个小集体，六个人生活在同一个空间，各自的生活习性都不相同，这就需要大家互相理解和迁就，为我们的大学生活创造一个良好的环境。另外，我最自豪的一点就是我们宿舍的人都很爱干净，在理解和舒适的环境里，相信我们一定能舒心地过完这四年大学生活。不仅如此，在与同学们的相处中，我与大家的关系都很融洽。通过班级活动，班级凝聚力不但有了提升，同学们之间的友谊也得到了增进。

在学习方面，学习方式发生了很大的改变，似乎没有高中那么严格了，而我在这样的环境中，也开始懒散起来，学习自主性不强，对奋斗的目标不是很明确，准确地说，就是对未来很迷茫，没有方向。作为班长，对于没有起到良好的带头作用，我感到很惭愧，所以我决定，在接下来的学习中，我要找准前行的方向，为自己订一个目标，有规划地去学习，做一名合格的班长。

我这半年最大的收获是在工作方面，不同于高中"一心只读圣贤书，两耳不闻窗外事"的状态，我学会了跟同学更好地相处，除了担任班长、课代表之外，我还加入了学生会等多个部门，每份工作我都认真完成，不让别人失望的同时也不让自己失望。而且我也希望能够通过工作来锻炼自己的能力，力求综合发展。从担任临时负责人开始，我就怀着做好这份工作的心态，尽自己最大的努力去做到最好，处理班级事务、学习办公软件的应用，从生疏到熟练运用，在这个过程中，我变得越来越自信。

现在的我与刚进入大学时的我最大的区别就是经验的增长，不管是生活经验还是工作经验，都有了很大的突破。经过一学期的学习与锻炼，在人际关系的处理与协调方面，我也有了很大的提升。作为班长，我的工作是统筹并协调各个班委管理好班级日常事务，协助同学们在生活、学习等方面实现从高中到大学的转变，并努力建立优良的班风学风。而我也一直谨记自己的任务，用心开展班级建设，并根据本班同学的特点和实际需求，组织开展各种丰富多彩的活动，以凝聚班级力量。

回顾过去，总结经验固然重要，但更重要的还是要走好以后的路。因此，我有必要为自己以后的大学生活做一个规划。首先，学习是我作为学生最主要的任务。在以后的大学生活中无论如何，学习都不能放松，在学好专业课的同时还应该尽量扩展自己的知识面。其次，在生活上我要继续搞好同学关系，积极开展班集体活动，主动向师兄师姐学习，吸取他们的经验教训，尽量让自己在大学期间少走弯路。积极参加社会实践，从社会中汲取营养。改变不良的作息习惯，让生活更加健康、合理。再者，思想是一个人的灵魂，它支配着一个人的所有活动。因此，我要不断提高自己的思想水平，控制好自己的情绪，做一个积极向上的大学生，让自己在大学里能够真正成长起来。

　　保持一颗"不等待"的心。今日事今日毕，就是一种不等待的心态。生活中会常常仰慕成功，也渴望自己能够做到完美，其实这离你并不遥远，只要落实想法、敢做敢闯，那么成功会是一种必须也是一种必然。学习扎实的专业内容，练就过硬工作本领，历经一番刻苦奋斗，你就是收获花香和果实的那个人！

和光同尘，与时舒卷

熊羽萱

　　闲云潭影日悠悠，物换星移几度秋。时光荏苒，此时的我已经在山师度过了一个学期，但时常感到些许恍惚，清晨五六点的新鲜空气、朗朗的读书声、上课的瞌睡虫、刷不完的题目还历历在目，仿佛我还是一位高三学子。

　　转眼已从烈日炎炎的军训时光过渡到了新学期的尽头，在这脱离束缚、逃离压抑环境的第一个学期，我和大多数同学一样，过着忙碌充实的大学生活，但对于我而言，这跟我所期待的不一样。

　　刚进入大学时，我还没从长达将近三个月的暑假缓过神来，惰性和玩心被激发出来并养成习惯。开学前看了无数条关于大一新生的建议，也在脑海里想象了无数的景象以及希望自己达到的样子。比如，我知道大学是一个很好的发现和发展自我的平台，是一个小社会，我可以在这里学到很多方面的知识，并能提高自己的各种能力。我从南方到华北地区来上大学，有很大一个目的就是想拓展自己的视野，领略不一样的风景……但以上这些我好像都没如愿。因为空下来的时间我大都瘫在寝室的床上，不是刷短视频就是沉浸在综艺、电视剧中，以获得短暂的快乐。这确实是一种放松的生活方式，但是过度沉溺于此便是浪费时间，浪费生命。

　　所幸，我参与了迎新晚会的班级负责人舞蹈表演节目。上一次在很多人面前跳舞我都不记得是多少年前了，这对我来说是一件值得纪念的事情。我们一次次地训练，一次次地重复，从未抱怨过，因为我们只有一个目的——在大家面前呈现出我们最好的状态。我还有一件感到很幸运的事情，那就是进入了我们学院的宣传部担任志愿者，和很厉害的师哥师姐们一起共事，他们不厌其烦地一遍一遍教我们技能，以使我们获得成长。除此之外，我还很幸运地在歌唱比赛中担任了指挥这一重要角色，从最开始的错误指挥到慢慢和同学们不断配合，其间也想过很多次放弃，但最后还是坚持下来了，而且在比赛现场，我们展现了最完美的一次表演，很感谢同学们给予我的信任。我还很幸运地遇到了最好的大学辅导员和班主任老师，这是我在大学最先认识的两位老师，除了任课老师外，这也是和我大学生活最接近的两位老师，尤其是辅导员老师，他在这个学期中一直引领我们，希望我们更好。幸运的事还有很多很多……

　　在大学的生活、工作期间，我发现无论是同学或是老师都很好相处，老师在课堂上不仅给我们传授知识，还给我们传授一些他们的经验，这是可遇不可求的。这一学期的经历，更让我知道在面对困难时，要抱有一颗乐观积极的心态，勇往直前，无所畏惧。本学期的经验对于我来说确实很宝贵，因为有了这段时间的生活和学习经验，我才产生了一个要自我改变的意识，意识到在大学四年的生活中，需要不断地进行反思，发现自己的不足，并完善自己。

　　我有过许多的计划，有过许多的想法，做了很多，看了很多，但是我仍然有很多遗憾。我曾经想过当个班干部、进入学生会、做兼职、成为志愿者以及做一些以前没有做过的事情，让自己忙一点、再忙一点。但是大多都没有能够实现，由于我自己的怯懦，我失去了一次又一次的机会。所以接下来的日子，我不能再坐以待毙，而是要努力行动，把自己的计划付诸实践。

　　我将选择继续，一路朝前。

坐而论道，不如起而行之。要把精细的计划变成现实，必须靠动手实践。要将时间充分利用起来，并调动起自己的意志力与行动力。只要认认真真去做，就会一点一点完成量的积累和质的转变。用执行力，使自己的幻想化为现实，把困难化作垫脚石。千帆散尽，归来仍是少年。

静谧花开，自表一枝

刘　畅

2021年9月，我正式步入了大学校园，开启了大学生活，由夏至冬，一学期在日月演替中悄然而过。对我来说，大学生活的多姿多彩具有强大的吸引力，我自然享受其中，但另一方面，大学生活的多内容化，比如各类竞选、面试、竞赛、讲座以及社团活动又使我不得不走出自己的舒适圈，主动适应与曾经的校园生活截然不同的方方面面，不得不说，这对于我来说极具挑战性。

相比较而言，高中生活是有规律的、单一的、重复的。我曾厌倦日复一日地背诵、做题，渴求从高压的生活中解脱出来，不再使学习作为占据大脑和肢体的全部。但"欲戴王冠，必承其重，欲握玫瑰，必承其伤"，真正在大学校园扎根时，我才意识到，经历过千军万马过独木桥的高考，不是结束，而是重获新生。想在大学校园生活得心应手，丰富多彩，首先要改变，简而言之，自我突破。这样的改变是真正自己手握命运，自己书写未来。当我失去父母、老师的庇护时，不只要学会学习，还要学会生活，学会做人，当然，这样的改变是不容易的，折磨的，困扰的，可是，这样的改变也让我期待，期待自己在某一天可以羽化蜕变成耀眼的存在。

要想改变，我认为第一步是勇敢。性格使然，我不擅长与人交往，极少主动争取机会。但在大学校园这样一个半开放的环境里，不交往，不争取，便会一无所得。于是，我快刀斩乱麻地迈出了第一步，大胆又果断地做出了一些决定。

我主动报名参加院新生辩论赛，只为逼迫自己拥有克服恐惧、敢于在人前说话的能力。从一开始需要用半个月准备一场比赛，临场几天前便开始忐忑焦虑，上场时更是瑟瑟发抖，到后来用一周的时间准备比赛，赛前安心准备，场上不卑不亢，从事实辩到政策辩再到价值辩，从初赛到决赛并最终获得团体亚军，这一切的改变，让我收获的不只是勇敢，还有专业的辩论知识、辩论好友、宝贵的辩论经历以及自我能力的突破，我打破未知的禁锢，走出对未知的瑟缩，走到了一片新的天地。

除此之外，我还参加了校学生会的面试，并选择了工作性质最综合的办公室部门。这也是我面对的第一场面试，执着、坚持使我攒聚满腔信心，顺利度过了两轮考验。作为入学小白，仅面试过程已经使我获益不少，从查看文件纰漏到编写策划案再到团队合作商议会前准备工作，我在进入部门之前就已经得知办公室人员必须具备的工作素养和技能。实习期间的忙忙碌碌更是使我受益良多，每次开会，每次团建，每次活动，我都可以在工作伙伴的一言一行、一举一动中感受着他们的热情与严谨、细致与耐心，数个文件阅览下来，我在各式各样的要求和标准中认识到规范之重，在烦琐、具体的步骤和细节中领悟态度之要。除此之外，一次次亲身实践，无论是跑会议厅还是独自敲击键盘，无一不是焦头烂额，但痛并快乐，这段实习经历更多的是充实了我，满足了我，改造了我。我从未如此强烈地感受到：我如小草，破土而生，仿佛看见灿烂千阳。

同样，勇气也是机会的垫脚石和敲门砖。王阳明说："等风来，不如追风去。"机会易有，因为机会总会有，机会不易有，因为畏惧会使机会偷偷溜走，一并携走了时间。所以再回首，我会对自己说："谢谢你，没有辜负自己，没有留下遗憾。"

在勇气的奠基下，从入学至学期结束，我想我已经拥有了一点工作经验，有了一个好的起点，打下了一个好的基础。我自觉这是自己人生过渡期的重要阶段，经过如此这般日积月累的磨砺和锻炼，四年之后，甚至是更多年之后，当我和社会的联结越来越紧密之时，我希望自己有底气，有能力，被需要，可立足，回首过往，留感念，怀珍惜。山外有山，若要达成自己的目标，的确还有很长一段路要走，这段路足够我尝试许多种可能性，在世事浮沉，农夫悲欢中要坚定本心。我希望自己看过的、听见的、思考的都能留存，成为笔下的好故事，希望自己对待万事万物都有判断力、明辨力、分析力、解决力，同样，完备态度、速度、温度和角度。为此，我希望在新的学期，可以成为一名合格的通讯员，记录下一切值得的瞬间，并在今后的工作中练好脚力、眼力、脑力、笔力四力，成为素质过硬的大学生。

尽管社团工作十分重要，但学习仍为第一要务。通过一个学期的学习，我也发现了大学与高中在学习方面的诸多不同。其一，体现为自觉性。课上老师们并不会严格要求课堂质量，课下作业负担减轻，有效练习巩固时间缩减，在此环境下的大学生的学习规律性、自律性很容易被瓦解掉。其二，体现为广泛性，全新的学习氛围也要求学生们掌握更加多元化、全面化的文化知识，培养多层次化的、丰富的人格内涵。其三，体现为学习方法。理性学科与记忆类学科学习的侧重点、花费的时间、复习的先后顺序都对最终结果至关重要。经过一学期的适应，我发觉，兴趣是支持自己持续学习的动力，同样，清楚自己对未来的目标和规划就可以形成对自己的鞭策，保持对学习的热度。心中有光，脚下有路，每人都可以成为闪闪发光的少年，我也希望可以通过勤奋与努力，在自己热衷的领域闪闪发光。

真正的大学生活与之前想象中的有很多不同。大学生活其实并不那么轻松。但唯一符合预想的可以算是生活中的丰富多彩。在这里，只要想，就有无限可能。各色各样的社团，无论你会与不会，懂或不懂，只要加入，就可以乐在其中。总而言之，这是一个创作的秘境，每个人都可以在自己的画布上尽情创作，做自己想做的事，成为自己想成为的人。

短短几个月，我觉得自己更像是大人了，收获了很多。但细细数来，不足依旧很多，由此我对自己的打磨远未结束。第一学期已成过往，新学期的我会在上学期的基础上，再接再厉，继续勇敢追梦，不负韶华，改正缺点，弥补不足，心中有爱，脚步坚定。

梦境已至，何不织梦？从夏至冬，我为全新的大学生活画上一笔逗号，现在，从冬至夏，我要为接下来的学期斟酌一笔一画，细细平衡工作、学习、生活之间的矛盾，精彩继续。

辅导员评语

对于初入大学的体验，剖析得相当彻底，要想"自表一枝"，尚需莫大的勇气和毅力。对自己的清晰认知是一点，对目标的坚定又是一点，在难以揣测的不定之中，要寻找到属于自己的支点。比别人更上一层楼，甚至是多走一步阶，就有可能收获那块苦苦追寻的敲门砖，而前提是，要承受他人未承受的苦痛，完成他人未完成的打算。

胸有丘壑万千，心存繁花似锦

张曲笛

而今我是真切地觉得时间如流水般飞逝了，在我还没有完全熟悉大学的方方面面，大一上学期就在时间的迫使下画了一个句号。

这半年，有过快乐、有过哭泣、有过迷茫，也有过展望，但总结下来，这半年所带给我最多的是成了更好的自己，成了一名真正意义上的大学生，也成了一个更加具有责任意识的成年人。

对此，我想将我大一上学期的心得体会分为学习、生活、工作以及对未来的展望四方面。

学习：破败残求、竭力生长

作为一个极度的青岛爱好者，我高三给自己定的目标全是青岛的大学，结果阴差阳错来到了山师大，但是并没有出现本以为的不甘，山师的环境、人文慢慢吸引着我爱上了它，除了我的专业——环境科学，作为山东第二批新高考选手，在选课制度报考还不严谨的情况下，我一个物、生、政选手进入了化学怪圈的环境科学专业，光是那三门化学就已经让我头秃，上课听不懂、下课不会做的现象渐渐让我焦虑不已。让我记忆犹新的是一节分析化学课，当时因为实在听不懂，注意力也集中不了，我就强迫自己掐自己的手，下课后发现手上全是指甲印，当时的感觉大抵是真的无力至极吧，但是周围有温柔的人陪伴，在他们的安慰中，也慢慢释怀自己给自己带来的过强压力。

还有必须要提的是我们专业的导员，老师真的是温柔的代名词，在我难过找她谈心的时候，她温柔的语气，一遍又一遍的劝导、讲述的一个又一个生动鲜活的例子让我找到了自己的定位、自己的目标、自己的意义，而眼下学习的痛苦自然而然也得到了很好的释怀，真的是非常爱她、非常感谢她。

提到大学最紧张的时间段大抵就是考试周了吧。鉴于我比别人有本质的劣势，所以在考试周那段时间我每天都泡在图书馆，虽然也开小差，但是我对自己的态度也较为满意了，英语考试前做的卷子找到了丢掉的手感、高数前的练习让我时刻保持着数学的严谨，还有在图书馆一层大厅站着背几小时历史、生物，以及一遍遍整理的无机分析有机笔记，做完这些，其实成绩貌似也没有那么重要，虽然我确实在化学上有缺陷，但是我通过我的努力去争取过了、去奋斗过了，这就够了。

生活：取悦自己，快乐为上

要学会享受生活，用心生活，生活才会用心对你。我始终认为大学生活不应该只有学习和工作，不要让永无止境的琐事绊住你的双脚，也不要太过将外界的声音当成枷锁困住自己的身躯，更不要为自己打造一个看上去华美而实际却破洞百出的套子，我们不要将自己的大学生活装在套子里，成为我们曾经所厌恶鄙视的套子里的人。我们不要为了成为别人眼中的自己而努力，真正的平静是在自己的心中修篱种菊，我用心去对待生活，去享受生活中的每一刹那的美好。

之前常给朋友们说，要把自己的每一天都当成最后一天去过，千万不要让这一天留下遗憾，其实很多时候有些不经意的遗憾都将会成为一辈子的遗憾，说句不好听的，假如我没那么长寿，当在生命的最后时刻，我回首我之前的日子，我也会很开心，因为我的每一天都是没有遗憾的，所以我是真的非常非常喜欢我的大学生活，它相比高中并没有那么多条条框框，我也可以自由支配自己的小金库，生活每天都充满意义，每一天都是生命中最好的一天。

工作：手忙脚乱，慢慢进步

学期刚刚开始的时候，我有幸成了班级的军训负责人，但是一开始真的是没有想到有那么多的工作，每天要那么忙。在手忙脚乱中，自己的工作也出现了很多纰漏，有很多不合适的地方，但是即使在一开始大家都不熟的情况下，大家也都选择包容了我的不完美，不仅原谅了我的错误，还认可我，鼓励我。我始终相信，人与人之间要真诚至上，对待周围的任何人都不能意气用事，都要耐下心来用心去换位思考，用心、用真诚、用礼貌去对待他人。

在当负责人期间，有次因选课问题学生会秘书部召集负责人开了一次小会，那是我第一次见到秘书部的姐姐们，毫无理由的，我就那样深深地喜欢上了她们，她们对事温柔又严谨的态度深深地吸引着我，望向她们的我眼里真的是充满星星，她们也确实就是我大学中的星星！当时我就决定我一定要去面试一下秘书部，我想靠近光，然后成为光。所幸后来我很顺利地加入了她们，在日后的工作里，越接触她们就越喜欢她们，还有我们部门同级的朋友们，大家都非常好，我很开心在大学期间去了一个充满温暖的部门，认识了一群很好的朋友。

虽然师姐们对我很好，但是我一开始的工作并没有达到她们的期望，为此造成了很多本不必要的麻烦，但是姐姐们也没有嫌弃我，一遍一遍不厌其烦地教我，虽然我的通知编写得很一般，需要姐姐们反复修改，但是她们依然会在我写完之后鼓励我说我进步了很多，被认可真的是一件非常开心的事情，也正因为姐姐们的教诲和鼓励，我感觉我现在的工作在一点点变好，待人接物方面也有了很大的提升。

因为大家对我的耐心、对我的支持、对我的鼓励、对我的包容，才会有我一天天的进步、一天天的完善，虽说非常感谢学校的机会，但是我更感谢我可爱的同学们，谢谢你们，是你们让我慢慢成了更好的自己！

展望：做好自己，未来可期

学习方面：经过了上学期的学习，对大学的学习模式已有了初步认识，所以今后我会延续上学期掌握的大致方法，再摸索一下各学科的规律，做到对症下药，上课好好听，下课认真巩固，尤其是下学期的化学不似上学期数目那样多，希望自己不要松懈，在学期末取得一个较好的成绩。

生活方面：减少不必要的开支，将攒下的钱利用假期出去玩一玩，读万卷书不如行万里路，多去领略一些祖国的大好风光；继续和朋友们保持密切的联络，不要让任何一段感情成为遗憾，要相互扶持，相互努力；希望自己的脾气能再平和一些，任何事情都要切忌大喜大悲，努力不要让自己的情绪过于外漏。

工作方面：继续好好地为班级服务，继续发光发亮，提升自己的办事效率，注意措辞，永远不要忘记在班级竞选班委时的初心——让大家能因为有我的存在而感到幸福，哪怕是一点点的幸福感提升都是值得的；在学生会跟着姐姐们好好学习新的工作知识，提升待人接物能力水平。

回顾这一学期，真的有太多东西值得留恋和回忆，在这一学期中我遇到了很多人和事，有的让我热泪盈眶、有的让我会心一笑、有的让我垂头丧气、有的让我咬牙切齿……但是它们都成就了我，一个不甘平凡、积极向上的我。我希望在往后的日子里，在各方面日渐向好的趋势中不要丢失自己的本心，胸中虽有丘壑万千，但更重要的还是心底的繁花似锦。

辅导员评语

困惑常在，希望常伴。学习遇到困难，有相互鼓励的伙伴，工作遇到问题，有耐心指导的师姐，当然，这期间一定少不了咬牙坚持的自己。你追求"修篱种菊"的平静内心、含蓄内敛的表情达意，但深厚的底蕴要靠日积月累，所以你要从现在的点滴做起。在大学，每个人都在努力经营自己，既然不甘平庸，那便勃然向上。

跨过不适的初征，遇见更好的自己

龚艳艳

时光荏苒，转眼间我的大学生活已过去八分之一，在寒假闲暇之余我静下心来回忆过去的这几个月，可以说是悲喜交加。这几个月我跳出"舒适区"，去寻求更多的锻炼机会，虽然付出了很多艰辛，但得到的收获是不可估量的。

一、学习方面

在刚进入大学时，我对大学课程的学习以及老师的授课方式不太适应，尤其是高等数学和分析化学两科目。每次上完课，我都要再听一次网课，再整理一遍笔记，全都弄明白之后再做老师留的课后作业。就这样，在这两门课上我每上完一节课都要在课下花费四个小时左右的时间才能完成老师布置的任务。但渐渐地，课下花费的时间逐渐减少，我的学习能力也在显著提升。

虽然前期的学习有些困难，但却让我明白了团队协作的重要性。在大一上学期的学习中，我很有幸遇到了善良可爱的室友和同学。班级的学习群和宿舍就像是我们的第二课堂，我们一起讨论问题，一起分享，让原本孤单无助的学习生活变得丰富起来。另外，大学自主开放的学习环境，也让我在学习上变得更加主动地去发表自己的想法。总之，一学期的学习生活，让我感受到了大学课程的难度、学习生活的广度，还有团队合作学习的重要程度。

二、生活方面

进入大学也就意味着开始了集体生活。刚开始学院严格的宿舍卫生管理制度让我有些不适应，而现在的我们对于宿舍卫生的高要求变得习以为常。

大学的集体生活也让我更加懂得包容他人。我们来自不同地方，每个人的生活习惯都不同，取其精华，去其糟粕，将心比心的道理在集体生活中同样适用。回忆上学期和室友一起生活的时光也是多姿多彩。我们从陌生到熟悉，一起出去游玩，一起吃饭，一起上课，一起分享喜怒哀乐，一起打闹，感受不同地区的地域风情，彼此相互照顾，是大学生活里美好的回忆。大学生活里有娱乐也有忙碌，一个学期下来我总感觉和其他同学相比更忙些，有时是因为自己对工作不熟悉，工作效率低，有时是因为没能协调好生活和学习的关系。虽然忙碌，但总归没有耽误。

大一上学期转瞬即逝，在这一个学期里，集体生活让我养成了良好的生活习惯，懂得包容他人，与此同时也让我对大学生活有了新的认识和新的向往。总结起来，上学期的生活忙碌、充实而有意义。

三、个人能力方面

人人都说上大学就相当于踏入了半个社会，很多机会都需要自己去争取。所以我主动参与了班委的竞选并成功当选了班级团支书。因为大学团支书和中学团支书在工作方面有很大不同，所以每次工作对我来说都是一次新的尝试，也正因为这样，我多了很多学习的机会。

犹记第一次开展"请党放心，强国有我"的活动时，我几乎是一个零基础的小白。活动前，我不断询问师哥师姐一些基础流程，独自一人准备所有工作，活动中，我因在讲台上主持而紧张，活动后，我不停地回想活动过程的细节。整个活动下来我感觉身心俱疲。可就在这一次次的活动中，我得到了锻炼。对于活动的开展，我从不会到会再到熟悉，最后到创新，活动形势越来越多样，主持也越来越流畅，和班级同学的互动也越来越花样。就这样，我从每次的活动中逐渐找回了自信，做事也越来越从容果断。

一个学期下来，团支书的工作让我更加懂得了"责任"二字的含义。这份责任鞭策着我认真开展每次活动，而每次活动的顺利开展又会增强我的责任感，这样的循环让我越来越热爱这份工作。这份工作同时也让我学到了如何划重点，如何赢得班级同学的信任，如何与同学愉快地交流……一分耕耘一分收获，一个学期的耕耘让我遇到了更加自信、更加从容、更加负责任的自己。

时光斗转星移，过去的这一个学期，我在学习、生活和个人能力方面收获了很多，这几个月的经历对我来说受益匪浅，胜读万卷书。习近平总书记曾说过："未来属于青年，希望给予青年。"国家的未来需要新一代青年不懈奋斗，共同铸就。作为新时代青年大学生，我也必将不负众望，珍惜当下，充实自己的大学生活。

作为大一新生，我深知这只是刚刚开始，但我会坚持不懈，调整好自己的心态，让自己保持良好的状态，随时准备迎接各种挑战，不让那些负面情绪影响自己。在学习上，我会迎难而上，不惧艰难，以严谨认真的态度面对学习，使自己百尺竿头更进一步；在生活上，我会规律作息，保持个人卫生，适时锻炼，身体是革命的本钱，以一个健康的身体应对以后繁重的学习和工作；在人际关系上，我会更加注意处理好与室友、同学、老师之间的关系，并与他们和睦相处。

大学是一个自由的地方，在这里可以放飞自己的梦想；大学是一个耕耘的地方，有付出就一定有收获；大学是一个人生舞台，只要参与就能释放自己的人生精彩。但这所有的美好都是建立在坚定的理想信念上的，大学是我们人生中的一个重要阶段，把握好了，我们将会有一个繁花似锦的人生开始；把握不好，大学将会是我们人生中的一场青春噩梦。奋斗是青春的代名词，在以后的大学生活里，我将重整旗鼓，珍惜当下，用知识和经验武装自己，增强自信，坚定理想信念，为了自己的理想而不懈奋斗。

人生的路是一步一步走出来的，以后的大学生活里，我还想对自己说："你一定要戒骄戒躁，脚踏实地，不必羡慕旁人，努力做自己，学习之余不要忘记与家人多沟通，不要沉溺于网络的虚拟世界。书中自有黄金屋，书中自有颜如玉，多阅读一些书籍拓宽眼界，在有限的时间里提升自己的价值。"一个学期的结束也就意味着下一个学期的开始，过去的一个学期我跨过了不适的初征，新的学期希望自己能以梦为马，不负韶华，遇见更好的自己。

辅导员评语

想要追求更远的远方，就意味着绝不会一路坦途。当你下定决心走出"舒适圈"，去迎接新的挑战时，"责任"也在不断加重。幸运的是，你能够清晰地规划好自己的目标，明确地知道自己想要成为什么样的人、将来要取得什么样的成果。"初征"的不适感渐渐消退，希望你能攒足勇气，去迎接崭新的自己。

初赴山师韶华约，与之共谱青春曲

吴淄淑

正如诗人艾青所说"时间顺流而下，生活逆流而上"，一眨眼，我与山师的初约已然结束，但这场约会教给我的道理却不会消失，反而会在时间的打磨下愈发耀眼，愈发珍贵。

初赴韶华之约，心怀珍视之情。初到山师的我，刚刚离开父母的怀抱，独自一人开启异地生活，尽管心还没有从高考后的长假回归，但是还是要努力适应一开学就迎来的艰苦的军训生活。那时的我告别了假期里"晚上不睡，白天不起"的坏习惯，开始了朝六晚九的军训生活。回想那时的自己"年少不知上课好，错把军训当成宝，再度回首，泪汗两流"——在军训前一天的年级会上我十分荣幸地成为班级的临时负责人之一，那时的我对这一职位的了解还不是很深，只仅仅以为这是一个需要责任感的职位，可后来的我才发现它所需的并不仅仅是责任感，更多的是一颗愿意为同学服务的心和平等且热情对待同学的态度。也就是从那时起我开始逐渐了解班级里的每一位同学，了解他们的喜好、目标、苦恼、情绪……并且在这份工作中学会了注重细节和承担责任，就像雪中的梅花一样去适应环境而不是选择改变花期。在这场约会中，临时负责人的工作教会我的是细心且负责，而军训本身教会我的则是持之以恒。那时的我，每天迎着晨曦跑去操场，在站军姿、跑步、匍匐前行、打拳中迎接着月亮的出场，再在嘹亮的军歌中迎来飞奔回宿舍洗澡的夜晚；那时的我一次又一次地从六楼跑到一楼，在澡堂前一日复一日地排着长长的队，在一个又一个的清晨执着地将被子叠成方方正正的豆腐块；那时的我，在一个又一个下训后的晚上看着肿了一天的脚憋泪，却又选择在下一次的训练中坚持……可也就是这样一段在我看来满是汗水与辛酸的时光里，我学会了成长，懂得了那些长辈们常挂嘴边的道理——世上无难事，只怕有心人。

当这场约会里的军训落下帷幕，随之而来的就是令人眼花缭乱的各个部门及社团的纳新，我把它称之为"约会里的浪漫花园"，因为我可以在这片花园里摘取自己的珍贵。由于怀揣着对志愿服务和环境保护的热爱，我选择竞选青年志愿者协会和环境保护协会的骨干。在我看来，只有对一份工作怀有热爱才有可能在日后或枯燥或辛苦的环境下坚持，而现在看来，我当时的认识是正确的，在这长达半年的约会里，我在这片花园里收获了许多意外之喜——学会选择、学会取舍。就像当初面试时师哥师姐们说的那样："以后的工作中你也许会遇到工作和一些事情相冲突的情况，这种情况下选择就显得格外重要。"而我作为一个拥有选择困难症的天秤座，在半年的约会里学会了轻重缓急划分法，而这刚好印证了鲁迅先生那句"世上本没有路，走的人多了也变成了路"。是啊！哪有人生来就能独当一面的，那些发着光的人，其实都在背后付出了超出常人的努力，就连发明大王爱迪生都曾说："天才就是百分之一的天赋加上百分之九十九的汗水。"

习总书记曾说："让青春在为祖国、为民族、为人民、为人类的不懈奋斗中绽放绚丽之花。"回首在青年志愿者协会的这半年约会时光里，我发现自己的青春开出了绚丽的花。在这里我遇见了许多和我一样对公益活动怀揣着热爱的人，我们一起在青志协这个大家庭里学会了写策划、拉赞助，也学会了如何与他人成为朋友，更为重要的是，我们用"奉献、友爱、互助、进步"的志愿者精神一起帮助了那些需要帮助的人。我们一起在社区里宣传防诈骗，帮助提高人们的安全意识；一起为孤儿群体捐款，帮助他们更好地学习生活；一起为社区孩子上课，帮助他们在假期也能有更多了解知识的途径……除却这些，半年的约会时光里，我在青志协这圃玫瑰丛里，摘下了幸福的花朵，那是一朵被浇灌着"奉献、互助、友爱、进步"之水长大的玫瑰，我可以嗅到茶话会排练途中它甜美的歌声，可以赏到体测之时它守护的身影，可以听到山区支教中它铿锵的誓言！

一朵花有一朵花的使命，一朵花有一朵花的美丽。除了铿锵的玫瑰被我摘下，那池塘边的苔花也不曾被我遗忘——环境保护协会，社如其名，其就是号召大家一起为保护环境做出贡献。这朵如米小的苔花教会了我——纵使身如苔花之微，亦要心怀向阳之灿。在这个社团里，似乎每一个人都能在环保中找到自己更多的价值，我记得有一次社团办了一个活动有一两千人参加，那一段时间我们的工作量剧增，我每天在结束学习后总是在宿舍的床上用电脑敲打着一个又一个字符，其实那时挺崩溃的，但心里想着路是自己选的，再难也要坚持走下去。"时光不负有心人"，那次活动结束后，社团入选了全国高校优秀环保社团。在与山师的韶华之约中这朵如米小的苔花教会了我：既然选择了远方，便只顾风雨兼程。保护环境不仅仅是一个人的事情，它更是每一个人的事情！毕竟"不积跬步无以至千里，不积小流无以成江海"，只有聚集更多的力量，我们才能够为环境保护贡献更多的力量。而我愿像这朵苔花一样，为环保事业贡献自己微薄的力量！

初赴山师韶华约，学习之果努力栽。初次赴约的我深感大学的课远不及高中的课好学。因为高中的每一门课几乎每天都有，而到大学之后我才发现大学的课最多的也才一周两节，那么在这相差几乎一个星期的时间里，我往往会忘记上节课讲过了什么。因此，要想栽培出合格的学习之果就要求我有极高的自制力，能够自我学习。为此我逐步探索，终得属于自己的栽果之法——课下积极复习、预习，课上积极与老师互动，课后及时通过可以找到的资源结合老师所讲内容做好笔记的整理，同时积极竞选学科课代表，因为当成为一名课代表时，你就会有更大的动力、责任感去学好它。就我个人来说，因为觉得自己高数不太好所以选择竞选了高数课代表，竞选成功后，责任感督促我在栽培高数之果时倾注更多心力，而它也确实结出了令我欣喜的果。

初赴韶华之约，再体奋斗之感。这场约会让我明白了：人生是一条铺满荆棘的路，汗水是一把披荆斩棘的剑。只有永不遏制的奋斗，才能使青春之花向阳而开，不惧风雨！怀揣梦想，不畏惧远方；坚持奋斗，不畏惧险阻；担起责任，不畏惧失败。我要让我的青春在与山师的这场约会中，奋斗为笔绘青春华章，奋斗为剑斩魑魅魍魉，奋斗为诗扬责任担当！

纸短情长，道不尽太多过往，我只愿在往后的韶华之约中，守住初心，砥砺前行，让青春之花盛开在祖国和人民需要的地方。

辅导员评语

与山师共赴一场春暖花开，无论是铿锵玫瑰，还是如米苔花，你的所有期待，终会在汗水浇灌后一一实现。身兼多职的你，能够协调好各方面的工作，这是十分值得肯定的，你积极向上的心态也在不断感染着身边的人，从一件件小事做起，一步步脚踏实地向目标前进，相信不久的将来，一路繁花，静待佳人。

心有所向，行以致远

王安琪

时间如白驹过隙，开学报名时的画面仍历历在目，但大学的第一个学期确是切实地过去了。在这个学期里，我基本习惯了学校生活的步调。在这里，我结识了许多新同学，我们一起学习专业知识，充实自己；也共同玩闹，度过愉快的青春时光，留下了美好的青春记忆。

在进入大学之前，我对大学生活有无限的憧憬，对藏书浩如烟海的图书馆、丰富多彩的课余生活、自由如风的天地……充满了无限向往。进入大学后，当大把大把的时间摆在面前，我们有了从未有过的空闲，生活的迷茫、枯燥使我失去了目标和前进的方向。实际上，虽然压力比高中时期减轻了不少，但是课程很多，仍然不能放松。

大一的第一个学期于我而言，很忙碌且收获颇丰。忙碌是因为我真的尝试了许多，我担任了班级团支书，加入了学生会青年发展部，参与了学院迎新晚会，加入了学院礼仪队，还尝试了学院辩论赛……这些经历的大部分对于我而言，都是全新的体验，让我既忙碌，又满怀期待地等待着下一项新事物。在这一个学期的忙碌生活里，我收获了许多，不仅在学业方面增长了知识，也在人际交往方面得到了锻炼，也交到了要好的朋友。应该说，大一上学期的生活于我而言，真的很精彩，但是也存在着许多不足之处。

首先，我想总结一下我的学习。进入大学后，因为没有了束缚，我完全放松了，从前的目标都被我暂时抛到了脑后，学习不再是我的第一要务，我不再把全部或者大部分的精力放在学习上，我开始追求从前没有的东西，自由的感觉很好，但是后果很糟糕。自己不懂的学科，不会的东西也很少刨根问底，只是马马虎虎地忽略过去。因此我的成绩并不理想。最后学期末来临时，我只能临时抱佛脚。这次考试的成绩让我清醒地认识到，我不能再这样不重视学习，因为学习是我们每个人的终身事业。经过了这个学期，在未来的大学生活我会更加努力，增强自学意识和能力，树立正确的学习态度和学习目标，坚持把学习作为第一要务，努力取得好的学习成绩，提升专业能力，坚持阅读、练字和写作，不断积累和更新知识，进一步提升自己。

其次，我想说我大学中的"工作"。我很幸运地担任了班级团支书这一职务，同时也进入了学院青年发展部，成了一名大一志愿者。这对我真的很有帮助，锻炼了我的工作能力和人际交往能力，我也在工作中结识了很多优秀的师哥师姐和工作伙伴，大家的学习能力和工作能力都成了督促我的动力。

班级的工作虽然有辛苦，但是更多的是收获。在工作过程中，不仅提升了我个人的思想道德修养，也在服务同学、老师的过程中锻炼了自己的工作能力，从对办公软件的不熟练，到现在的得心应手；从开学面对各项工作的无措、慌乱，到现在的游刃有余，对于我个人而言受益匪浅。

但是在工作上我也存在着不足，其中最为严重的问题就是责任心不够强。我能够做到完成老师布置的每一项工作，但缺乏工作积极性和主动性，对于一些没有明确安排好的工作，我有时会选择逃避，不想主动地承担工作。

在下一学期，我将改掉我个人责任心不够强的问题，做一名合格的、责任心强的团支书，保持高度的工作热情，也会吸取本学期的经验教训，不断锻炼自己的能力，提高综合素质，以身作则。同时，团支书本身也是在做同学们思想上的工作，和谐融洽的氛围是较高工作和学习效率以及愉悦心情的前提条件之一，下一学期除了进行基本的团支部工作以外，我将更加注意班级班风建设，与大家一同创建更为融洽、积极的班级氛围，调动大家的积极性。

在大学的新阶段，我交到了许多朋友。爱因斯坦曾说过："世间最美好的东西，莫过于有几个头脑和心地都很正直的、严正的朋友。"我很幸运在大学能有人与我同行，能够一起上课学习，能够一起在周末的夜晚散步，能够在生日的时候几个人秘密为寿星筹备一个简单但仪式感十足的生日……我很感激我的朋友，他们为我的大学生活填上了浓重、绚烂的色彩。我希望在未来的生活里，我们可以永远像现在一般热爱彼此。

最后，我想说锻炼品格的重要性。学之大者，欲先大学，必先成人。进入大学，我们已不是曾经懵懂的少年，我们必须要砥砺自己的人格，锻炼自己的品行。尤其作为公费师范生，未来我们必将踏上三尺讲坛，走上教育事业之路，当我们面对自己的学生时，更是要做一个优秀的榜样，只有自己具备足够的实力才能够教书育人，教育祖国的下一代，为祖国的繁荣昌盛贡献力量。在未来的日子里，我希望自己能够坚持自己的初心，不忘来时路，不忘师长、父母的谆谆教诲，能够永远做一个内心纯洁、品格严正的人。

"责任"是我本学期的关键词。责任心，不只针对学习、工作，也是要对自己有责任心。只有带着责任心去进行每一份工作，才更有实现的可能性。如果像之前一般对自己不负责任，浪费时间，就是在浪费自己的生命。只有增强责任心，才是对自己最好的回报，才能取得最好的效果。

总的来说，上学期的我是失败的。下学期我须改变自己，提高自制力，做一个对自己、对父母负责的人。除了上课加强学习，课下也要多去图书馆，多去自习室，做自己的主人。树立更为明确的目标，增强责任感，增强学习与工作的积极性，给自己的生活找到方向感，振奋内心，加强自身能力，做一个于自己、于同学、于师长无愧的人。

辅导员评语

一个人的成长，就是在人生的不同阶段，肩负起各种各样的"责任"。以前，你可能更多的是对自己的学业负责，进入大学，你还需要对自己的生活负责，而作为班干部，你更需要对集体负责。能力越大，责任越大，肩上的担子加重，意味着你在不断成长，不断进步。愿你能坚持走下去，成为"优秀的榜样"，心中有方向，脚下有力量。

第五辑

民族荟萃定辉煌

少数民族学生篇

"五十六个民族，五十六朵花，五十六个兄弟姐妹是一家。"耳熟能详的歌曲伴着代代人成长。

满天星斗，浩瀚苍穹，如民族荟萃，璀璨万里。纵观五千多年的中华文明史，所有社会进步的时期，繁荣辉煌的时代，无不是各族人民大团结大融合之时。

少数民族同学采撷成千特色风俗，不远万里而来，为本就五彩斑斓的校园生活增添了浓墨重彩的几笔。我们在其栩栩如生的描述中徜徉，透过他们回忆中的目光，去游历祖国风光无限的山河湖海。

人生在勤，不索何获？

古丽赛乃提·加萨来提

时光荏苒，大学生活已过一个学期。我们乘着时代的风云以微毫诠释盛大且歌且舞，我们曼妙的风姿就是生命，我们轻盈飞过便是天空。一个学期的时间足够我们经历风云，明确目标，认清自我，一步一步走出属于自己的脚步，留下或多或少的美好回忆。其间会有迷茫、收获与感动，甚至有时自我怀疑，感到厌倦，希望一切尽早结束，但回头会发现，它们已成为浮躁中的沉稳，泪水中的成长，一路陪伴着我们。回顾与山师的缘分，真的是激动中夹杂着一丝失落。话说"你所不知道的远方，都是值得去一趟的天堂"，对未来还是要充满期待的，毕竟一切都是最好的安排。

暑假期间有幸认识了一位同校的同学，我们来自同一地区，或许这就是缘分吧！时光飞逝，转眼我便跟她一起乘坐火车，踏上了求学之路。希望我们的未来都能"以渺小启程，以伟大结束"。

报道那天，我便感受到了来自山师的热情，有暖心的辅导员，有师哥师姐那一份忙乱中的沉稳、繁杂中的熟练，有同学们的和蔼可亲，亦有超市阿姨的暖心举动……或许这里就是幸福吧。

无军训，不青春。头顶烈日，脚踏跑道，我们迎来了学生生涯的最后一次军训。一群迷彩服，一个水杯，一个下午，展开一段与教官们之间的缘分与故事。晚上，我们又开始了夜间晚训。天空愈黑，但路灯和星星却愈发明亮，照亮整个寂静的夜晚，晚风依旧很温柔，轻轻撩动我们的发丝。在军训中，我看到了同学们的才艺展示，她们将自身的光芒在军训中散发出来。希望我们都能充实自己的大学生活，站在自己所热爱的世界里闪闪发光，不错过每一次展现自我的机会。岁月不居，时节如流。七天的军训就此结束，收获不仅限于站军姿，还磨炼了我们的意志。因为我们不能只是祖国的花朵，更要成为祖国的脊梁。所以我们应该"不驰于空想，不骛于虚声"，永不放弃，不断进取。军训已成为过去式，但大学生活才刚刚开始，所谓："过往已逝，步履不停。"愿我们能在接下来的大学四年中步履不停，故事的开头是军训，故事的结尾便是美满。

军训结束，我们便迎来了第一次年级大会。辅导员的第一句话就让我陷入沉思。他说："或许这不是你理想的学校，但你一旦踏入了这个学校，你就是这个学校的一分子，那你就要热爱这个学校。"刚开始，这里确实不是我的期待，甚至带着一丝失望。因为它并不出名，甚至我会认为这是个很普通的大学。但我明白，我还是要学会爱上这里，然而我的明白也只不过是带着"打不过就加入"的思想。但是等我真正了解了我们学校后，才明白自己的无知。这里根本不是，也不会是谁的失望或遗憾，只不过是一群人不明所以抬高自己罢了。了解后才发现，我的周围都是优秀才子。他们不一定是各区尖子生，但他们的优秀程度也是需要我做出很多的努力才能跟上的。

光阴似箭，就这样在匆忙之中我结束了大学生活中的第一个学期。它是那么苦涩，那么地让人恐惧，那么孤独，却又那么美好，美好到我想要证明自己，想要努力，想要变美好，野心也在不断扩大。大学——多么美好的一个字眼，它是多少日夜奋斗者的梦！它也曾是我的梦。如今站在山师怀里，我知道它已成为现实。学校是梦开始的地方，也是实现梦想的最佳场所。"生活是我们自己创造的，如果一直坚持走下去，终会结出丰硕的果实。"做自己热爱的，并坚持，总会有收获。

大学少不了社团、学生会的吸引，经过多次考验，我也有幸成为青志协的一分子，在宣传部磨炼自己的写作能力，为协会出一分力量，而我也坚信那些赢得我敬佩的师哥师姐终将会成为"我们"。

大学学习任务虽然不重，但也绝不轻松。大学的文化课很重要，最重要的是要掌握学习方法，多跟师哥师姐交流，减少不必要的弯路。大学注重的是学习能力和处事方法。与人为善，又能在陌生圈子有自己的一席之地，那便是成功。学习的方法多种多样，适合自己的才是最珍贵的。合理安排课余时间，劳逸结合，积极培养自己的爱好，勇敢选择自己的热爱，并能享受一切美好！

　　一直都说大学就是一个小型的社会，因而处理人际关系是必要的，多一个朋友多一条路，但朋友最后还是要注重质量。进入大学，有了新朋友，但我也会常联系初、高中好朋友，他们都是我在不同阶段的陪伴，是彼此每个阶段的依赖。负责新疆地区学生的辅导员也教导我们，朋友不仅限于班级、年级、学院，鼓励我们社交，让自己交际面更广，多参与学生会干部的竞选，在各方面提升自己。在圈子里要守卫底线，坚持原则，能屈能伸，学会拒绝，保持对生活的热爱与积极。

　　"人无完人"，我亦存在缺点。不够坚持努力、容易放弃是自己最大的缺点，贵在坚持也难在坚持。周围同学的氛围很好，我欣赏他们的努力，也佩服他们的能力，相信在这种优良环境中自己也会不断进步，跟着发光。在协会工作中，也会发现许多问题，很感谢师姐们的耐心培养，在大家共同努力下，我们也在好好地成长，慢慢发出属于自己的微弱光芒。阳光照进海底，撒在路上，落在田间，最后出现在我们的嘴角。来日方长，热爱和众望终会殊途同归。愿我们都全力以赴，满载而归。

辅导员评语

　　从远方来到这里，或失落，或感伤，又或者收获着一个个来自陌生人的暖意……时间和经历，一直以出其不意自居，你和你身边的一切正悄悄地发生变化，从恐惧、孤独到勇敢地证明自己、追逐野心。向上的过程中无惧风雨，山顶的风景独好，那我们便顶峰相见！

撒尔塔人在山师

马如海

在高考出分之后，应学校要求我们回到高中参加志愿填报工作，在我"考不上兰州大学就出省"的原则下，综合多种因素，我填报了山东师范大学，最终也顺利地被山东师范大学地理科学专业录取了。

虽然当时我不太了解大学地理，但我打心里是很喜欢地理的，因为在初中时期让我对学习重拾兴趣的便是我的地理老师，记得第一节地理课他便指定让我做地理课代表，当时我有了极强的被认同感，同时对地理也更加热爱，对学习再次充满了信心。虽然我家人、朋友都不赞成我学习地理，但我仍会选择它，因为我想成为我初中地理老师那样的老师，去激励像我一样的学生。

初见山师

日月一次次地交替，很快开学之日来临。由于山东离家较远，我没有劳烦父母，收拾好行李，独自坐上了由兰州西到济南西的高铁，从祖国大陆的西北角出发，一路经过古都长安、中州大地，最后来到齐鲁大地。

应了那句话"高铁上的人望向窗外，满眼都是诗和远方"，我当时和大多数人一样对大学充满了无限的憧憬。随着列车呼啸着驶进济南西站，出租车停在了大学路1号，我拖着行李走进了自己心中的"迦南学院"。在几般周折下，进入了宿舍放下行李，在师哥的带领下熟悉了一下校园环境。

在山师校园里，我吹过明心湖边湿润的东风，听过树林中聒噪的蝉鸣，在军训时挥洒过汗水，在自习室和高数做过战斗，还看过山师最美的日出和日落……

融入山师

在学习方面，山师的学习氛围特别好，得知了部分同学高考的入学成绩，我当时大为吃惊，河南的某位同学比我高一百二十多分，山东的某位同学高出我一百分，顿时我压力山大，但逆向思考，我还是挺幸运的，能和他们在同一所高校求学，站在同一起跑线上，只是他们自身的硬件实力比我强很多，所以为了追赶并超越他们，我必须要更加努力学习，虽说冲到专业排名前面短时间内会有很大难度，但我不急，我可以慢慢来，只要我不停下脚步，脚踏实地，仰望星空，一定会达成目标的。

在课程学习方面我把数学作为首要目标，由于我高考时吃了数学的亏，所以我首先会将基础题做好，不可好高骛远，有坚实的基础，就能在考研备考之战中有更大的竞争优势，让自己的考研之路更加顺畅；其次，英语学习也刻不容缓，以高分通过大学四六级考试为基本学习目标，我每天要坚持学习，把学习英语当成一种生活日常；最后，在几门专业课学习方面，我力争做到不偏科、不挂科，努力把每一门都学得好一点。

在日常生活方面，刚开始的时候我还真有点不适应，身边的大多同学和我在生活习惯方面有很大不同，一些观念也不尽相同，所以难免会发生碰撞，不过幸运的是，我们在相处中学会了互相了解、互相包容，所以慢慢地便融洽起来了。

此外，我还加入了青志协、各类学院的社团，认识了许多同级的同学和师哥、师姐，虽说任务繁重，有时候我也会觉得很累或者力不从心，但每次我都会尽力完成任务，慢慢地，也收获了成就感。

初高中时期我是一个比较内向的人，交到的知心朋友不多。上了大学后，虽然我尽量地假装自己不内向，尽量地让自己变得更加外向，为此进行了很多社交，但我冷静一想，虽然我社交多，但大多是无效的，而独立不一定孤独，而内向也不是一种性格缺陷，而是一种独特的风格，接受这样的自己，享受独立并不是坏事。

总的来说，在大一上学期的学习生活中，我收获颇丰，基本上适应了大学的生活、学习节奏，适应了这里的文化，交到了很多知心好友……

东隅已逝，桑榆非晚，大一上学期已经过去，大学的八分之一已然逝去，或许会有些遗憾，也或许会有些后悔，抑或会有些留恋，但这已经过去，我会把它装入美好的记忆中，去迎接未来，迎接崭新的明天！

辅导员评语

虽然忐忑不安，但还是收拾好行囊，带着诗和远方踏上驶向大学的高铁，是初中地理老师的认同给了你坚定的方向，是热心的朋友给了你最踏实的依靠。你心若止水，坦然对待生活和学习，默默欣赏着自己独特的个性，享受安静又丰富的孤独，相信温和善良的你，一定可以浇灌出自己的玫瑰。

山川湖海，向心而持

柴盈盈

"仰以观于天文，俯以察于地理。"在古人口中，"上知天文，下知地理"是对博学之人的赞誉，地理学对于古人的意义从中也可见一斑。地理学在我心里，也是一门充满魅力的学科。

从小我便对地理学有深厚的兴趣。这兴趣源于小学时我常常观看展现自然风光的纪录片，大自然的壮美景色常常让年幼的我感到不可思议，从那时起，我便对大自然多样的景观产生了浓厚的兴趣。在初中刚接触地理时，我便表现出了对地理这门学科独特的热情。

中学的地理课程所包含的内容在整个地理学科体系中不过沧海一粟，但也足够将地理学的特点展现在我的眼前。在中学与地理接触的过程中，我收获的不仅是书本上的知识，还有地理学本身宏大的格局带给我放眼世界的全局观，教我去拥有一个海纳百川的胸怀，告诉我如何做到人与自然和谐共生，地理在教我解构世间万物的同时也让我更加清晰地认识到人力的微小和人力的伟大。

记得高中地理课本的第一句话："上下四方曰宇，古往今来曰宙。"这是我第一次感受到如此宏大的时空观。它囊括了我们抬头所能仰望到的整片星空，还有脚下所站立着的整片土地。尽管这句话剖析的是"宇宙"二字的含义，但我们又何尝不处在宇宙之中？宇宙中的万物又何尝不对我们产生影响？地理学所关注的庞大地球系统、46亿年的悠长历史、地球系统所处的广袤的星际空间，抑或是"一方水土养一方人"的人文情怀都带给我极大的震撼。高中三年我一直将地理科学作为我的理想专业。很幸运，我如愿了！

通过一学期的学习，我对地理学有了新的感悟。在如今这样一个后工业化、后现代化、多元化、信息化的时代背景下，地理学本身具有的介于文理之间的跨学科性质和多方面的综合性赋予了它更多的可能性。现代的地理学科分支复杂，学科交叉现象十分普遍，其应用从日常生活层面到国家战略层面，覆盖范围之广、涵盖门类之繁多，在以前我无法想象。通过这学期的学习，我对地理学理解逐步加深、相关知识面也有一些扩大。再来细想地理学的应用实例，实在让我感到不可思议。近些年，地理学与计算机技术相结合更是将地理在实际中的应用扩大。除了其传统的勘查、观测、资源开发、制图与规划等应用之外，地理学还在流行病学调查、自然灾害的预报与防治、可再生能源的开发与利用、生物多样性保护、全球变化响应、可持续发展以及在区域经济发展、地缘政治、贸易交流等方面都发挥着举足轻重的作用。我认识到，地理学在未来将有着巨大的潜力，随着社会发展等的需要，新时代的地理学还将在更多不同的方面衍生出更为丰富的用途。这坚定了我在这个学科领域持续学习、探索的想法。

对于本学期在专业课以外的学习情况而言，我还需要下更多的工夫。新时代的地理学早已不是描述性的学科，必须要进行量化。新的研究方法、新的数据来源等都要求地理科学的学生要掌握一定的数理和计算机基础。虽然在高中时我是一个理科生，但高等数学对于我来说仍然是一块难啃的骨头，本学期我也的确未能将内容比较好地消化，各方面存在很大的漏洞。经过反思，我认为我在学习方法、侧重点等方面都存在一定的问题。针对我个人的特点，今后我需要在高等数学上花费比以往更多的时间，我需要将某个知识点真正的逻辑关系反复理解、训练，才能对繁多的计算方法与思路有一定程度的把握。就当前社会和学校对学生的要求，我认识到，如果想要继续深造，那么数学是一个必须要克服的关卡。努力让自己成长为一个基础扎实、学科素养深厚的人是我进入大学之初就在心里对自己的长期要求。但我明白要真正做好这一点并不容易。

一个学期过去，我习惯了大学的学习、生活以及考试等的节奏和模式。在今后，无论是专业还是非专业课，我都会更加认真地进行规划，尽更多的努力来达到自己心中的目标。当然，在大学中，学习是最为主要的但也并不是全部。

比较遗憾的是，在这学期参加学生会面试的过程中由于自己的问题，未能进入。事后我反思原因，发现了自身的一些缺点。比如我在面试过程中的语言表达等都不那么流畅，逻辑也不清晰。面试技巧的缺失也反映出了我自己的弱点。之后我也在观察着身边的同学，我的短处却恰巧是其他同学的长处，在这个过程中，我不断地调整心态，逐渐地改正一些缺点。大学也是我们步入社会的一个过渡。在这里，只顾埋头扎进课本并不可取。大学生有更多的自主权，更加的自由，一切事务已不再有家长、老师帮忙处理，这都需要依靠自己来与别人进行沟通。在大学如果能够参与到一些事务的处理以及决策之中，会促进我们的全面发展，增强我们做事的条理性等。显然，我可能错失了一个比较好的机会，不过这也将我性格上的不足之处暴露了出来，引导我去进行自我反思。

最后谈一谈期末考试。大学中的第一次考试，即使试卷难度并不大，但我也并没有取得我理想的成绩。现在回想自己的学习状态，发现还是有不足的。在整个学期中，上课时我基本上都是认真听讲，但是课后的复习比较少。在期末复习阅读课本的过程中，有一小部分我已经没有了印象，还有一部分也掌握得不扎实。在考试复习过程中，我最大的问题就是复习的节奏没有安排好。一些熟悉度不高的知识点使得复习的进度比较慢。因为对教材没有很清晰的把握，也没有提前安排比较长的时间通读课本，导致复习效率大大降低。像这样的问题，我会在以后的复习中避免。

总体来说，第一个学期我有很多收获，我收获了专业知识，学院组织的几次专家报告开拓了我的视野，与同学的相处之中也对自己有了更加清晰的认识，对我来说这是使我进步的关键。但我也有一些遗憾，例如错失了加入学生会部门的一次好机会、学习上也有一些漏洞、期末考试中没能够发挥好。好在，我在这些暴露出的问题中或多或少地反思出了一些原因，这也是相当重要的一环。经过反思与改正，我期待着后面的进步。

地理不仅为人们揭示了众多神奇的自然现象，教人们认识自然，它还拓展人们的视野，极大地促进人类社会的进步和发展，也教会了人们如何与自然相处。地理还帮助人类在这颗蓝色星球上繁衍不息。现代社会的发展带来许多生态环境、资源和空间利用上的问题，地理学恰好能够在这些威胁人类及其他生物生存和制约社会发展的问题上发挥其效用。在未来，地理学一定有着更加广阔的发展前景，而我作为一名在新时代中加入地理学专业的学生，能够在饱含如此宏大和美好愿景的学科中浸润、学习，感到十分荣幸！我将坚定地在我所喜爱的这个领域中以更为饱满的姿态去攀登，努力达到我初入校园时在心中所立下的目标。

辅导员评语

地理学与你相遇，也十分荣幸！你对地理这门学科的理解和展望令人叹服，感谢你，以如此欣赏的眼光来对待所学习的专业。当然，爱是相对的，你对地理的一片赤诚，终将化为泉涌般的回报。继续前进吧！将来某天回头望去，你会发觉，自己已经悄悄成为理想中的样子。

收获与错过，且待回甘

阿丽米热·图尔荪

时间如闪电，转眼间大学生活的八分之一已经过去了。而大学一年级对每一位大学生来说，既是成长道路上的新起点，又是人生道路上的重大转折点。进入大学意味着我们的生活环境、学习内容、理想目标、人际关系等各方面都会发生很大的变化。

高中的时候总觉得好多事情错过了都还可以弥补，学习上有老师的催促、帮助与提醒，生活上有生活老师以及宿管阿姨无微不至的照顾与关心。高中时总以为上了大学就解放了，压力大的学习环境不会再出现了，而且高中老师也跟我们说："上了大学就好了，你们就自由了，想干什么就可以干什么了。"然而，等到了大学一切好像都跟我们了解的不一样。

刚来到大学第一件让我难忘的事就是军训。记得军训时我对高中朋友抱怨日子的艰辛与生活的痛苦。朋友对我说军训的日子总会过去，如果不好好珍惜以后也许就会后悔。我当时很懊恼，觉得再也不会想要过这日子，更加不会怀念。现在想想她说得对。回想刚开始训练站军姿的时候，我非常不适应。太阳底下，任汗水从脸颊滑过，任飞虫在手臂上玩耍，任全身都在抗议，而你能做的只有笔直地站立，中间还有几天是下着雨的。或许有时候教官会让你打报告去休息，但是看到旁边别的连的同学都挺挺地站着，没有丝毫退却的时候，我又怎么能拖集体的后腿呢！"做人就要对自己狠一点，一定要坚持到最后一刻。"这是一位教官对我们说的。在训练的过程中我们大家互相帮助，尤其因为我是少数民族，暑假在长辈面前说自己民族的语言，回来后普通话变得不太熟练，但是有很多同学帮我纠正，那时我感觉到了集体的力量与温暖。训练之余我们一起娱乐，开心地笑，这让我们忘记离家的孤独，融入了大学的家园。在训练中我学会了团结，懂得了坚持，除去了焦躁和虚浮！

上学期刚到大学，一切的一切都是新的，懵懂的。我脸上充满好奇，加上刚刚从高考中解脱出来，所以只想要放松，结果并没有好好学习，导致期末成绩不理想。虽然成绩不理想，但我还是在跟同学们的相处过程中学到了很多东西。古人云："吾日三省吾身。"虽然我没能做到"日三省"，却也想在寒假时对自己做下总结和未来的规划，给自己的人生做个计划书：

1.利用假期认真提前预习高等数学，每周做一套英语四级真题，为六月份的英语四级考试做好充分的准备。

2.加强沟通交流和组织领导能力，通过跟朋友、陌生人心贴心地交流，掌握一些交流技巧。

3.通过参加活动，丰富阅历和经验，利用寒暑假时间贴近社会，更深一步了解社会。

4.积极完成课后作业，及时消化和巩固知识点。

5.做好课后复习，让知识提高和升华。

现在所做的事情一切都是为了以后找工作做好准备。综上所述，在努力学习的同时，我也会加强实践、交流沟通和组织领导能力。任何时候我都要把学习当作首要任务，因为学习永远是第一位的。把该做的事情做好，然后从实际出发，打好基础，脚踏实地，不断改进，做人如水，做事如山。

新的一年就意味着新的开始、新的机遇、新的挑战。

总结过去的收获与错过，为了明天会更好，不断地完善自己，迎接更加美好明天。我相信通过我上一学期的经验，我会更好地利用下学期的时间，改掉一些坏习惯，使自己变得更优秀！

辅导员评语

好多东西，错过了就是错过了，弥补只是心理安慰罢了。所以，你应该庆幸自己能在关键时刻悬崖勒马，静下心来好好分析这一学期的生活和学习，并及时调整自己的计划，为接下来的新学期做充分的准备。清醒地认识到自己的处境，有了细致的安排，下一步就要说到做到，现在的严格要求，是为了在将来遇见更优秀的自己。

夏去春来这一年

阿卜萨拉木·麦麦提

"高考结束我就是个大学生了。"我心里想到。2021年暑假开始，我就放飞自我，也不关心自己的学习了，整天看着手机，打游戏、刷视频，很少去帮忙家人做家务。家人在拼命地挣钱，我却在家里躺平。都说上大学以后人就开始独立了，而我却没有，还是跟以前一样由家人督促我去做我自己的事情，这方面我做得很不好，现在想起来都有点愧疚。自从我收到山师大录取通知书，就开始有些变化了，我开始不耍脾气，也不埋怨别人，有了成人该有的样子，但变化还是不太明显。

暑假结束，我又开始独自一个人来内地上学。而这次不一样，全程只有我自己一个人，没有一个我认识的人，从家到学校没有人跟我说话。但从我进校门的那一刻开始，就有人带我做相关的事情，送我回宿舍，给我介绍学校的大体情况……我的宿舍在五楼，进宿舍后发现自己是第一个到的，放好行李后，看了一遍舍友的名字，发现我是唯一的一个新疆人，然后就开始有点害怕、紧张。当我在想应该怎么适应这个新的环境的时候，突然有人敲了门，打开门一看："诶，这不是新疆人吗？"我第一眼就认出了他，他说他是对面宿舍的，我来之前他早就看到了我的名字，那时我的心突然温暖起来了。下午跟师哥去吃饭时，先去的是一餐，食堂真的很大，饭菜也有很多种。吃完午饭后师哥带我转了一下学校，发现学校出乎我意料的大。

经过一周的军训，我真正体会到了什么是纪律，什么是团结。虽然训得很辛苦，但还是很开心的。

军训结束后就正式开始了大学的学习生活。而我也意识到了大学与高中的不同，在学习过程中也逐渐加深了对大学学习的认知，高中时都是被动学习，到了大学，有了可以自由支配的充足时间，更需要自己主动学习，查漏补缺。起初，因为有严重的拖延症，以至于荒废了太多时间，感觉非常后悔，好在我并没有继续挥霍剩余的时间，开始主动学习。还有一点，在高考前，我一直认为自己非常优秀，但经过了高考，同学们来自全国各地，他们是一群很优秀的人，这让我认识了自己与他人的差距。所以在学习中，我也经常请教其他同学，这使我养成了谦虚、好学的学习态度，因为我深知学习不能弄虚作假，结果不会陪我演戏。更重要的是，我有一群学识渊博的老师，在他们的引领下，使我加深了对地理科学这个专业的认知，以前我只是浅浅地认为地理科学不就是最后教地理嘛，但在学习过程中，我逐渐否定了我这个幼稚的想法。老师们总是能一针见血地指出我的错误，并给我提出许多建设性的意见，让我少走了许多弯路。

课外我参加了外院的迎新晚会，我们要表演模特走秀，因为我以前没走过模特秀，并不知道该怎样表现，因此我们就开始提前准备。在练习了很多次，好不容易学会怎么走的时候，意外就发生了——我跟舍友骑车去上课的路上跟别人撞了。所幸，另外两个人没受伤，但我就不那么幸运了，撞伤了膝盖，接近两周动不了。这期间我还请假了一周，舍友帮我带饭，我想在宿舍学习就可以了，但发现在宿舍根本无法学习，手机在手上根本就没心情看书。第二周，我拖着一条腿去上课了，从宿舍到教室就耗了半个小时的时间，好不容易到教室上完课，还得耗很长时间回宿舍，再加上腿疼，一整天就是全身嗡嗡得疼。第三周我就可以踩在地上了，但还是需要慢慢地走路，差不多一个月后我的膝盖才可以自由活动。但最后还是没能在外院的迎新晚会上表演节目，真的有点可惜。

我还参加了篮球比赛，因为我第一次跟汉族同学一起打，不知道怎么去跟他们交流，怎么打怎么防都不知道，根本没有配合，就这样我们输掉了比赛。但我也是有所收获的，通过这次比赛，我弄清楚了比赛该怎么去打，也和大家进行了沟通，建立了默契，并有了团队意识，相信以后的比赛我们会有更好的配合，打出更好的水平。

这一学期我也遇到了不少的麻烦，有大有小，但还是在老师和同学们的帮助下解决了很多，这也让我感觉到大家都很关心我，不管我遇到什么风雨，大家都很尽力地帮我渡过难关。

第二学期我一定会把学业放在第一位，扎实好专业基础，再去考虑其他的事情；多参加一些课外活动，营造属于自己的人际关系；多参加实践活动，让自己得到锻炼，而不是把大把时间浪费在手机上，真正让自己忙起来，让自己的生活充满阳光。

辅导员评语

反省，是一个人改变的开始，懂得查缺补漏是一个再好不过的习惯。你对上一个学期的总结客观又细致，面对幸福认真地去享受，面对困难积极地去克服，遗憾常有，但新的机会也源源不断向你涌来，埋头将自己好好打磨，这样机会来时，就能牢牢把握在手里了。

且将新火试旧茶

梅　威

大一的上学期就要过去了，回想自己这一学期的学习情况，有进步也有不足。今天我有这样一个机会，好好思考，总结一下自己的学习，可以说是很难得了。

进入大学以来，我的生活和学习有了明显的改变。我是一个南方人，同时也是五十五个少数民族之一，十几年的生活习俗让我习惯了家乡的一切，突然转移到另一个大相径庭的城市，各种各样的问题接踵而来。我的大学坐落在北方，这的生活饮食习惯与我的家乡天差地别。我习惯吃米饭，他们习惯吃面食。语言上，由于大多同学都是省内的，他们的方言一开始总是让人难以理解，他们所共知的一些事也是我不曾听说的。不过，通过聊一聊省内大家熟知的一些事等活动，我慢慢和他们打成了一片。现在，我们之间几乎已没什么障碍了，我已经融入了这个大家庭。

　　大学是一个大舞台，在这里能学到好多东西。当然，前提是我们一定要有计划地利用好这段时间。作为其中的一分子，我也为自己制定了计划。首先，我要树立一个良好的学习态度，认认真真学习；其次，我要提高个人的修养，开阔自己的眼界，培养自己的各方面能力，尤其是为人处事的能力。最后，德智体美全面发展，要积极参加社团活动，在活动中，找寻自己的不足和优势。

　　当然，除了学习计划，大学生学习指导课也让我受益匪浅。可以这样说，大学生学习指导课是一门启迪人生的课，是一门经验交流的课，是大学生的一门必修课！从中我不只是学到了好的学习方法，还学会了思考，对学习的思考，对生活的思考，对人生的思考。这门课使我更加开阔眼界，思想上也提高了不少。对于老师上课所举的一些案例，所做的一些剖析，很是佩服，也很有感触。老师把自己最宝贵的东西——经验，传授给了我们，使我们少做错好多事，少走好多弯路。

　　就这样，我怀着期待与理想踏入了我的大学生活，可一学期走过，我发现自己好像已经丢失了当初的计划。

　　说来这大学的第一个学期就这样以"迅雷不及掩耳盗铃之势"结束了。经历了人生重大转折，我为我的2021画上这样一个句号，但我不觉得对我来说这个句号够完美。因为：我在上课时还不能完全地集中精神，总是有着这样或那样的干扰，使得自己时而走神，时而发呆，而且自己在课后花在学习上的时间实在是太少了，另外，不能灵活地运用老师所教的知识去解决一些实际问题。最重要的就是英语了！想到英语真的让我头都大了，总的来说应该就是我自己不够刻苦，还是自己毅力的问题啊，还没有意识到事情的严重性吧！现在的社会如果不会英语真的寸步难行啊，下个学期要用多一点时间学习英语才行。

　　都说大学的生活是异常轻松和自由的，我也觉得的确是这样，但回想这半年，我感觉浪费了很多时间，学到的东西并不多。我不想成为虚度光阴的人，不想自己日后更后悔，虽然只是短短半年，但我已意识到自己并不喜欢这种日子，这样"游手好闲"的日子让我觉得很对不起自己，更对不起对自己满怀期待的家人，不能再这样懒散了，我应该尽快学会适应大学的学习生活环境。我不能让社会淘汰，不能在踏进社会的准备道路上浪费时间，我要真正地认识到自己的价值观，做对家人对社会有贡献的人。

这一路上走来留下了大大小小、深深浅浅的脚印，有遗憾和满足，也有失去和收获。伴随一起的是我的各种心态，因为不敢向前而导致一次次的失败。虽然都已过往云烟，但它们带给我的成长早已刻在我的脑海中。

万事不能尽完美，唯有愿自己所愿的笑颜，蹒跚前行，告诉自己明天将会是新生，明天的太阳也将更明亮，因为有顽强的信念始终向前！

辅导员评语

"实践出真知"，你对大学的体会，从懵懂无知，到亲身经历、自我见解，就好比"小马过河"，水深水浅还得自己试一试。一学期下来，你的辉煌也好、遗憾也罢，都已经成为过去了，要追求一个尽可能无悔的未来，那就从现在起打好基础，克服惰性、磨炼毅力、戒骄戒躁，重整旗鼓，向着难得的新机会进发。

青春无畏，逐梦扬威

麦热姆妮萨·麦麦提

转眼间，大学的大一生活已经过去了一大半，在这短暂的几个月里，我以一个亲历者的身份开启了我向往很久的大学生活。对于从新疆坐了三天两夜的火车来到山东求学的我来说，大学是我的必经之路，也是人生中很重要的部分。

和很多同龄人差不多，高考报志愿的时候意气风发，一心想着出去看看，毕竟在新疆待了十几年了，很想出去看看，最后也幸运地被山东师范大学录取了，于是怀揣着梦想离开了故乡，踏上了列车，来到了梦寐以求的地方——山东师范大学。

新的校园、新的老师、新的同学给我带来了一种新的感觉，并且这种感觉是独一无二的。

记得刚踏进校园时，我拎着大包小包，迷茫地走着，摸不清方向，是热心的学姐对我关怀备至。她们热情地从我手中拿走我的大包，帮我提着，带我去宿舍，帮我办校园卡，教我如何去教学楼报道等。她们让我感觉心里有一股暖流在涌动着，让我看到了同学之间那种真挚又可贵的爱。

接着，我们迎来了残酷的军训，军训虽严，但那种团队精神实在值得敬佩。军训的时候，教官让我们自我介绍，大家听到我名字后，第一个疑问就是："名字为什么那么长？"而后大家都用好奇的眼神看着我，纷纷说道："你们新疆的大盘鸡好好吃哦！""你能教我说维语吗？""新疆那里美女好多哦。"一时间，我在军训期间非常受欢迎，还交到了很多朋友。

正式进入大学学习生活后，我才发现，我们不像以前那样有固定的教室，总是跑来跑去，也不像以前的课程从早到晚排得满满的，我们有很多自由时间让自己来支配。在这里，我们可以在安静的自习室里做个学霸，可以在安静的校园里散散步，可以参加丰富多彩的社团活动，结识新的朋友，可以在藏书丰富的图书馆里看自己喜欢的书，也可以待在宿舍里无所事事……一切都看我们自己怎么安排。

但幸运的是，我们的校园总是充满着欢声笑语，总是洋溢着悦耳的歌声，总是展现着动人的舞姿，到处都在传播着一种正能量、积极向上的精神！它就像是一个展现自我的大舞台，为我们提供了充分的机会。

在这里，我可以播下属于自己的种子，并努力奋斗去实现它；在这里，我将要展开自己，亮出自己的风采。

开学不久后我们班举办了一次联欢活动，在此活动中我表演了新疆舞，获得了大家的一致称赞，而这次活动丰富了我们大学生活的同时，也增进了我们彼此之间的友谊，锻炼了我们的交流能力！今后的日子里，这些朋友让我更加感受到了大学生活的美好，也让我的生活圈渐渐扩大，打开了我的心灵之窗！

　　大学活动也是一个展现自己的平台。学校或院里举办的知识竞赛、诗歌朗诵、书法展览都在为我们提供展现自己的平台。当然每个人都有不同的生活圈，性格也有差异，文化也存在差异，因此参加活动与否也因之而定。

　　大学中还有供我们博览群书的图书馆、助我们考取证书的大课堂……图书馆有各时、各国、各类有名的书籍，俗话说得好："书中自有黄金屋，书中自有颜如玉。"书中的知识是学不完也是学不尽的；大学证书是我们走进工作门槛的通行证，也是打开社会大门不可缺少的钥匙，更是证明自己才能的途径之一。

　　大学是决定人生命运的一大转折点。我们在这里所学的、所做的对我们今后踏入社会都有所影响。在大学这个小社会里，我们要学的太多，要做的也很多。总之，可概括为九个字：学做人，学知识，学本领。一个人如果连做人的原则都没有，那么无论再有知识、再有本领，终究会被社会淘汰！这九个字虽然写起来很简单，但做起来并不容易，所以我们要时刻鞭策自己，努力践行！

　　大学，曾是无数学子追逐的梦，有着春的温馨、夏的炽热、秋的丰实、冬的烂漫，这里有被岁月洗刷过的建筑，有历史沉淀过的书籍，有被时间验证过的真理，这里的林荫小道，这里的鸟语花香，这里的精彩激昂，无不充满着诱惑力。

　　大学时光还要继续，未来道路风雨兼程，也许远方尽是坎坷，也需要孤孤单单走一程，无论怎样，我们依然要有自己的目标，自己的方向，因为我们期待苦尽甘来，我们憧憬着雨后的彩虹。所以我们不要虚度青春年华，因为生命是盛开的花朵，它绽放着美丽，舒展着多姿，生命是精美的小诗，清新流畅，意蕴悠长，生命是优美的乐曲，音律和谐，婉转悠扬，生命是流旸的江河，奔流不息，滚滚流淌。相信自己，在大学这片无垠的土地上自由地奔跑，在未来辽阔的天空中自由地飞翔。

　　这是一个天高任鸟飞，海阔凭鱼跃，适于敢打、敢拼、不畏荆棘的勇士们成才的好地方！现在就让我们从这里出发，挑战每一个明天，战胜每一个困难。我相信我们的未来将充满色彩，我们的明天会更加美好！

辅导员评语

"学做人，学知识，学本领"，短短九个字囊括了多少人的一生！没错，言简意赅，想要做好其中任何一项，都值得一辈子去探寻。大学，于你是难得的平台，在这里，你可以默默无闻，也可以大放异彩，选择要自己做，路要自己走，只要坚定心中的方向，明知彩虹将近，那便何惧风雨？